# Le designer

Éditions d'Organisation
Groupe Eyrolles
61, bd Saint-Germain
75240 Paris cedex 05

www.editions-organisation.com
www.editions-eyrolles.com

**Chez le même éditeur :**

Jean-Jacques Urvoy et Sophie Sanchez, *Packaging*.

Catherine Lalanne-Gobet, collection « Design & Marques », *Créer un nom de marque*.

Jean-Jacques Urvoy et Pierre-Emmanuel Fardin, collection « Design & Marques », *Créer un logotype*.

**À paraître dans la collection « Design & Marques » dirigée par Jean-Jacques Urvoy :**

Pierre-Jean Richard et Sophie Sanchez, *Créer un point de vente*.

François Bobrie, *Parler le langage des marques*.

© Groupe Eyrolles, 2009
ISBN : 978-2-212-54202-8

Jean-Jacques Urvoy
Sophie Sanchez

# Le designer

## De la conception
## à la mise en place du projet

**EYROLLES**

Éditions d'Organisation

# Remerciements

Nous remercions ici pour sa préface Jacques Kooijman, agrégé de l'Université, ancien inspecteur d'Académie et expert en gestion des connaissances.

Nos remerciements vont également vers Dominique Aubé et Pascal Poussineau pour leur patience et vers tous ceux qui, d'une façon ou d'une autre, ont contribué à ce livre : François Bobrie, pour sa contribution au chapitre 3, Francis Bance, Anne-Charlotte Barbaresco, Dominique Baumier, Francois Belfort, Éric Calvez, Philippe Céré, Nicolas Chantry, Nathalie Chartier-Touzé, Chérif, Enrico Colla, Sophie Descat, Daniel Dhonte, Véronique Dubessy, Philippe Dumont, Pierre-Emmanuel Fardin, Marc de Forsanz, Jean-Charles Gaté, Benoît Heilbrunn, Jean-Pierre Lefebvre, Annie Llorca, Pierre Lucia, Marillys Macé, Franck Mathais, Hervé Moreau, Fabrice Peltier, Philippe Picaud, Jean-Pierre Poisson, Jean-Claude Prinz, Christophe Rebours, Nicolas Reydel, Pierre-Jean Richard, Françoise Rossi, Michèle Roubaud, Cécilia Tassin, Philippe Vahé, Éric Vermelle, Olivier Zavaro.

Nous remercions ici pour leur contribution à la rubrique « Ils le disent… » : Caroline Bance, Francis Bance, François Belfort, François Bobrie, Marc Bretillot, Philippe Cahen, Régis Debray, Aymeric de la Fouchardière, Michel Fourmy, Jean-Philippe Gallet, Éric Goupil, Nathalie Grosdidier, Patrick Hermand, Rudolph Hidalgo, Sandy Langevin, Nathalie Lavigne, Denis Lerouge, Fabrice Peltier, Jean-Claude Prinz, Odile Vernier, ViF, Pierre Zimmer. Ces contributions diverses n'engagent que leurs auteurs, tant le design est multiple.

Jean-Jacques Urvoy salue au travers de cet ouvrage ceux qui l'ont enrichi pour écrire ce livre : Marc Brodin, Gérard Caron, Jean-Michel Grunberg, Philippe Michel, Alain-Dominique Perrin, Jean-Pierre Prouteau et Jacques Urvoy.

Sophie Sanchez salue ici Arnaud Berthonnet, Arnaud de la Bouillerie, Ariel Gomez et Jean-Jacques Urvoy.

Merci aux agences, écoles, sociétés et institutions qui ont accepté de prêter leurs images et leurs expériences et particulièrement : Partenariat français pour l'eau, ministère de l'Écologie, ministère de l'Agriculture, Cegos, Ludendo, Comaral, Idice/Groupe ETA, Omega, Boulanger, Beauty Bar, Point Soleil, Orangetango, Saint-Louis Sucre, université de Brest, Smoke Shop, Orchestra, Denovo, Alstom, Apple, Artcurial, Blackandgold, colle Cléopâtre, Darty, Dyson, Danone, Estée Lauder, Fnac, France Télécom, Häagen-Dazs, Ice Kube, Ikea, La Belle Excuse, LaCie, La Cuisine (centre de création d'art et de design appliqués à l'alimentation), le Bon Marché, Ludendo, Mastrad, Minale Design Strategy, Nickel, Nature & Découvertes, Fromarsac, Orange, Oxylane, Renault, Sacco, Samsung, Sensolab, Signal (Groupe Unilever), SNCF, Swatch, Veuve-Clicquot, In Process, Chérif Créations, Prinzdesign, AKDV, P'Référence, La Compagnie Trapèze, Bureau de Création, Esprit de Formes, ECV, Négocia.

**Retrouvez Jean-Jacques Urvoy et Sophie Sanchez sur le site www.urvoyconseil.com**

Ce livre est un projet en évolution perpétuelle. Pour la prochaine édition, faites-nous part de vos remarques et mettez à jour les cas, le glossaire, les annexes pratiques en nous écrivant :
jj.urvoy@urvoyconseil.com,
sophie.sanchez@urvoyconseil.com

# Sommaire

# Table des cas

# Table des entretiens

# Préface

Le design est un phénomène social plus qu'une activité professionnelle, du moins dans nos sociétés de consommation. À son propos, se demander ce qu'il est devenu depuis ses balbutiements dans les années 1930 est légitime et c'est probablement ce à quoi aide à répondre ce livre qui constitue une manière de présentation et d'introduction au design moderne. Il le fait dans un parcours qui nous conduit à la découverte des marques, fait réfléchir aux identités des entreprises, à celles des produits, puis aux conditionnements qui ont transformé le produit en faisant de lui un « package » propre à être distribué sur des points de vente, eux aussi pensés par le designer au sein d'architectures commerciales spécifiques.

On voit que ce parcours est révélateur de la définition du design actuel qui devient ainsi le langage de la marque et du produit, sa force de communication et brièvement le ressort de son succès commercial. On voit aussi comme on est loin des soldes de Boucicaut ou de la réclame des années 1920. Le Bauhaus, à la même époque, montrait la pure beauté dans l'abstraction de la forme parfaite et ouvrait la voie au fonctionnalisme des « ingénieurs » du design. S'ensuivit une grande époque de conception de produits issus de la collaboration d'ingénieurs et d'artistes dans les ateliers industriels, et souvent présents dans les musées du XXe siècle. Il n'est pas jusqu'aux détournements dans la dérision du ready-made qui ne célèbrent ces réussites. La production de masse a depuis imposé d'autres critères.

« *La laideur se vend mal* » : cette affirmation ingénument cynique de Raymond Loewy, et titre français d'un de ses ouvrages célèbres, confirmait le passage du design industriel (*industrial design*) à ce que je nommerais volontiers le « design ornemental ». C'est en effet par la minoration du fonctionnalisme qui s'était nourri de l'ascèse des abstraits qu'a prévalu l'optique marketing dans le design, et que le designer a progressivement perdu sa place de concepteur, qu'il partageait avec l'ingénieur, pour être plus ordinairement chargé des embellissements de la « carrosserie » du produit et de l'entreprise, c'est-à-dire de l'ornementation qui fait vendre. Il est ainsi depuis lors associé aux chefs de produit et préside aux effets de mode qui conditionnent les changements concertés des marques, des enseignes, des produits de consommation de masse et assurent la prolongation de leur durée de vie.

Qui veut bien se rappeler la double postérité du mot « design » – dessein et dessin – comprend la nature intime et, pour ainsi dire, la double postulation du designer : proche de l'ingénieur, proche de l'artiste, et de surcroît souvent associé, désormais, aux équipes marketing et de vente. De l'ingénieur, il conserve la technicité, l'analyse fonctionnelle ; de l'artiste, le sens du beau, conciliant le beau et l'utile dans les cas les meilleurs. Il travaille cependant, le plus communément, sur le rendement marginal et optimise les coûts comme un chef de produit.

On voit bien pourquoi dorénavant le design s'assimile (et bien trop souvent se réduit) à un acte de communication, pour donner ce qu'on appelle aujourd'hui le « design de communication », qui est l'objet de cet ouvrage. On s'explique aussi que puissent s'être développés, à la fin du siècle dernier, des cabinets ou agences de design, au rythme de l'externalisation des coûts industriels, les entreprises abandonnant leurs ateliers internes de conception et d'évolution de leurs produits, de leurs architectures, de leurs marques. Évolution périlleuse pour les uns et les autres, on le sait, mais dans la droite ligne du projet d'une société marchande qui tend à se globaliser. Le designer est-il un artiste ? Oui assurément, mais son industrie n'est plus un art, mais un art dit souvent abusivement : « appliqué », et la production de masse ne requiert plus que de l'efficace et des produits dont l'image ductile évoluera au gré des rendements acquis.

On ne peut, cela dit, qu'encourager les étudiants à se préparer à des professions auxquelles ce livre leur ouvre les portes. Une connaissance perspicace de la fonction qu'analyse l'ouvrage devrait leur permettre de se situer avec lucidité dans la chaîne de production-consommation, et ce n'est pas un mince bénéfice.

Nombre de graphistes, de sémiologues, d'architectes et d'urbanistes peuplent le design et leurs créations parlent pour la profession. Beaucoup gardent aussi leur jardin secret d'artistes confirmés, ce qui souligne la nature spécifique de l'un et du multiple, de l'art et de l'industrie.

Après lecture de cet ouvrage, d'aucuns méditeront en consommateurs sur ce qu'est devenue notre culture : une civilisation de la production de masse (et cela inclut les séries limitées) et une société de consommation de moins en moins sélective, ce qui nous renvoie au paradoxe de la liberté du designer – il n'est libre que dans la démarche d'un projet de design (qui vise le progrès), mais ne le vit que dans la mise en œuvre de ce projet (qui impose les contraintes, installe le possible, la faisabilité). L'un ouvre l'avenir et l'évolution, l'autre regarde la sécurité du passé.

Toute l'histoire et les contraintes du design se résument aussi dans ce paradoxe : associer la forme et l'esthétique à une fonction et maximiser, en même temps, son taux de profit marginal. C'est ce dont rend compte *Le Designer*, qui devrait vite devenir un ouvrage de référence en la matière, celle du design de communication.

Jacques Kooijman
Agrégé de l'Université,
expert en gestion des connaissances

# Introduction

# Pourquoi cet ouvrage ?

Le « design de communication » est désormais conventionnellement lié à l'identité de marque, au packaging, à l'architecture commerciale, au design de produits. Il est devenu stratégique : il est parfois plus proche de la communication que du « design » dont il se différencie, en ce sens qu'il tient maintenant compte non seulement de contextes économiques et d'objectifs commerciaux, mais aussi de la marque. C'est un processus qui intègre à la fois des phases d'audit et d'analyse précédant elles-mêmes la communication visuelle. Le design de communication relève donc de l'esthétique et de la fonctionnalité, mais aussi de stratégies de plus en plus complexes, peu enseignées dans les écoles de design, qui sont davantage dans l'application et les techniques, ou dans les écoles de commerce, qui lui préfèrent souvent la publicité et l'achat d'espace. C'est le fait de cabinets, de consultants indépendants ou d'agences dites « de design » de gérer le design de communication.

Le design de communication est devenu global : lorsqu'on travaille à un logotype d'entreprise, le site internet évolue alors, tout comme l'esprit éditorial des brochures ou les packagings. L'identité visuelle de l'entreprise ne peut être morcelée dans la réflexion, même si les techniques sont différentes (édition, packaging, architecture…).

*Le Designer* s'impose comme l'ouvrage de référence de la profession :

- il ne morcelle pas le design, puisque le design est global, mais explique chaque technique ;

- il établit des ponts entre ces techniques avec pour fil conducteur la stratégie ;
- il propose des outils liés aux différentes disciplines du design de communication ;
- il indique des méthodes de travail simples et efficaces.

*Le Designer* concerne autant les entreprises, les institutions et les enseignes de distribution, grandes et petites, que les agences et les bureaux de design, les départements de design intégrés, les consultants et les designers indépendants, les cabinets de conseil en design et en communication, les architectes et les architectes d'intérieur, les bureaux d'études, les ingénieurs et techniciens, et enfin les étudiants qui se forment à la communication, au design, aux arts plastiques, aux arts appliqués, au commerce, à la distribution.

# Chapitre 1

# Le design est global

« *Il devient clair qu'à la fin de ce siècle, deux grandes manières d'aborder le design semblent émerger, deux visions très diverses et parfois contradictoires. D'un côté l'interprétation du design particulier à la production de masse : ce design est clairement considéré comme un instrument technologique et de marketing. Cette interprétation tend à réduire le rôle du design, puisqu'il est conçu comme instrument pour aider l'industrie à produire plus rapidement, à moindre coût, ou à produire des objets plus fonctionnels, ou même à donner un meilleur aspect aux produits afin d'inviter les gens à les acheter… J'en viens maintenant à la deuxième manière d'aborder le design – manière très particulière et proche de la pratique des entreprises italiennes de design : comme art et poésie… Selon elles, le design est une mission. Il ne s'agit pas de simples projets formels d'objets, mais au contraire d'une sorte de "philosophie générale" influant sur toutes les décisions de ces entreprises.* »

Alberto Alessi (in www.placeaudesign.com)

## Design et design de communication

Cette définition d'Alberto Alessi établit d'emblée la différence entre design et design de communication. Toutefois, le design de communication, acteur de l'économie, emprunte à l'art pour remplir la mission qu'on lui assigne. Le design emprunte à l'art pour sa dimension esthétique, alors que l'art n'a pas besoin du design. L'art élève d'abord le designer lui-même ; un designer artistiquement cultivé (peinture, littérature…) a toujours un goût plus sûr, une appréhension des tendances plus fine qu'un designer qui ne visiterait jamais d'expositions. L'art élève ensuite l'homme, le citoyen : une esthétique étudiée améliore le confort au quotidien. On vit « mieux » dans un bel environnement, en côtoyant chaque jour de beaux objets. D'autant plus que mettre de l'art dans le design correspond à une demande et ne coûte très souvent pas plus cher.

### Ils le disent…

*Pour les professionnels, le design est la création d'un produit répondant à son usage, à sa fabrication, à son esthétique. Pour le grand public, on dit d'un produit ou d' un espace qu'il est design lorsqu'il est beau et moderne ; au sens péjoratif, un produit design est beau et non fonctionnel.*

Philippe Cahen, expert en prospective

L'art est lié à l'expression très personnelle d'un artiste : c'est lui qui s'exprime, au travers de supports d'expression comme un tableau, une sculpture. Le design est lié à une revendication artistique au travers d'objets et de graphismes de consommation destinés à être reproduits industriellement à plusieurs exemplaires. C'est le fait de designers qui impriment leur propre style.

Le design « de communication » est également le fait de designers. Toutefois, il a ceci de différent du design, que, à partir de données d'entreprise (marketing, données commerciales, environnementales…), les designers donnent un style, une image, propres à l'entreprise. Ils n'engagent donc pas leur propre style, tout en essayant de conserver un niveau d'exigence esthétique. Malheureusement, parce que la rentabilité du design est omniprésente, l'artistique est parfois relégué au second plan, au profit de mauvaises traductions visuelles : les agences de design, devenues agences de production, doivent travailler vite et tenir dans un budget d'heures, d'autant plus que la rémunération liée au design a considérablement diminué depuis plusieurs années.

*Ils le disent...*

*Le design vient du mot designare, qui signifie à la fois "designer, signi-fier, tracer, marquer, dessiner, montrer, indiquer, produire, ordon-nancer" ; c'est une manière d'être pour améliorer les espaces de vie et de travail, les produits, les codes et les signes dans une démarche industrielle où créativité, innovation, beauté et fonctionnalité s'asso-cient étroitement à l'aide de valeurs, de la conception à la réalisation et la production.*

Jean-Claude Prinz, architecte d'intérieur, Prinzdesign

On peut effectivement se demander pourquoi l'on continue à produire des *paper-boards* toujours aussi laids, pourquoi certains logotypes d'entreprise ne changent pas, pourquoi tel magasin est « moche », tout simplement. C'est que ces entreprises ne respectent pas leur public, ne se respectent pas elles-mêmes. Ou, tout simplement, parce que leurs responsables n'ont malheureusement aucune culture artistique et ne travaillent qu'à court terme, sans recul : il faut vendre, c'est tout.

Par abus de langage, on nommera dans cet ouvrage « design » ce qui en fait relève du « design de communication ». D'autres noms sont parfois utilisés, comme « communication visuelle », plus liée à la création. La communication visuelle est un ensemble de techniques pour « communiquer visuellement ». Le terme traduit une intention, mais est maintenant restrictif parce qu'enve-loppant peu la démarche en amont de la stratégie. Il couvre autant l'identité de marque que la décoration intérieure, le packaging que l'étalage d'un magasin.

## Définition du design

*« Anticiper est un devoir pour tout le monde. Qui n'anticipe pas est incapable de contrôler son présent. Évidemment, pour des gens comme moi qui interviennent sur la production, avec des délais, voire des mises en œuvre étendues sur plusieurs années, l'anticipation est une obligation. C'est même maladif chez moi, mon problème principal étant de ne vivre jamais l'instant présent et d'être en perma-nence projeté dans un autre espace-temps. »*

Philippe Starck

On parle de design graphique, de design de produits, mais aussi de *fashion design*, de design sonore (où l'on agence des notes autour d'une marque ou d'un visuel). Tout est design, et pourtant une lexicologie s'est bien installée, en France, depuis les années 1980.

### Ils le disent...

*Le design pour une danseuse, qui est souvent la matière vivante du créateur, c'est comprendre la posture et jouer avec les contraintes jusqu' à l'esthétisme.*

Caroline Bance, danseuse (corps de ballet de l'Opéra de Paris)

Plusieurs définitions peuvent être proposées ici.

## Une définition sémiologique

Dans « design », il y a « signe ». Si l'on entend par « design » l'agencement organisé de signes dans un sens donné, alors tout est design.

## Le design en tant que processus

Le design de communication est un processus engageant :

- une intention d'entreprise ou d'institution : « Je décide de changer de logo (ou : de magasin, de packaging, de site internet, etc.). » ;
- une traduction de cette intention en termes stratégiques : pourquoi je change de logo et quel sens je lui donne ;
- une plate-forme de création, résumant des principes, des contraintes et des orientations ;
- la création proprement dite : présentation, mises au point, exécution ;
- le développement de cette création sur différents supports ;
- l'accompagnement de la mise en contact avec le public (lancement…).

*Ils le disent...*

> *Le design ? C'est l'esprit du temps dessiné dans l'espace, la pensée matérialisée, l'idée donnée à voir, la capture des regards vers un futur en train de naître.*
>
> Rudolph Hidalgo, secrétaire général, Groupe Ludendo

## Design et designs

Il y aura toujours une personne avec un ressenti, une expérience, un métier différent du nôtre pour ne pas admettre les définitions proposées ici. En fait, comme le suggérait déjà Victor Papanek, il y a « des » designs, relevant de démarches, de cultures, de métiers différents. Cela nous amène à une diversité de designs : le design sonore, le design graphique, le design d'objets, le design culturel, le design de chapeaux, le design de transport, le design de marque, le design durable, l'over-design, le design social...

### La différence entre concept et idée

Le **concept** est la définition des caractères spécifiques d'un objet par rapport à un objectif ciblé. Le concept de chaise contient les éléments communs à l'ensemble des chaises.

**L'idée** est la représentation abstraite d'un objet (« Tiens, j'ai une idée, on pourrait faire un cercle avec du bleu à l'intérieur »). L'idée est une traduction visuelle d'un concept (d'après *Le Petit Larousse*) : à partir du concept de chaise, j'ai plusieurs idées de chaises.

Bien souvent, le mauvais fonctionnement d'une équipe autour d'un projet provient de la confusion entre concept et idée. Le concept est unique, les idées pour le traduire peuvent être multiples. Le concept relève autant du consulting, du marketing, du design, alors qu'il revient au designer de trouver l'idée.

À NOTER

## Une définition analytique

Le design dit « de communication » englobe traditionnellement :

- la stratégie (stratégie de marque, stratégie de design) ;
- l'identité de marque, aussi appelée conventionnellement identité visuelle ;
- par extension, tous les métiers de la marque (vision, positionnement, valeurs, déploiement, juridique, etc.) ;

- le packaging (emballage, branding, habillage graphique) ;
- le design de produits ;
- l'architecture commerciale et le design d'environnement.

Depuis quelques années, on y ajoute le webdesign et, comme le faisait déjà Raymond Loewy pour qui tout était design : le design d'édition et le design publicitaire. Toutefois, seuls les aspects graphiques sont ici concernés, parce que :

- un webdesigner n'est pas un « chef de projet » qui orchestre à la fois le design et la « stratégie internet », la définition des fonctionnalités d'un site, son arborescence, la rédaction, son référencement, son développement, sa mise en ligne, sa maintenance. Il ne s'intéresse qu'à la partie graphique, sur la base d'un cahier des charges marketing et technique ;
- un designer d'édition, de la même façon, ne rédige pas de textes ;
- un « designer publicitaire », au sens où Raymond Loewy l'entendait, organise un discours déjà rédigé, met en pages.

### Ils le disent...

*Design de marque, design packaging, design de produits, design d' environnement commercial, en magasin ou sur supports électroniques, sont aujourd'hui les quatre grandes familles de désignations des objets de l'échange marchand qui convergent et se complètent pour former le langage global du "design de communication" que l'on peut reformuler comme étant le langage de la "communication de la désignation".*

François Bobrie, sémiologue[1]

## Démarche systémique et holistique

*« Quand il présente sa chaise "Miss Trip", Starck nous dit qu'elle est "l'archétype de la chaise de cuisine sur laquelle maman servait le café au lait". On n'achète pas une chaise, mais l'odeur du café au lait et la maman en prime. »*

François Granon[2]

---

1. François Bobrie, *Parlez le langage des marques*, à paraître aux éditions Eyrolles, 2008.
2. In *Télérama*, n°2464, 1997.

L'approche systémique, qui procède d'une méthode basée sur une logique de système, est une démarche permettant de ne pas considérer, comme on le faisait encore dans les années 1980, un logotype séparément d'un packaging, ou un téléphone mobile séparément de la marque qu'il représente.

Mini-cas

### Orange : la pertinence d'un système global

Cohérence. Tel est le mot qui résumerait bien la marque Orange. Ce qui fait la force de cette marque, qui incarne parfaitement la communication à 360°, comme peut le faire Coca-Cola ou encore Nike, c'est la pertinence d'un système global. De la publicité télévisée au point de vente, en passant par le packaging des téléphones mobiles, tous les points de contact avec le client sont la déclinaison d'une idée forte fédératrice, d'un concept en somme. La réussite de cette marque, qui était à l'origine réservée à la téléphonie mobile et qui est devenue en 2006 la marque de convergence regroupant l'ensemble des services et produits du groupe France Telecom, s'explique en grande partie par la maîtrise d'une idée déclinée de manière efficace au travers des différents modes de communication de la marque. En effet, bien plus qu'une identité visuelle, qu'un logo, la marque Orange incarne une personnalité avec une vision et des valeurs qui guident l'ensemble de ses actions. Dans un contexte où les technologies évoluent continuellement, et où les acteurs des télécommunications parviennent rapidement à rattraper le retard technologique sur leurs voisins, Orange n'entend pas se positionner comme une marque purement technologique, mais comme la marque relationnelle qui établit un lien durable avec ses clients. Et pour créer cette relation, la marque a misé, pour l'ensemble de ses supports de communication et points de contact avec ses clients, sur des codes de communication simples et facilement mémorisables.

La cohérence d'un système d'images global : le logotype, la publicité, la Livebox et les façades de magasins disposent de signes de reconnaissance imperceptibles.

Photos © France Telecom

L'approche systémique est le propre du design de communication, qui commu-nique une marque dans toutes ses dimensions. Des sujets complexes peuvent alors être abordés, qui peuvent aller de l'architecture d'un magasin à la décora-tion de Noël, en passant par la tenue des vendeurs et leur discours. C'est pourquoi le design de communication n'est jamais réducteur. Les problémati-ques sont appréhendées dans leur ensemble : un packaging ne peut décem-ment plus se résumer à un habillage graphique, mais tient forcément compte du prix, des économies possibles d'emballage, du contexte de vente, du dis-cours de la marque… Lorsqu'on crée un nom de marque pour une entreprise, on anticipe forcément sur l'avenir de l'entreprise, son projet, ses valeurs, son territoire, ses produits.

Le design systémique relie également les disciplines classiques du design à des sciences diverses comme l'anthropologie (analyse des comportements) ou l'ergonomie, avec des outils nouveaux (Internet…), des attitudes sociales nou-velles (développement durable, aide aux pays en voie de développement). Le designer, dans ce contexte, quitte son statut de simple dessinateur et son champ de connaissances premier : il s'ouvre à d'autres savoirs et en tient compte. Le design devient un état d'esprit.

Le design est systémique, et est lui-même engagé dans une systémie de communication : l'édition est liée au design, mais aussi à la rédaction des textes, donc à la conception-rédaction, donc à la recherche, finalement, de concepts publicitaires, moins pérennes que ne l'est le design.

Ces définitions mettent en relief la triple systémie du design :

- une systémie entre les disciplines traditionnelles du design ;
- une systémie avec les disciplines de la communication ;
- une systémie avec les nouvelles technologies, depuis l'explosion du numé-rique.

Ces systémies procèdent elles-mêmes d'une systémie globale, au service d'une marque, d'une enseigne, d'une entreprise, d'une institution. On pourrait y ajouter maintenant une systémie entre les disciplines traditionnelles du design et les réflexes de développement durable qui se font jour. Le design est égale-ment holistique (du grec « holos » qui signifie « tout »), en ce sens qu'il tient compte de tous les systèmes et traite les problématiques dans leur totalité. À design systémique et design holistique, on préfère le nom de design global (on entend parfois parler de design total ou intégral) qui est plus parlant, plus accessible et peut-être moins prétentieux !

En fait, même si le design de communication est généralement lié aux marques, nous n'utiliserons plus ici que le terme de design, non seulement par convention, mais parce que, d'année en année, de siècle en siècle, le design est caméléon, pluriel, et finalement un.

### Ils le disent...

*En ajoutant ses processus créatifs aux étapes de conception des produits de la société de consommation de masse, le design a su montrer qu'il n'est pas l'alibi décoratif du marketing, mais la synthèse du beau et de l'utile dans le fonctionnel.*

Jacques Kooijman, inspecteur d'Académie, agrégé de l'Université

## Globalité du design

« *Le design ne signifie pas donner une forme à un produit plus ou moins stupide, pour une industrie plus ou moins sophistiquée. Il est une façon de concevoir la vie, la politique, l'érotisme, la nourriture et même le design.* »

Ettore Sottsass

Si le design se définit en tant que processus permettant, à partir d'une stratégie d'entreprise, d'un projet d'entreprise, d'une intention commerciale ou marketing de concevoir des éléments utiles, cohérents, émettant des signes organisés de l'entreprise vers ses publics, alors, en ce sens, le design est global.

Le design est global, à la condition que l'entreprise veuille bien assurer une cohérence aux signes qu'elle émet : identités de ses marques, produits, packagings, sites internet, éditions diverses, architecture de son siège, de ses magasins. On peut y ajouter, même, le langage des collaborateurs, les identités sonores et les tenues de travail.

Le design est global, à la condition qu'il parte d'une définition de marque, qui comprend notamment le positionnement d'une marque, la définition de ses valeurs, traduites en quelques mots-concepts simples présidant à tout acte d'entreprise, donc à tout acte de communication et de design.

La politique « produits » et de marques produits suit cette voie : les noms exprimeront ces valeurs, les images projetées par l'architecture et les packagings leur seront fidèles. En matière de recherche et développement, même à l'heure où marketing, design, recherche et développement se rejoignent, la politique de développement produits et d'innovation suit le cadre général de l'entreprise, impulsé en général par son président, et porteur d'une définition d'entreprise.

Le design est global, et certaines agences de design tentent de se structurer pour répondre à cette globalité. À l'inverse, des agences trop spécialisées en packaging ne peuvent plus revendiquer désormais une approche globale, et nombreuses sont celles qui se sont tournées vers l'aval (la technique, les matériaux, l'industrialisation) pour renforcer leur positionnement pointu. D'autres ont souhaité vivre l'aventure du design global, mais plus difficilement, sans volonté réelle de culture amont, sans culture stratégique assurant un « pont » entre les différentes disciplines du design et les sciences nouvelles ou la culture de marque.

Le paysage s'est ainsi restructuré :

- les agences de design, globalisant le design, assurant normalement la réflexion et intégrant les métiers d'aval : design graphique, design volume, design d'architecture ;

- les agences pointues dans un métier : agence de design packaging, agence d'architecture. Ces agences sont en général faibles en stratégie : travailler sur la fondation d'une marque, sur un projet de marque ne relève pas de leur compétence ;

- les consultants en design, globalisant un projet et utilisant de petites agences pointues ou des free-lances pour chaque métier d'application : graphistes de marque, architectes, sémiologues, études…

L'histoire du design nous enseigne cette globalité, et un peu de prospective nous montre dans quels registres les designers de demain, actuellement étudiants, évolueront.

### Ils le disent...

*Le design, c'est l'imagination, le rêve, la création, la transformation, un monde imaginaire et différent. Mais c'est aussi un mélange de culture, d'art et de technique.*

Sandy Langevin, décoratrice événementielle

## Histoire et prospective du design

« *Les choses sérieuses, naguère, étaient le charbon et l'acier. Dans les affaires du monde, littératures ou musées semblaient compter peu. Les batailles décisives se livraient dans les usines de machines-outils ou dans les grandes plaines à blé... Mieux valait, pour la prospérité d'un peuple, ouvrir des ports de marchandises que des cabinets de lecture... Mises à part quelques têtes philosophiques et solitaires, nul ne songeait sérieusement à chercher dans les œuvres l'incarnation de l'essence d'un peuple ou la marque de son identité la plus authentique... Nous avons changé tout cela. Aujourd'hui, les cultures sont devenues grands sujets d'affrontement, outils d'information collective et quête d'identité.* »

Roger-Pol Droit[1]

Certains font naître le design au milieu du XIX$^e$ siècle, en Europe. Le design est alors lié aux mouvements avant-gardistes qui souhaitent mettre les valeurs de l'art à la portée de tous. On parle à cette époque d'« arts et métiers », terme qui, somme toute, est proche de l'esthétique et de la fonctionnalité, c'est-à-dire du design. Le design se situe à un carrefour entre élite et masse, forme et fonction, beau et utile, art et industrie. Il devient témoin de la vie quotidienne, au travers d'objets comme le fer à repasser, le siège, la voiture, la

---

1. In *Le Monde*, 7 juillet 1997.

maison, l'environnement. Le design est partout, et c'est encore le cas. Il projette l'air du temps au travers d'images de marques, de packaging, d'objets.

Puisqu'il semblerait que ce soit le journaliste Gilles de Bure qui, en 1965, utilise le premier le mot « design » dans la langue française, alors l'histoire du design de communication pourrait commencer là. Mais l'ancêtre de ce mot est « esthétique industrielle », qui couvre simultanément les dimensions esthétique et fonctionnelle du design. L'Académie française fait entrer le mot « design » dans son dictionnaire en 1971, mais les linguistes proposent vite de le remplacer par « stylisme » ou de revenir à « esthétique industrielle ». Cette polémique amène néanmoins le *Journal officiel* à remplacer « design » par « stylique », à l'époque où il recommande d'utiliser « mercatique » plutôt que « marketing ». Ces mots ne seront jamais utilisés. Quoi qu'il en soit, le mot « design » est issu du vieux français « desseing » (1556), qui signifie à la fois « dessein » et « dessin », c'est-à-dire l'alliance de la stratégie, de l'intention et de la création en deux dimensions d'un projet, qu'il soit d'identité de marque, de packaging, de design de produit, d'architecture commerciale, de webdesign.

En d'autres termes, il est d'abord question du fond (la stratégie), puis de la forme (le graphisme, le volume). Certes, les designers géniaux (Loewy, Tallon, Paulin, Starck) intègrent immédiatement leur compréhension d'une marque, leur point de vue, presque directement dans leurs créations. Mais la complexité du monde, des marques, des groupes, des migrations d'entreprises, des consommateurs qui sont toujours « nouveaux consommateurs » fait que la stratégie, c'est-à-dire ni plus ni moins qu'un état des lieux et une anticipation sur l'avenir, est devenue prépondérante dans un projet de design.

Le design est très ancien : autant un Égyptien de l'Antiquité, par exemple, dessinait selon le style ambiant de l'époque, autant, pour signer son œuvre, il « logotypait » son nom, en tenant compte de sa personnalité. De la même façon, sous Louis XVI par exemple, autant le mobilier comportait des colonnes cannelées, autant les estampilles des ébénistes étaient libres. Des fouilles archéologiques récentes (2005) sur le site d'Aratta, en Iran, montrent des marques commerciales sur des jarres. Mais c'est en fait la multiplication des marques commerciales qui infléchit le design, puisqu'une marque est une entreprise, un homme, une équipe, donc une stratégie, un « dessein » qui pilote un « dessin » et porte un « projet d'entreprise ».

C'est davantage la prolifération des marques commerciales que leur apparition qui indique le début de l'histoire du design de communication, qui naît avec l'apparition des intermédiaires de distribution de masse.

Nous retiendrons les dates suivantes.

### 1850
De nouvelles façons de fabriquer et de nouveaux matériaux émergent de la révolution industrielle. On donne des formes aux objets créés industriellement : la forme suit la fonction.

### 1851
Le Crystal Palace, édifié par Joseph Paxton pour l'Exposition universelle de Londres, préfigure la conjugaison entre art et industrie.

### 1852
Création en France du magasin le Bon Marché par Boucicaut : premier pas vers la grande distribution. Les produits vendus sont fabriqués en série.

### 1900
Construction du Grand Palais en France, confirmant, après le Crystal Palace, la conjugaison de l'art et de l'industrie dans le style Art nouveau.

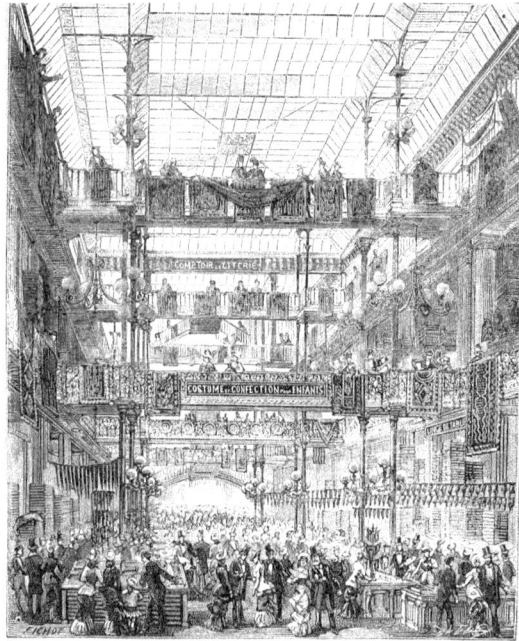

LA GALERIE DE LA RUE DE BABYLONE

La galerie Babylone du Bon Marché (1880).

© Groupe Eyrolles

Pour la petite histoire

**Le Grand Palais, reflet du prestige français**

Le Grand Palais, bâti en 1900 sous la direction de l'architecte Charles Girault, en seulement trois ans, dépasse la Tour Eiffel par le tonnage métallique : 8 500 tonnes. La verrière est impressionnante : le Grand Palais devient le fleuron de l'Exposition universelle. L'élément le plus remarquable est la nef. Il est alors consacré par la République à la gloire de l'art français.

Récemment, le Grand Palais a fait l'objet d'un lourd programme de restauration, permettant d'accueillir, grâce à une programmation événementielle attractive, des expositions, des manifestations culturelles et sportives, des défilés de mode, la FIAC, la Biennale des antiquaires… Ce lieu vaste, restauré, a de l'avenir : son esthétique et sa modularité en font un centre d'événements au cœur de Paris.

Vue générale du Grand Palais, nouveau lieu d'événements pour le XXIe siècle.
À droite, la nef[1].

*Ils le disent...*

*Le design, c'est la mise en forme des fonctions. Le design est la porte d'entrée de la création plastique et artistique, au contact avec tous.*

François Belfort,
directeur des manifestations et des événements du Grand Palais

**1919**

Apport des pays scandinaves au design avec Alvar Aalto.

Une nouvelle école naît, que les nazis fermeront en 1933 : le Bauhaus, qui avant-gardise le design et en fait une démarche structurée.

---

1.  Source : dossier de presse du Grand Palais, juin 2008.

## 1920

Un modèle unique d'automobile, la Ford T, est un succès grâce à un slogan publicitaire : « *N'importe quelle couleur pourvu qu'elle soit noire.* » Mais la même année, Henri Ford imagine déjà que les goûts des conducteurs peuvent être variés : couleurs, formes. La notion de « gamme de produits » apparaît pour la première fois, chaque référence ayant une couleur et une forme différentes.

## 1930

Les objets deviennent plus rigoureux avec la crise de 1929 et l'arrivée de l'extrême-droite en Allemagne.

Le courant « streamline » (littéralement « lignes fluides », correspondant aux formes obtenues avec les techniques d'emboutissage de l'époque) apparaît.

Création des ancêtres des agences de design actuelles : les agences d'esthétique industrielle. Le Français Raymond Loewy (1893-1986) crée en 1930 la Compagnie d'esthétique industrielle (CEI) aux États-Unis. Il est toujours considéré aujourd'hui comme le père du design de communication, autant bon marchand que créateur. Il ne fait pas de différence entre le logotype d'une marque (Shell), l'architecture des pompes et des stations et le packaging de bidons d'huile… Il a compris le premier la globalité du design, ce qui poussera Gérard Caron, fondateur de Carré Noir, à passer une pleine page dans tous les quotidiens de France le jour de sa mort : « Merci papa. »

Collection Jean-Jacques Urvoy

Aéroglisseur créé par Raymond Loewy. Dès 1930, les lignes sont épurées, fluides. L'esthétique respecte la fonction.

### Entretien avec Francis Bance, créateur de l'agence de design de communication Esprit de Formes

#### « L'esprit CEI : beauté et utilité »

Il y a des rencontres qui ne peuvent laisser indifférent. Celle de Francis Bance avec le père du design industriel Raymond Loewy en fait partie. Francis Bance, qui dirige l'agence spécialisée en communication visuelle et design de produits Esprit de Formes, eut l'heureux privilège de

▶▶▶

côtoyer celui que les jeunes designers faisant leurs armes dans l'agence CEI surnommaient « Pépé ». C'est après une année de préparation en arts appliqués que Francis Bance entre en 1975 dans la grande maison du design, dans laquelle son père, Pierre Bance, avait dirigé jusqu'en 1965 le département design graphique. Francis Bance se frotte alors à l'atelier comme maquettiste-prototypiste. Mais durant ses quatre années passées au sein de la CEI, il découvrira, en outre, la typographie, la photographie et le packaging. « *J'ai eu la chance de pouvoir m'exercer sur des disciplines par principe dichotomiques tels que le graphisme et le volume* », confie Francis Bance. C'était tout l'esprit CEI : pouvoir offrir aux salariés une grande mobilité en leur permettant de passer du crayon à l'atelier, et inversement. L'esprit CEI, c'était aussi la transversalité : « *À l'époque, très peu d'agences appréhendaient les différents aspects de la création ; la CEI était l'une des premières agences à insuffler cette problématique de design global sur des grands programmes de marque. Les différents services communiquaient aisément entre eux* », se rappelle-t-il. Si l'exigence, les méthodes et le style très personnel de Raymond Loewy avaient pour don d'agacer les jeunes recrues, force est de reconnaître qu'il était animé par une grande détermination et un esprit visionnaire. « *Cette expérience fut tout simplement incroyable. Je me rappelle l'avoir vu crayonner sur des magazines de moto afin de nous montrer sur des modèles existants tous les éléments que l'on pourrait améliorer, supprimer ou ajouter. Et, quelle ne fut pas ma surprise, quelques années plus tard, en m'apercevant que les nouvelles motos ressemblaient justement à celles imaginées par Raymond Loewy.* » C'était tout le génie de cet homme : avoir su opérer un croisement harmonieux entre la beauté et l'utilité. « *L'esprit de la CEI était de convaincre de faire du beau. Un esprit qui, malheureusement, n'est plus toujours présent. Aujourd'hui, les clients ont tendance à ne s'intéresser qu'à la dernière ligne de nos méthodologies : celle du prix.* » C'est cette obsession d'une hyper-rentabilité à court terme qui piège la création. Le temps des financiers n'est décidément pas celui des créateurs. Or, le design et les formes qu'il crée ne se marient-ils pas avec un soupçon de poésie et d'esprit ? Esprit de Formes n'est pas pour rien le nom de l'agence créée par Francis Bance.

## 1940

Le packaging apparaît, support de l'art et de l'air du temps.

La guerre sert malheureusement d'expérimentation à de nouvelles techniques et à de nouveaux matériaux (bakélite, aluminium).

« Omo, des montagnes de mousse, un vrai miracle pour votre lessive » :
l'un des premiers packagings pouvant être considéré comme média.

Les anciens postes de radio : l'occasion pour utiliser de nouveaux matériaux.

## 1945

Hiroshima et Nagasaki remettent en cause les bienfaits du progrès. L'homme, pour la première fois, domine la nature.

La reconstruction de l'après-guerre utilise les avancées technologiques qui font évoluer le design.

La liberté retrouvée de l'après-guerre influe sur la liberté des formes (Calder, Kandinsky, Prouvé, Le Corbusier, Niemeyer…).

Le marketing et la publicité relancent la consommation. Marcel Bleustein-Blanchet crée Europe 1 et Publicis, l'affichiste Savignac impose son style.

Le mot « design » s'impose en France, notamment *via* Jacques Viennot de l'agence Technès et Roger Tallon.

Raymond Loewy,
par Sophie Sanchez.

L'électrophone
Teppaz préfigure
dès 1960 la liberté,
l'individualité,
le nomadisme.

Mai 68 : le graphisme
libre des affiches de
Mai 68 préfigure le
graffiti puis le tag.
Il appartient à notre
culture graphique et
sera plus tard utilisé
par détournement en
design et en commu-
nication.

## 1953

La première agence de design française est lancée par Raymond Loewy, suivie en 1961 par Lonsdale.

## 1960

Les « transistors » de Radiola ou de Braun remplacent les vieux postes de radio encombrants. Ils annoncent la liberté de 1968, le nomadisme des années 1990, tout comme l'électrophone ou tourne-disques « Teppaz ».

## 1963

Ouverture du premier hypermarché en France (Carrefour), annonçant une révolution commerciale. Les entreprises ne peuvent plus se satisfaire d'un marketing de masse indifférencié et commencent à s'appuyer sur le packaging pour démarquer leurs produits.

L'Occident s'équipe en matériel électroménager. Les besoins sont satisfaits immédiatement.

## 1968

La liberté sociale et culturelle libère l'art et le design de contraintes : « La fonction suit la forme. » On parle d'ère « over-design », c'est-à-dire que la forme devient plus visible que la finalité de l'objet, parfois inutile (les « gadgets » en plastique).

## 1969

Woodstock, aux États-Unis, imprime une date à cette liberté.

En juillet, l'homme marche sur la Lune. L'homme voit la Terre dans sa totalité et change sa vision du monde. Le design se projette dans le futur, avec des films de science-fiction (annonçant *Star Wars* dès mai 1977). Le Concorde voit le jour en 1971. Volvo invente ses voitures à partir de concepts aéronautiques, des produits apparaissent empruntant à l'espace.

© Groupe Eyrolles

Victor Papanek crée le mouvement Design for Need et écrit *Design pour un monde réel*[1]. Il suggère la mise à disposition d'objets fonctionnels et esthétiques à la portée de tous, y compris des pays en voie de développement. Il comprend le premier les enjeux du design et la responsabilité du designer dans un monde en mutation, et préfigure les interrogations du début du XXIe siècle sur le développement durable, l'association de l'anthropologie et des sciences cognitives dans une démarche de design.

Création du siège Sacco (« poche » molle remplie de polystyrène expansé), du pop dans les objets de consommation et dans les packagings, y compris sur les pochettes de disques avec « Sergent Pepper's » des Beatles.

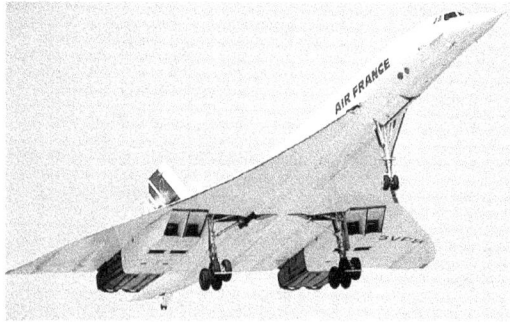

Le Concorde, symbole de l'alliance de la fonctionnalité et de l'esthétisme. Pensé dès 1960, il s'arrêtera définitivement de voler au début du XXIe siècle.

Pour la petite histoire

### Sacco : un sac de billes pour 68

Les années 1960 auront fait couler beaucoup d'encre, et particulièrement l'année 1968. Dans la frénésie commémorative de 2008, des lignes entières sur les objets soixante-huitards auraient pu être écrites. Et les cas n'auraient sûrement pas manqué. Cependant, un exemple reflète bien l'anticonformisme de l'époque et la liberté d'innovation. Appelé communément « poire », le siège Sacco, imaginé par les designers italiens Piero Gatti, Cesare Paolini et Franco Teodoro, s'inscrit parfaitement à contre-courant du mobilier aux formes strictes et rectilignes qui régnait alors dans les intérieurs. Il s'agit de rompre avec les préoccupations fonctionnelles de l'après-guerre. Les meubles, et notamment les assises, offrent un nouveau confort et peuvent inviter à s'installer au ras du sol. C'est désormais au mobilier de s'adapter au corps, plutôt que l'inverse. C'est dans ce contexte que naît le fameux pouf en forme de poire. Baptisé « bean bag » par les Anglo-Saxons – littéralement « sac de fayots » –, le Sacco se présente comme une poche

[1]. Victor Papanek, *Design pour un monde réel*, Mercure de France, 1974.

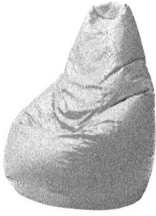

de skaï remplie de billes de polystyrène, qui prend la forme du corps lorsqu'on s'y assied. Après avoir été présenté, sans succès, par nos trois designers turinois à plusieurs industriels, c'est l'éditeur Zanotta qui l'adoptera. On sait aujourd'hui le succès qu'il connaîtra. Comme quoi les designers ne doivent jamais désespérer… Plus qu'un fauteuil, le Sacco s'affiche désormais comme une icône… devenue classique du design.

Crédit photo :
« Zanottaltaly »

## 1970

Création d'agences de design de communication de première génération avec Desgrippes-Gobé (1971), Carré Noir (1973), Landor France (1979).
Richard Sapper crée la lampe Tizio pour Artemide (1972).

## 1974

Le premier choc pétrolier induit une nouvelle façon de consommer, donc de repenser les objets (moins de plastique). Prise de conscience des limites des ressources naturelles.

Ikea : le canapé pour le plus grand nombre. Ici, le modèle Klippan existe depuis plus de trente ans.

## 1980

L'économie de marché se confirme à l'échelle planétaire, et l'on parle de surconsommation. Les marques sursegmentent leur offre : plus d'emballages, plus de produits à jeter, de produits nomades, plus d'énergie consommée…

Ikea s'installe en France avec pour mission d'offrir des objets de mobilier et de décoration en kit au plus grand nombre.
La vitesse entre en jeu : les voitures deviennent profilées (la R 16), les logotypes se déstructurent (Caixa). Roger Tallon designe le TGV.
Le design devient éclectique, multidisciplinaire, global et sous l'emprise des marques.
Création en France des agences de deuxième génération, comme Dragon Rouge (actuellement première agence en Europe).

## 1982

Le mouvement Memphis décomplexe le mobilier et les objets du quotidien (Peter Shire, Matteo Thun).

## 1986

Tchernobyl confirme l'interrogation sur le progrès, auquel est associé le design. Les consommateurs se typologisent, entre les hédonistes (babas cool, bobos…) et les premiers partisans d'alter-design.

Crédit photo : France Telecom

Premier « téléphone mobile » avec le Bi-Bop en France.

## 1990

La société individualiste et cocooniste laisse des traces dans les objets du quotidien.

Apple fait du design son arme marchande avec son iBook en 1999, avec la mandarine comme couleur de lancement : une révolution à l'époque.

Alessandro Mendini designe son tire-bouchon « bonne femme » en 1994.

Philippe Starck va créer sa maison en kit vendue à La Redoute, une brosse à dents, un presse-citron et devient le designer de référence.

La marque Swatch confirme son succès en horlogerie et envisage de devenir transversale à d'autres univers, comme la voiture.

On parle de bio-design, lié aux formes qu'on trouve dans la nature.

Sursegmentation des marchés, apparition des marchés de niches, des projets multicibles, surdéveloppement des marques avec l'apparition du branding en packaging ; tout cela amène une lecture difficile du design.

## 2001

11 septembre : chaque individu, chaque pays s'aperçoit qu'il faut désormais raisonner à une échelle planétaire.

Des marques technologiques apparaissent, comme Nokia.

LaCie : la Brick Family (design : Philippe Starck), solution de stockage informatique externe.

D'autres marques se reconvertissent parce que les technologies changent : Nikon se met au numérique et Sony au lecteur de DVD.

Développement du e-commerce.

Retour aux années pop, le design se cherche, hésite, perd ses repères.

La profession de « designer » n'a toujours pas de statut officiel, tout le monde peut prétendre l'être.

## 2008

En octobre, différents kracks boursiers, partout dans le monde, anticipent la nécessité d'une évolution de logiciel économique au cours de laquelle le design va trouver sa place.

## 2010

Le marketing classique aura vécu cinquante ans. Le « plan prévisionnel » à trois ans n'a plus de sens, tant la technologie et les innovations vont vite. Désormais, la technologie imprime le pas et les créatifs, inventeurs, découvreurs, technologues font l'innovation des objets de demain.

Le design global utilise largement le multimédia : le packaging renvoie à un site internet, les mobiles affichent le mode d'emploi du produit directement en magasin, le Reader, le Cybook ont préfiguré le livre numérique.

Par ailleurs, la prise de conscience puis l'évidence d'une pénurie de pétrole et du réchauffement planétaire pointent le gâchis de la deuxième moitié du XX$^e$ siècle (5 planètes sont nécessaires pour satisfaire les besoins de la Terre selon un mode de vie américain).

Après plus d'un siècle, le design retrouve la voie de Victor Papanek : il est responsable, il participe à inventer la relation entre l'homme et son environnement, participe à l'entraide entre les hommes. Il devient éthique.

Les effets du design peuvent se mesurer : impact de la réduction des emballages sur l'environnement, corrélation entre qualité de soins hospitaliers et architecture d'un hôpital, corrélation entre la fidélisation du public à une marque et le design de ses produits.

*Ils le disent...*

*Le design est une pertinente provocation de notre futur quotidien (et vice versa).*

ViF[1]

## 2020

Par nécessité plus que par raison, les consommateurs deviennent eux aussi responsables : le design intègre la réduction annoncée des conditionnements, l'objet est réduit à sa stricte fonction. Les designers trouvent de nouvelles voies en conciliant l'éco-design, d'une part, et les cybermédias, d'autre part : c'est l'hyperdesign.

*Ils le disent...*

*Ma définition du design serait le dessein par le dessin, comme outil conceptuel à imaginer des futurs plus humains.*

Marc Bretillot, designer culinaire

## 2050

Les réserves de gaz et de pétrole sont épuisées. Le designer réinvente, enfin, le monde. Son statut est reconnu. L'ordre des designers existe, comme celui des architectes ou des médecins.

*Ils le disent...*

*Le design est un processus visant à concevoir un produit (bien ou service) en tenant compte de ses fonctions et de sa qualité intrinsèques, de son aspect visuel, de ses impacts environnementaux et sociaux tout au long de son cycle de vie.*

Nathalie Lavigne, consultante en développement durable

---

1. Vincent Ferry, *How to Create Soulpackaging*, PC Éditions, 2007.

© Groupe Eyrolles

**Pour** la petite histoire

### L'histoire du mot « design »

« *"Design" est emprunté à l'anglais, qui signifie au XVII$^e$ siècle "plan d'un ouvrage d'art". Le mot anglais est lui-même d'origine latine :* designare. *Il provient de "dessein" et de ses dérivés "dessigner" ou "desseigner" qui signifiaient à la fois dessiner, montrer, indiquer.*

*Les notions de dessin et de dessein se superposent tout d'abord, mais c'est aux États-Unis et en Grande-Bretagne que le mot design prend un sens élargi à toutes les productions d'objets ou de signes, à la fois industrielles et artisanales. Il s'impose après la crise de 1929, avec la création des premières agences d'esthétique industrielle, notamment celle de Raymond Loewy.*

*L'usage du mot gagne l'Europe d'après-guerre. Il marque un avantage conceptuel sur l'allemand* Gestaltung *(plus proche du dessin) ou l'italien* progettazione *(plus proche du projet). Il s'étend en France, remplaçant l'expression "esthétique industrielle". »*[1]

## Design et philosophie

Le design est un outil d'avenir. Il permet d'ores et déjà de réagencer le monde, puisqu'il induit une créativité, c'est-à-dire des angles de vue nouveaux. Comme la philosophie, le design utilise des méthodes rationnelles et critiques. Il travaille avec des concepts abstraits et tente de définir de grands principes généraux.

La philosophie répond aux questions du sens de l'existence, des valeurs individuelles et sociales, de la nature du langage ou de la connaissance et du rapport que nous avons avec les choses elles-mêmes. Le design propose du sens, impose des valeurs, utilise les ressources du langage et le rapport que nous avons avec les choses elles-mêmes : il est complémentaire à la philosophie. En philosophie, comme en design, on produit des concepts (« *Une philosophie qui ne produirait pas de concepts ne serait plus une philosophie* »[2]).

---

1. D'après le *Dictionnaire international des arts appliqués et du design*, Éditions du Regard, 1996.
2. Gilles Deleuze.

La philosophie n'est pas une science formelle ou empirique : elle n'est pas une science, en ce sens qu'elle les étudie toutes ou aucune ; le design, de même, n'est pas une science formelle parce qu'il fait appel à toutes les sciences et tous les champs de savoir.

La différence essentielle est que la philosophie est une discipline rationnelle, bien que ses premiers principes ne puissent pas être démontrés. Le design procède à la fois du processus rationnel (besoin/dessein/dessin/industrialisation), de l'intuition et de l'émotion, de l'art.

## Ils le disent...

Dans un texte publié en préface du catalogue de l'AFAA[1], intitulé « Philosophie du design », et qu'il nous autorise à proposer ici[2], le philosophe Régis Debray s'interroge sur l'esthétisation du banal et la personnalisation du standard.

« Le design industriel participe à l'éducation du regard, chez le consommateur et le citadin, comme à la responsabilité du producteur. En sortant la marchandise de l'anonymat, en l'individualisant, c'est le sujet qu'il contribue à rendre un peu plus individuel, au sein même et par les moyens de la communication de masse. En mettant du ludique dans le laborieux, cette recherche formelle nous incite à sortir de notre anesthésie, de nos adhésions molles et passives à des matériaux, à des formes, à des outils qui nous environnent de façon si pressante et confondante que nous en oublions, aujourd'hui, à la fin, cette vérité élémentaire toujours oubliée : chaque objet a été un miracle, produit d'une invention humaine, et peut le redevenir. Et ce n'est pas parce qu'on répond à un besoin que l'on n'est pas une œuvre en soi.

La Nature du bon Dieu est une création arrêtée, condamnée à la répétition. L'industrie de l'homme peut toujours innover : c'est la création continue. Autant la regarder de près. »

Régis Debray, philosophe, fondateur de la médiologie

---

1. AFAA : Association française d'action artistique.
2. Voir le site de Régis Debray : www.regisdebray.com – © Régis Debray, tous droits réservés.

# Design et communication

Le design de communication communique une marque, un esprit d'entreprise, une intention stratégique, mais le design n'est pas la communication. En théorie, le design est une partie de la communication en tant que discipline. La communication ne peut se passer du design. Mais les deux diffèrent pourtant. Le design est pérennisant, la communication est éphémère. Le design assoit une marque, la création du nom, et au cours du temps développe son code génétique formulé dès sa naissance ou lors d'un repositionnement. En ce sens, le design est un verbe, un commencement. Manufrance existe toujours en tant que marque, elle est inscrite dans nos inconscients collectifs, alors que l'entreprise n'existe plus. Elle a une valeur potentielle (si tant est qu'on sache encore l'utiliser comme levier marchand). Le design et la communication adaptent la marque aux tendances, aux circonstances, utilisent l'actualité, les faits divers.

Design et communication sont deux métiers différents. Philippe Michel, président de BBDO Europe, dès 1990, l'avait bien compris qui a créé l'agence Proximité, par complémentarité avec « publicité » : « *Pour voir de loin, il faut d'abord communiquer de près* », c'est-à-dire parfaire sa marque, son point de vente, ses produits, ses packagings. Il savait comment designers et publicitaires pouvaient travailler ensemble. Il existe toujours une distance entre eux, mais c'est par manque de culture. En fait, design et communication procèdent de la même connaissance d'une marque, d'un même point de vue. Mais les techniques sont différentes. Un publicitaire pense que « faire un logo, coco » c'est facile, et un designer pense que la publicité, c'est facile, lorsqu'il voit une photo accompagnée d'un logotype sur une affiche de 4 x 3 m pour une marque de luxe ! Chacun a une vision restreinte du métier de l'autre. Designers et publicitaires ont au moins un point commun : ils sont en général (les meilleurs, du moins) curieux de tout et créatifs. C'est pour cela qu'un consultant indépendant ou une direction marketing ne doit pas hésiter à les faire se rencontrer.

Notons un point de lexicologie intéressant : la publicité nomme ses clients « annonceurs », et le design de communication également, comme si le mot « client » était trop marchand. C'est que le design, parfois, se donne des airs de communication, et c'est vrai que le terme « design de communication » n'aide pas. Mais il y a au moins le mot « design »…

On constate un paradoxe incroyable : environ 5 % du budget de communication est en moyenne consacré au design, alors que le design constitue les fondamentaux d'une marque et de la communication. On a jugé, dans les années 1980 et 1990, le design comme secondaire, comme s'il était proportionnel à l'achat d'espace. Les droits d'auteur existent, on devrait rémunérer le designer aux fréquences d'apparition du logotype en TV ou en affichage, ou au résultat commercial. Mais actuellement, créer un logotype ou un packaging, concevoir l'architecture d'un magasin est une goutte d'eau par rapport aux investissements média. Mais une autre raison demeure. Les agences de publicité (rebaptisées agences de communication dès 1993, c'est-à-dire après la guerre d'Irak et au début de la loi Sapin) ont toujours parlé d'argent : les annonceurs eux-mêmes en riaient, qui dans les années 1970, les années pop, payaient très cher leurs agences et l'achat d'espace. Et le cliché est ancré : un graphiste peut dessiner le logo d'une banque sur un coin de table, un publicitaire a besoin d'un grand hôtel de Rio pour tourner un film TV sur des rillettes.

Les designers peuvent parler d'argent – même plus que les publicitaires – sans renier leur métier, de la même façon qu'un médecin ou un psychanalyste, qui touche au fondamental d'un individu, fait payer une consultation. Mais ce n'est pas une raison pour que les designers jouent maintenant aux publicitaires au prétexte d'une démarche systémique, globale. Ils l'ont fait un peu en inventant le terme de design de communication pour indiquer que le design englobe une démarche stratégique. Il leur faut veiller à rester humbles.

*Ils le disent...*

*Le design est ce qui fait la différence, c'est l'âme et la personnalité d'une marque.*

Odile Vernier, présidente de Beau Fixe,
agence de relations publiques et presse

## Design et stratégie

Avant de dessiner une marque, des produits, des packagings, un environnement commercial, il existe toujours une phase de réflexion. C'est ce qu'on nomme la « stratégie d'image » : où emmener une marque ou une enseigne ?

Quel discours adopter ? Comment peut-on la définir de telle sorte que n'importe quel partenaire de l'entreprise puisse la comprendre ? Quels sont les codes de la concurrence ? Comment s'effectue tel ou tel acte d'achat ? En quoi le développement durable est-il impliqué dans le projet de design ? Et surtout : quel est l'angle de vue qu'on porte sur la marque, sur son secteur en particulier ? Quelle aspérité peut la faire émerger ? Qu'est-ce que je vais apporter à la marque, à l'entreprise, au secteur de consommation tout entier ?

Vite – trop vite – les clients veulent voir des images. Mais, de même qu'on peut faire la différence entre un fleuriste et un marchand de fleurs, il y a design et production d'images. Pour bâtir une stratégie d'image, il s'agit ici d'analyser, sous la forme d'un *screening* assez complet, les performances des marques actuelles de l'entreprise et de leurs concurrents.

L'analyse est conduite sur plusieurs registres et avec des compétences et des outils divers. On peut presque systématiquement utiliser ici une analyse SWOT classique : quels sont les points de force et de faiblesse vis-à-vis de la concurrence, quelles sont les menaces liées à la marque ou à l'enseigne, quelles sont les opportunités ? Quelles sont les valeurs de la marque (entreprise, enseigne, produit) qui vont identifier l'objet à designer ? Quel est son discours, son territoire, son patrimoine génétique, sa vocation… Pourquoi ce nom : signification, contenu, adéquation aux territoires induits, etc. Sous-tend-il vraiment, potentiellement, les objectifs assignés en matière de design ? Quelle appréciation peut-on porter sur le sens de l'objet à redesigner ou à créer ?

Le consultant, s'il ne l'est pas lui-même, peut être aidé par un sémiologue. L'analyse conclura sur les points d'ancrage et les points d'amélioration de l'objet : ce qu'on peut changer ou non, et surtout, vers quelle direction aller ou évoluer. L'analyse classique de la concurrence s'avère toujours utile. On étudie les objets (produits, packaging), les marques, les enseignes, au filtre de la concurrence en termes :

- d'inscription dans un univers codé ;
- d'originalité du concept ;
- de signes, de compréhension ;
- d'agrément ;
- de spécificité ;

- de hiérarchisation graphique ;

- et autres raisons de « bien fonctionner ».

À cette étape, on dégage, s'ils existent, les constituants des codes de marché associé à l'univers concerné (couleurs, formes, signes...). Ces codes, dans la première décennie du XXI$^e$ siècle, sont largement transgressés, et, devant la profusion de l'offre, il semble que les marques aient de moins en moins à perdre à adopter un design vraiment différenciant, que ce soit en matière de logotype (Pathé), ou de produit de grande consommation (Essensis de Danone). À force d'être frileux au cours des vingt dernières années, le bilan est lourd en France, laquelle n'a pas su innover suffisamment.

De multiples outils stratégiques permettent aux consultants en design et aux designers de réussir un projet de design. Ils ne remplaceront jamais le bon sens, la faculté à prendre l'air du temps, l'intuition, la connaissance des technologies avancées, le risque, le travail collectif.

On a trop fait confiance, à la fin du XX$^e$ siècle, aux consommateurs. Certes utiles pour, au final, savoir s'ils achètent un projet, ils ne sont pas capables d'anticiper, de se projeter dans l'innovation. Ce n'est pas leur métier, c'est justement celui du designer. Études de marché, études de prospective, ethnologie, sémiologie, le terrain du designer est balisé. Un bon designer sait s'en échapper, en proposant des solutions « in » et des solutions « off ». Les grands succès du design sont aussi le fait de transgressions. Il n'y a pas de recette toute faite.

À l'issue d'une phase stratégique amont, il s'agit bien d'anticiper non seulement des axes de création, mais aussi des concepts, avant qu'ils ne soient designés. Ces concepts peuvent être préalablement évalués. Le design, comme la philosophie, est producteur de concepts pérennes.

Il s'agit aussi de proposer un cahier des charges (pour le design de produits) ou une plate-forme de création (pour l'identité visuelle et le packaging), lesquels servent de référent commun au client et au prestataire de design.

Les méthodologies spécifiques à chaque métier du design – identité visuelle, design de produits, design packaging, architecture commerciale – sont proposées dans cet ouvrage, à la fin des chapitres concernés.

Chapitre 2

# Le design,
# point d'appui pour l'entreprise

## Le design est un investissement

Rien n'a changé en France depuis cinquante ans : le design coûte cher. Le mot y est pour beaucoup, puisque le design, c'est avant tout un fauteuil confortable, donc souvent inutile. Pour mieux signifier la notion d'« investissement », on devrait parler de « conception », qui au moins induit davantage l'idée de quelqu'un qui réfléchit (le projet, le concept, le dessein) qu'un artiste qui dessine. Les entreprises, condamnées à se développer, n'ont de cesse de parler de création de valeur, et le design est au cœur de cela.

En 2010, nous sommes à un tournant : la publicité traditionnelle (achat d'espace) et même le web affichent leurs limites. Il faut inventer d'autres formes de développement qui passent par la production d'idées et la formalisation de concepts, c'est-à-dire le design.

Ce tournant passe par un renouveau obligé dans l'enseignement du design. Dans les écoles de commerce, c'est timidement qu'on laisse une place à un conférencier pour qu'il parle de design. Ce dernier n'est pas reconnu comme une discipline et c'est une erreur. Les étudiants en gestion et en commerce n'ont aucune idée de la manière de développer un projet de design ou d'innovation. Dans les écoles de design, de la même façon, le marketing et l'économie ne sont pas enseignés, ou mal, ou on leur réserve très peu de place. Ce qui fait que le design est ramené à une dimension esthétique, d'idées débridées mais sans grande mise en perspective. Et dans les écoles d'ingénieurs, le design ne s'enseigne pas. C'est même un sujet tabou, voire suspect. Il est perçu comme esthétique, alors qu'il est un levier d'invention, de découverte, d'innovation. À ce rythme, nos ingénieurs ne seront plus que les exécutants des concepteurs d'ailleurs.

À la sortie, comment alors harmoniser hommes de gestion, de marques, ingénieurs et designers, comment gérer des équipes censées refaire le monde, amenées à produire de la valeur, comment faire du design un outil de développement ? Depuis toujours, l'État est en grande partie responsable de cette situation : le design relevant de plusieurs ministères (Industrie, Éducation nationale, Économie, Commerce). Personne ne l'a jamais reconnu comme outil de gestion. Des instances se sont créées, relevant d'autorités différentes et atomisées.

## Le design est partout, donc nulle part

La fonction design, en entreprise, est au carrefour du marketing (marque, branding, stratégie marketing), de l'industriel (bureau d'études, production), de la recherche et développement, du commercial et des ventes.

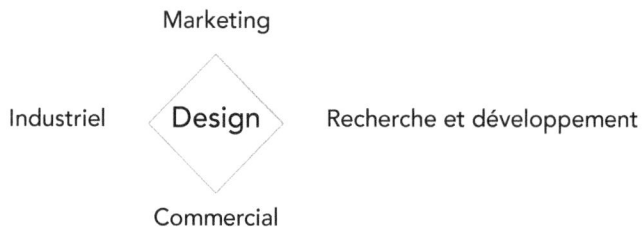

Marketing

Industriel &lt;Design&gt; Recherche et développement

Commercial

Le « carré dynamique » du design : si le design participe à toutes les fonctions de l'entreprise, il est rarement fonction lui-même.

Le design est au cœur de ces quatre fonctions d'entreprise, ce qui fait que chacune d'elles se le dispute, ou deux par deux. Aucun projet sérieux ne peut alors émerger. L'industriel peut prétendre au design, puisqu'il connaît les machines (mais ses machines actuelles). La recherche et développement également, puisqu'elle a le temps pour chercher (mais trouvera-t-elle ?). Le commercial connaît les acheteurs des centrales d'achat et sait ce qui leur plaît (mais ils n'achètent pas au final). Le marketing, lui, connaît les besoins des consommateurs (mais il existe un écart de plus en plus prononcé entre ce qu'ils déclarent et la façon dont ils se comportent réellement). Au centre, le designer, ravalé au rang de dessinateur des idées des autres et n'inventant plus rien : le dessin, sans le dessein.

On a observé un rapprochement – pour ne pas dire une fusion – entre le marketing et le commercial (le « marketing opérationnel », le « trade-marketing » des années 1990), le marketing et la recherche et développement (au début des années 2000), la recherche et développement et l'industriel (dans les années 1990, où l'on a cru faire des économies, la production ne développant que ce qu'elle savait produire)… La somme de ces rapprochements, c'est le design ! C'est souvent au marketing de jouer le rôle de la fonction design, sous prétexte qu'il est à l'écoute du marché et des consommateurs. Mais ce modèle est dépassé. Jamais un « consommateur » n'inventera les produits de demain et saura ajouter de la valeur. Il donnera des idées, mais ces idées seront déjà connues de l'entreprise. Il faut donc installer le design et l'innovation au cœur de ces quatre fonctions.

## La création de valeur et l'innovation

Les temps changent. On l'a vu, Raymond Loewy écrivait : « *La laideur se vend mal.* » On dit aujourd'hui qu'il faut amener de la valeur. Toutefois, cette valeur va bien au-delà de l'esthétique. Elle tient compte de cette incroyable capacité qu'a – ou non – un manager à percevoir l'avenir, à anticiper son entreprise. Certains délèguent tout, c'est une erreur. Le manager porte ou non cette anticipation, qui ne peut rester théorique, mais doit devenir une réalité dans son entreprise : au travers des hommes, des idées, des valeurs, de l'état d'esprit, des signes, de la technologie, des décisions d'investissement, etc.

Dans ce contexte, certaines entreprises font appel à des consultants en design, d'autres se sont organisées en créant la fonction design (Renault, Décathlon d'où est né Oxylane qui crée désormais pour d'autres enseignes).

Entretien avec Philippe Picaud,

directeur d'Oxylane Design (ex-Décathlon création)

## « *Le design, créateur de valeur pour le sport.* »

Le moins que l'on puisse dire, c'est que Oxylane est loin d'apparaître comme un groupe « suiveur ». Armé de 120 designers répartis entre les différentes marques et les différents centres de conception (quatre en France implantés sur les lieux de pratique et un en Chine), Oxylane a fait du design une activité stratégique. On pourrait même dire, sans exagération, que le groupe est l'un des pionniers du design intégré. Ce qui n'était pas tout à fait le cas jusqu'en 2000 : les designers intervenaient alors très tardivement dans le processus de conception des produits, et il n'existait pas réellement de coordination entre les différents départements. Or, le design, discipline stratégique, doit se gérer au plus haut niveau (la définition de l'offre, le développement et le design doivent jouer collectif). Un changement s'impose pour que le groupe puisse être porteur d'innovations et se positionner véritablement comme un « créateur » d'articles de sport. Une mission qui incombe à Philippe Picaud, qui pousse la porte de la direction design de Décathlon en 2001. Le changement ? Il parvient à développer des entités, de plus en plus autonomes, proches du terrain et des utilisateurs. C'est ce qu'il nous explique : « *La mission du design est de rendre accessible le plaisir du sport au plus grand nombre. Les designers sont plus particulièrement tournés vers l'expérience des utilisateurs. Notre intimité avec les clients, usagers et autres métiers de l'entreprise Oxylane nous permet d'offrir des solutions pertinentes plus rapidement. Au sein d'Oxylane Design, nous avons une équipe qui travaille sur les tendances et un groupe dédié au design avancé afin d'émuler les équipes et d'être auteur d'innovations. La conception d'un produit est le fruit d'une équipe qui intègre chefs de produit, ingénieurs, designers, acheteurs... et seule cette collaboration est porteuse de projets innovants. Plus qu'une fonction au sein de l'entreprise, le design chez Oxylane est une structure dont la valeur ajoutée est reconnue dans tous les domaines où l'usager est en contact avec l'entreprise : Internet, publicité, merchandising, produits, composants et services.* » Toute la

❯❯❯

▷ ▷ ▷

force d'Oxylane réside sans doute dans son organisation et son management du design, qui permettent de donner le maximum d'autonomie aux marques tout en gardant une unité, une identité forte.

Chez soi, FitnessPouf est une mini-salle de fitness, qui regroupe l'ensemble des exercices nécessaires à la pratique du fitness : une fonction rameur pour faire travailler le cœur, des anneaux pour les muscles du haut et du bas du corps, un tapis pour les exercices au sol et la relaxation. En position repliée, il peut servir de pouf ou d'assise d'appoint. L'étude de concept ci-dessus aboutira au produit « Le Cube ».

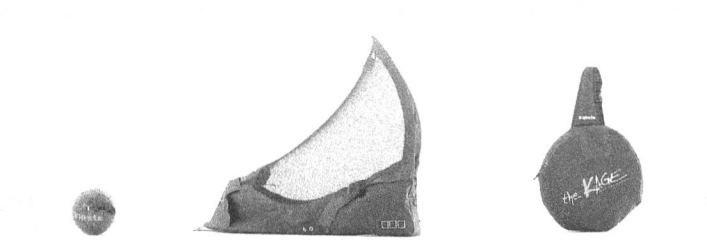

The Kage : tous les passionnés de football ont envie de jouer où ils veulent, quel que soit l'endroit où ils se trouvent : dans la rue, dans un parc, sur la plage, etc. The Kage se déplie d'un petit sac pour créer un but de football.

Cette fonction design est alors contrôlée directement par la direction, si ce n'est par le président lui-même. Le cas d'Adidas est connu, où le président Robert Louis-Dreyfus ne laissait pas sortir une seule paire de chaussures sans l'avoir vue. Chez Cartier, il y a encore peu de temps, c'était également le cas : le président, Alain-Dominique Perrin, impulsait la politique de design avec une équipe. Ce modèle de « fonction design intégrée » ne vaut évidemment que par l'excellence des designers, leur remise en cause permanente (puisqu'ils n'opèrent que dans un seul secteur), par le fait que le président est ouvert, intelligent, et dispose d'une culture à la fois esthétique et technique, au-delà de la culture marchande.

Il y a une nouvelle école désormais (impulsée par les fondateurs d'Apple ou de Virgin), où ceux qui gèrent l'entreprise ne sont pas dans le strict champ de la gestion et de la rationalité, et ceux qui innovent et créent les produits ne sont plus dans le strict champ de l'irrationnel : on n'oppose plus l'émotion et la gestion, les idées nouvelles et la conduite de l'entreprise.

### Ils le disent...

*Faire du design, c'est créer et industrialiser des produits attractifs qui communiquent un message, qui sont fonctionnels et rendent service, qui garantissent une sécurité d'utilisation sans faille, dont le bilan écologique est optimisé ; le tout à un prix compétitif...*

**Fabrice Peltier, président de P'Référence et de la Designpack Gallery**

Il y a en France trop d'entreprises où les idées des personnels ne sont pas canalisées. Récemment, dans une entreprise, on voulait encore utiliser la vieille « boîte à idées » pour créer de nouveaux produits : l'entreprise se faisait racheter deux ans plus tard. Les cadres portent une grande responsabilité vis-à-vis du manque de questionnement. C'est d'ailleurs là où le design commence à rejouer son rôle, en ce sens qu'il devrait participer directement à la gestion de l'entreprise, qui réconcilierait alors la notion de projet, de stratégie, de dessein, avec les applications concrètes, le dessin.

C'est au consultant en design que revient le rôle de piloter cette création de valeur. Il garde à l'esprit, agissant avec la direction générale, de faire avancer la marque ou les marques, de les réévaluer financièrement, et ensuite d'inscrire l'entreprise dans une démarche d'actualité permanente, si ce n'est d'innovation, ce qui a pour conséquence la valorisation des personnels dans une œuvre collective. Valeur aussi pour les actionnaires, puisque le design, le plus souvent perçu comme un coût, devient un investissement.

La re-création de sens est un enjeu de valeur. Dans sa tête, seul ou avec un consultant ou un designer, le manager met en perspective son entreprise, au travers d'un projet. Il donne du sens. Le problème, c'est que ce sens peut donner lieu à différentes interprétations. Le design, qui rend cohérents les signes d'une entreprise, doit alors fournir les outils pour communiquer ce sens, le faire partager et, surtout, le traduire en termes d'opérationnalité.

## Le rôle du consultant

Devant cette extraordinaire complexité, cet avenir où les repères sont flous, les managers ne peuvent décider eux-mêmes et s'entourent de consultants en design. Il ne s'agit plus alors de consultants proposant des méthodologies assorties de devis pour concevoir un objet, un packaging, un magasin, un logotype, mais de consultants intégrant les paramètres de management pour lesquels le design peut intervenir.

Le design est collectif : le consultant connaît les contraintes d'une entreprise, ses différentes fonctions. Un projet de design peut être large : par exemple, s'il y a changement de nom et création de l'identité visuelle d'un groupe, il s'agit de définir le nom, donc de déterminer les valeurs de l'entreprise. Ces valeurs vont conditionner chaque acte de création, de management. Il peut être question du lancement d'un nouveau produit, qui va nécessiter une conception particulière et qui ne couvre pas forcément le savoir-faire actuel de l'entreprise.

Le consultant n'hésite pas à s'entourer (ou à faire entourer le management) d'experts. Un groupe de distribution utilisera avec profit, par exemple, un expert en développement durable pour anticiper l'architecture de ses magasins. Une marque d'alimentation s'entourera de diététiciens. Consultants en design et experts sont extérieurs à l'entreprise. Ils travaillent soit avec la direction générale, soit avec le département de design intégré, qui se nourrit ainsi par des expériences multiples extérieures.

Les consultants en design, outre une expérience confirmée, proposent finalement du temps libre de réflexion. Saisir l'air du temps, appréhender une organisation, la comparer à des systèmes existants, utiliser comme ressources la philosophie, la sémiologie, la nanotechnologie, la sociologie, la psychanalyse demandent une disponibilité. Jadis, être philosophe consistait à absorber la totalité du savoir de son temps. Aujourd'hui, ce n'est plus possible, personne ne peut appréhender des savoirs qui ne sont encore dans les mains que de

quelques-uns, à l'état embryonnaire. Actuellement, un chef d'entreprise spé-
cialisé en routage se pose forcément les questions : comment développer mon
entreprise ? Comment changer, utiliser Internet ? Quels sont les risques ? Un
autre, en grande distribution, se demande comment ne pas manquer le virage
de la vente sur Internet : comment appréhender le e-commerce ? Un chef de
produit, changeant de packaging, s'interroge sur le bien-fondé du prochain
lifting : comment en faire un véritable média et décupler sa fonction ?

La finalité du consultant en design et du designer est bien de produire des
concepts, sans quoi le design n'est qu'imagerie, recyclage d'idées et copiage.

## Le design, outil de management

Ce travail collectif, à la fois interne et externe, implique l'ensemble du personnel. On doit pouvoir expliquer pourquoi on a choisi telle technologie, tel
logotype, tel produit, tel système de conditionnement. C'est la direction
générale qui porte ces choix, et qui les défend. Une des principales causes de
défiance des personnels vis-à-vis de la direction générale est justement
l'absence ou l'explication convenue de projets.

L'implication réelle du personnel permet de faire du design l'affaire de tous. Et
en plus, c'est passionnant ! Il faut ici nommer « design » des projets auxquels il
est souvent difficile de donner un nom : un projet d'entreprise participe du
design puisqu'il s'agit de produire du sens et de l'intelligence, des signes et des
repères, des valeurs et des ancrages. La mise en application relève des ressources
humaines, des directeurs de services, des graphistes ou des architectes. On parle
alors de management par la marque, de design management.

C'est bien le design, systémique et holistique, qui permet de rechercher des
frontières, des limites, de relier des expériences. Le consultant en design doit
savoir passer de ce constat classique aux applications concrètes : exploration
des savoirs utiles à l'entreprise, recherche de pistes projectives, formalisation de
concepts concrets, mise en œuvre de ces concepts. Gaston Bachelard disait :
« *Le simple est le résultat du complexe.* » La complexité des organisations et des
entreprises implique une pensée complexe dont le design devient le principal
outil, catalyseur de simplicité dans le décryptage.

# L'innovation grâce au design

On voit ainsi quels sont les champs nouveaux du design, comme l'innovation et la prospective. Il y a beaucoup de spécialistes en innovation, mais peu savent, au final, traduire une étude en réalisations concrètes. Dans une entreprise, l'innovation s'impose au quotidien. Entre un manager perplexe et un personnel critique, elle devient nécessaire (mais pas suffisante si le changement qui en découle n'est pas accompagné).

L'innovation, en matière de design, utilise la systémique, le benchmarking, les décalages de code, les points forts des concurrents. Elle a pour but d'écrire une nouvelle page de l'histoire de l'entreprise, de motiver les équipes internes, d'enrichir le secteur d'activité de l'entreprise, de faire avancer sa marque, de donner au consommateur ou à l'utilisateur une nouvelle expérimentation de la marque au travers d'un nouveau produit ou service. Le design doit logiquement amener un nouvel usage, et pas seulement un nouveau point de vue ou un nouvel angle de vue, comme on le voit trop souvent. Il y a donc les vraies et les fausses innovations.

## Mini-cas d'innovation

### La tente Quechua révolutionne la randonnée

Le geste est simple : il suffit pour monter la tente de la jeter en l'air. Le tout en quelques secondes. Le randonneur n'a plus qu'à planter ses six sardines. Le camping devient un jeu d'enfant avec cette tente imaginée par Quechua (groupe Oxylane) et baptisée à juste titre « *2 seconds* ». Un modèle qui a remporté de nombreux prix d'innovation et de design.

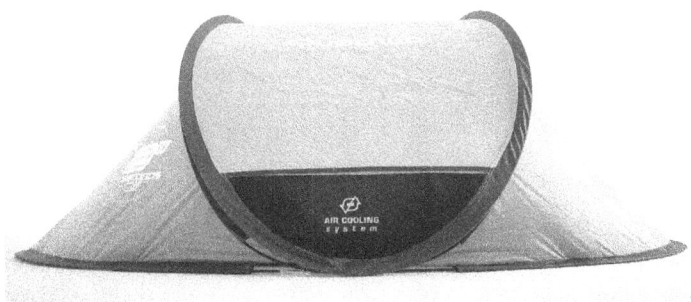

### Le iPhone : le couteau suisse du terminal mobile

Bien plus qu'un téléphone portable, l'iPhone, qui aura fait parler de lui, permet de surfer sur Internet, de consulter sa messagerie, d'avoir un accès wifi, d'écouter de la musique et davantage encore… On n'en attendait pas moins d'Apple qui, pour se distinguer des nombreux terminaux « à tout faire », a doté son appareil mobile d'un design et d'une interface innovants. Esthétique, l'iPhone se caractérise par son système entièrement tactile. *Exit* le clavier, la navigation s'effectue exclusivement « au doigt ». Avant même son lancement, l'appareil aurait été réservé en France par plus de 50 000 aficionados de la pomme. La recette d'Apple : design, ergonomie et simplicité. Et un lancement « avant les autres », qui apparaîtront un an plus tard.

### Ludendo Village : un nouveau concept de distribution dédié à l'enfant

En novembre 2006, Ludendo, entreprise de commerce spécialiste, crée Ludendo Village, un nouveau concept qui propose une offre globale pour l'enfant et la famille, à travers des enseignes dédiées et fédérées par une place centrale, lieu permanent d'animation. À Val d'Europe, à l'est de Paris, ce « village » regroupe, sur 4 000 m$^2$, plusieurs enseignes du groupe. Ludendo Village exprime la bienveillance de Ludendo et son expertise métiers à travers ces enseignes : La Grande Récré pour le jouet, Lire & Grandir pour le livre jeunesse, B comme Bébé pour la puériculture, Cadodéko pour la décoration et Meijun pour les jeux vidéo.

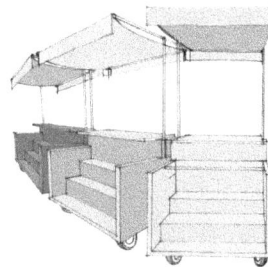

Étude d'animations pour enfants développées par Ludendo pour Ludendo Village.

# Les sens retrouvés

*« La Nature est un temple où de vivants piliers*
*Laissent parfois sortir de confuses paroles*
*Les parfums, les couleurs et les sons se répondent.*
*Il est des parfums frais comme des chairs d'enfants*
*Qui chantent les transports de l'esprit et des sens. »*

Baudelaire[1]

Le design du futur sera responsable et au service de l'homme. Il devra donc parler à ses sens. Un sens, c'est une fonction qui permet de nous rendre compte d'une perception. Il relève plus de l'émotion que de la sensation. Ainsi, tout ce qui concourt à l'émotion devient sens. On parle du design émotionnel qui touche notre inconscient, touche la corde sensible en nous. Pour les produits, le design émotionnel peut passer par exemple par la nostalgie, qui provoque sur nous une émotion (relancement de la marque Mamie Nova, vieux packagings Banania, concepts de magasins fondés sur le voyage, la découverte comme Nature & Découvertes…, une couleur vive et nouvelle comme Essensis de Danone).

Après un siècle d'obligation scientifique, émerge maintenant l'**intuition** en tant qu'outil de management, appelée « sixième sens », qui permet parfois d'anticiper les événements et de les contrôler. Ce sens se retrouve, par exemple, dans des codes couleurs liés au mystère, comme le violet.

On constate le retour du design sensoriel, qui procède du même ressort qu'une collection de prêt-à-porter (lui-même *« fashion design »*) : à un instant « t », une coupe ou un motif de tissu plaît ou ne plaît pas au public.

La notion de marketing sensoriel a fait son apparition dès les années 1980. Cependant, quand on aura dit qu'il faut ajouter du bruit, du goût, de l'olfactif à un produit ou à un packaging parce que « ça, c'est du marketing puisque c'est ce que veulent les gens », on n'aura pas rempli sa mission. Manager avec le sensoriel, c'est humaniser, mettre en prise son public avec sa marque ou son produit, rendre réel, puisque le rôle des sens est finalement de rapprocher l'homme et le réel.

---

1. Charles Baudelaire, « Correspondance » in *Les Fleurs du Mal*, Gallimard, 2004.

Les perceptions extérieures, rendues possibles grâce aux sens, nous font exister et nous font prendre conscience de nous-mêmes. Sans sens, pas d'existence. Entre un homme et une femme, la batterie mécanique sensorielle mise en marche est très complexe. L'homme voit la femme. Le sens « vue » déclenche un début de désir lié à la libido et des décisions conscientes ou inconscientes. Décision de poursuivre avec ses sens, de toucher cette femme, de la sentir, de l'écouter, de la goûter. La vue, le toucher déclenchent aussi la sécrétion d'adrénaline. Entre un être et un objet, les relations sont du même ordre : appropriation d'un lieu par la vue des couleurs, l'écoute de la musique. Achat d'un produit par le toucher (vêtement, tapis), l'odeur (le café, les épices sur les marchés), le bruit (la fermeture d'une portière de porte de voiture, les bips des touches d'un téléphone portable)…

Les sens bien « utilisés » provoquent l'harmonie. On connaît tous des lieux où l'on « se sent bien » et qui nous ressourcent. Charles Baudelaire l'exprime bien dans son poème « Correspondance », qui semble d'actualité puisqu'il y replace la nature comme seule source de sens (on le voit avec les tendances liées à la naturalité, au bio, à la transparence, aux formes rondes…). Son propos est repris par Jacques-Alain Miller, psychanalyste, gendre de Jacques Lacan, selon lequel, depuis cinquante ans, le réel n'existe plus puisque l'homme a façonné l'environnement et ses propres sens à sa propre image, que la **parole** n'est plus échangée, et que seule la **nature** donne du sens.

La **vue** est de plus en plus sollicitée, avec 20 000 signaux par jour : des panneaux routiers, des enseignes, des affiches, des informations sur nos téléphones portables… Ajouter du sensoriel, c'est faire bouger les yeux – ou les reposer.

L'**ouïe** paraît regagner du terrain, au sens qu'elle est plus mise à contribution depuis cinquante ans, avec le développement des radios, des chaînes, des télévisions, du numérique audio. Depuis peu également, les sonneries des portables, les bips de leurs touches.

L'**odorat** semble perdu. Les cosmétiques ont imprimé une odeur différente aux femmes puis aux hommes, autre que l'odeur de leur corps. L'homme ne se sent plus, alors que l'odeur humaine est naturelle mais définitivement classée comme mauvaise. Par ailleurs, la nature est apprivoisée, y compris son odeur : les fleurs d'été s'achètent aussi en hiver. Le design peut permettre de retrouver les odeurs du moment, de l'instant, liées à la nature, avec désormais toute la défiance liée à la chimie.

Le **goût** est en voie de disparition parce que l'homme en a peur. Peur de manger des aliments à l'état brut, non traités. Les grandes réglementations n'ont pas terminé leurs effets dévastateurs qui font que, dans vingt ans, on aura perdu les goûts primitifs comme le lait frais, le camembert, pour ne connaître que des goûts dénaturés ou inventés, comme les chips au paprika, ou liés à une vie déambulatoire, comme le fromage en tube au cumin. Un stage de reconnaissance des vins, qui permet de détecter les goûts fondamentaux, comme à Suze-la-Rousse, devrait être obligatoire dès l'école ! Le design doit permettre d'anticiper les moyens pour mettre à disposition les goûts fondamentaux de la nature.

Le **toucher** est pire encore. Les mains servent maintenant, et en tout premier lieu, au pianotement des ordinateurs et aux boutons de réglage (musique). Un peu moins à se saluer. Un peu moins à faire l'amour, par manque de temps. Moins à manger (un adolescent utilise de moins en moins couteau et fourchette). Moins à bricoler (puisqu'on vend du « tout fait »). Le design sensoriel permet de rechercher des textures de confort, des surfaces qui nous parlent, des aspérités qui ne soient pas que fonctionnelles, qui déclenchent une émotion, un plaisir.

Dès 1985, chez Carré Noir, Gérard Caron et Marc Brodin créaient le Laboratoire d'études et de recherche de Carré Noir, afin d'étudier les relations entre design et sens, notamment la musique et le son. À ce jour, qui a repris le flambeau ? Le même Gérard Caron[1] jure que le design issu du marketing sensoriel a une école, celle du Japon, où l'on parle de sensualité en tant que remplaçante de l'hypertechnologie.

Le marketing sensoriel est donc l'ensemble des moyens mis en œuvre pour faire qu'un consommateur rencontre le réel, c'est-à-dire le sens de la nature et de la parole. Une règle simple pour déterminer les tendances sensorielles est de s'intéresser à tout ce que l'homme est en train de perdre, par manque de temps et obligation d'urbanité : la nature contre le béton, l'émotion et l'intuition contre la mathématicité des décisions, la parole, c'est-à-dire la redécouverte de l'autre, de la convivialité, contre la solitude des grandes villes.

---

1. In revue *Stratégies*, 12 janvier 2001.

© Groupe Eyrolles

Cinq mini-cas de design sensoriel

## La colle Cléopâtre

Toute une génération d'écoliers se souvient de la colle à
l'odeur d'amande à étaler sur les feuilles à l'aide d'une
spatule : la colle Cléopâtre. Aujourd'hui, la PME qui
fabrique cette colle particulière s'est tournée vers les
loisirs créatifs et s'appuie sur toutes les ressources sensorielles pour séduire les utilisateurs. Outre l'odorat de
la colle à l'amande, elle mise également sur la vue et le
toucher pour des flacons agréables, ainsi que l'ouïe
pour le clic d'ouverture.

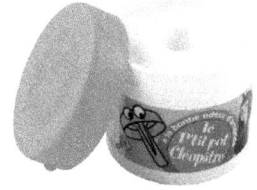

## Estée Lauder : un rouge à lèvres qui éveille les sens

Un étui cannelé couleur or, une texture satinée, un bâton affiné, une odeur pou-
drée… Le rouge à lèvres Rouge Signature, né en 1984, a été retravaillé par Estée
Lauder. Tous les détails de ce produit ont été étudiés, des cannelures affinées
jusqu'au clic et déclic à l'ouverture et à la fermeture de l'étui, afin de se positionner
comme un objet raffiné et très chic.

## La barre verticale pour se tenir dans le métro

Améliorer le confort du voyage pour l'usager, tel est l'objectif du design sensoriel
appliqué aux transports en commun. L'exemple est donné avec Alstom qui s'intéresse de près au design sensoriel pour sa gamme de matériels de transport ferro-
viaire. L'entreprise a notamment travaillé avec l'agence RCP Design Global et son
département de design sensoriel Sensolab pour la conception de barres de main-
tien. Ces barres en Inox étaient en effet souvent mal perçues par les usagers, car à
l'utilisation elles avaient tendance à devenir moites, tièdes et glissantes. Pour
remédier à cette impression désagréable, Sensolab a imaginé de nouveaux matériaux offrant une sensation différente au toucher de la barre, plus sec et légèrement
accrochant.

## L'aspect sensoriel des véhicules chez Renault

Son émis par le moteur, odeur du plastique de l'habitacle, toucher du tableau de bord… Chez Renault, l'aspect sensoriel des véhicules n'est pas laissé au hasard. Le constructeur a mis en place une équipe dédiée qui intervient en amont de la fabrication, notamment sur la qualité perçue par les sens. Prenons comme exemple l'une des dernières Mégane de Renault, dont la visière au-dessus des compteurs ainsi que la planche de bord, au lieu d'être conçues dans des matériaux rigides, présentent une technologie souple qui permet tout de même de garder un son rassurant pour exprimer la solidité.

Du son du moteur jusqu'au plastique de l'habitacle : rien n'est laissé au hasard (Renault Laguna).

## Brosse à dents Style-Tech : un cœur en métal

Un cou long et fin en métal… Il s'agit de la brosse à dents Style-Tech de Signal (Groupe Unilever). Ce produit, dessiné par le cabinet du célèbre designer de carrosseries automobiles Pininfarina, a pour objectif d'atteindre les moindres recoins de la bouche, dont les dents du fond. Le cœur en métal unique, en apportant de la solidité à cette brosse à dents, lui permet d'avoir un cou plus fin et plus long pour aller plus loin. Il permet également une bonne prise en mains et donne un rendu élégant à l'objet.

# Chapitre 3

# Sémiotique
# et design de communication

Le design de communication, tel qu'il est défini dans cet ouvrage, regroupe les différents langages – autres que les langues naturelles – qui sont utilisés dans nos économies marchandes contemporaines pour faciliter les échanges entre les différents acteurs sociaux impliqués dans les mouvements de l'offre et de la demande. Ce qui est rassemblé ici sous le terme de « design de communication » est un nouveau « métalangage » universel qui s'est constitué empiriquement au fil du temps et de la mondialisation des échanges, afin de permettre et d'optimiser le fonctionnement des marchés en général, et ceux des biens de consommation en particulier.

En effet, ceux-ci mettent en présence toujours plus de « consommateurs », de demandeurs, face à toujours plus d'entrepreneurs, de producteurs et de commerçants offreurs, qui se trouvent ainsi « reliés » malgré la variété de leurs langues et la multiplicité de leurs contextes culturels.

### Smart : une prise de parole très graphique

L'agence Blackandgold a créé un vocabulaire de marque à part entière pour la gamme de boissons fonctionnelles croates Smart. Alors que ce type de produits s'ancre généralement dans des codes très alimentaires, faisant la part belle aux ingrédients supports des bénéfices annoncés, Smart se démarque par un parti pris graphique radical et audacieux. Inspiré des signes de ponctuation, chaque effet est incarné par un symbole. Ajoutez à cela des couleurs vives et un langage universel pour une boisson qui se veut à la fois crédible et statutaire.

La sémiotique, discipline qui étudie la production des signes et leur mise en discours par les individus, les groupes et les sociétés afin de communiquer, analyse et s'efforce de comprendre depuis une vingtaine d'années les structures et les articulations de ce langage particulier, indépendant et différent des langues, dont l'usage s'impose désormais à chacun d'entre nous quand il fait « son marché », d'un bout à l'autre de la planète.

# Les particularités du langage de design de communication

Les particularités du design de communication sont contenues dans l'anglicisme du mot « design » et justifient sa conservation en français, dans la mesure où ses traductions par les mots « dessin », « plan », « schéma », « style » ou « motif » sont toutes insuffisantes, voire inexactes, dans la perspective de la définition d'un langage autonome et fédérateur d'une multiplicité de situations de consommation. Le mot « *design* » en anglais est d'abord une forme verbale qui signifie « concevoir », « inventer », et donc « formuler un plan » ou « élaborer une stratégie ». Le design de communication apparaît pour la sémiotique comme une **stratégie pour désigner** les objets de l'échange autrement que par des mots des langues naturelles, même si ceux-ci peuvent aussi être mobilisés, mais comme en supplément, comme une vérification de la réussite de la « désignation » par une mise en correspondance finale avec des mots du dictionnaire.

L'étymologie, qui ne ment jamais, le confirme puisque le mot « design » possède la même racine que « *to designate* », par le moyen anglais « *designen* », lui-même renvoyant au latin « *designare* », soit « montrer par un signe », « *signum* », qui donnera *segno* (italien), *sign*, (anglais), signe (français), *signo* (espagnol), et *zeichen* (allemand), où l'on retrouve toujours la racine mère indo-européenne « sek » signifiant l'acte de montrer. Que peut dire la sémiotique quand elle se penche sur ce langage de la désignation, et que celle-ci dépend pour l'essentiel d'autre chose que des mots ? Répondre à cette question nécessite d'abord de classer ces signes que les marchés nous ont habitués à apprivoiser et à maîtriser.

On distinguera :

1. Les marques apposées sur les produits, de façon courante à partir du XIX<sup>e</sup> siècle, puis universellement depuis le XX<sup>e</sup> siècle.
2. Les éléments plastiques et iconiques figurés sur les emballages, formant des « récits » visuels de plus en plus sophistiqués à destination d'un lecteur potentiellement consommateur.
3. La mise en forme, maintenant fréquente, des produits afin qu'ils contribuent par eux-mêmes, pour les amplifier, aux significations proposées par les marques et les packagings.
4. Les dispositifs visuels et sensibles imaginés sur les espaces de vente permettant de « mettre en scène » les produits ainsi totalement « désignés ».

Design de marque ou identité visuelle, design packaging, design de produits, design d'environnement ou architecture commerciale, en magasin ou sur supports électroniques, sont aujourd'hui les quatre grandes familles de désignations des objets de l'échange marchand qui convergent et se complètent pour former le langage global du « design de communication », qu'on pourrait reformuler comme étant le langage de la « **communication de la désignation** ». Elles se caractérisent toutes les quatre par l'importance donnée, sur le **plan de l'expression**, aux éléments et structures plastiques et graphiques, et éventuellement sonores, tactiles et olfactives, donc sensorielles, par rapport aux éléments linguistiques. Ceux-ci ne constituent que des compléments aux messages, et ils ne seront occasionnellement retenus qu'après avoir été eux-mêmes « dessinés », c'est-à-dire typographiés et coloriés en accord avec l'architecture sensible qui les intègre et les dépasse pour produire le sens global d'un « texte » énoncé, vers et pour le marché.

Sur le **plan du contenu**, c'est-à-dire de la signification, le langage du design de communication est également spécifique par rapport à d'autres langages humains, symboliques ou linguistiques, dans la mesure où la désignation construite relève toujours directement ou indirectement **d'un énonciateur** économique du « côté de l'offre », qui s'adresse explicitement ou implicitement à un **énonciataire** économique du « côté de la demande » afin que soit révélée la **valeur particulière**, et si possible unique, d'un objet proposé à l'échange. Le contenu de sens du design de communication (**les signifiés**) est dès lors entièrement délimité par la (sémio)sphère des discours sur les **valeurs de consommation**, telles qu'elles peuvent être représentées par tous les symboles disponibles dans une société donnée à un moment donné par les énonciateurs, et comprises, simultanément, par des énonciataires.

On remarquera que le design de communication partage ici le même niveau de contenu que le langage publicitaire, mais qu'il s'en distingue par le fait qu'il donne à paraître ce qui est (**modalité du paraître + être**), alors que la publicité fait paraître ce qui n'est pas, l'objet-produit étant toujours absent, seulement virtualisé par son discours (**modalité du faire-paraître du non-être**). De même, sur le plan de l'expression, la publicité reste fondamentalement un récit linguistique dont le sens est renforcé par des éléments sensibles et non une désignation sensible s'appuyant éventuellement sur un substrat linguistique. Ces différences essentielles étant posées, il convient maintenant d'examiner plus en détail les fondamentaux sémiotiques de chacune des familles du design formant la catégorie générale du design de communication.

# Les discours du design de marque

Le design de marque possède deux caractéristiques sémiotiques essentielles :

1. Sur le plan de l'expression, il repose sur la réalisation d'un **logotype** qui iconifie *a minima* un élément linguistique, car même une marque réduite à l'écriture de son simple nom suppose déjà un choix typographique et chromatique.

2. Sur le plan du contenu, le logotype doit signifier des valeurs de consommation uniques, propres à cette marque et attribuables désormais à tous les produits ou services qui la porteront ou y feront référence.

Ces deux particularités expliquent les difficultés et les challenges que doivent affronter les spécialistes du design de marque et qui sont développés dans d'autres parties de ce livre.

L'enjeu iconique et plastique du logotype est de donner au moindre signe utilisé une signification qui lui soit propre et, à la fois, de lui attribuer une place dans la construction de l'ensemble auquel il participe et qu'il doit contribuer à consolider, et même à optimiser, selon la règle que le tout représente plus que les parties. À titre d'exemple, une lettre à l'initiale peut être en capitale (majuscule), en bas de casse (minuscule) ou dessinée de façon ornementale (lettrine) : chaque solution adoptée par le designer doit pouvoir se défendre par elle-même en tant qu'expression d'une signification particulière. En même temps, cette solution choisie doit non seulement être en harmonie avec les autres éléments, tels que la typographie du nom, le style d'une icône associée ou encore un élément de cadrage, mais aussi faire écho du sens global qui n'apparaît que par la figuration finalisée.

Le paradoxe du logotype est qu'il est conçu pour une lecture globale, « vu de loin » comme disent les professionnels du merchandising ou de la distribution, mais qu'une perception fractionnée, pour ainsi dire « fractale », doit nous permettre de reconstituer toute l'histoire qu'il prétend raconter. Cette double dimension « globale » et « fractale » du logotype n'est pas qu'un problème d'efficacité à produire de la signification, mais autant un problème d'expression d'« **identité visuelle** » dans la mesure où le logotype met à disposition ses éléments disjoints pour la construction de celle-ci, résumée dans une « charte graphique » (*cf.* chapitre 5).

Dans cette identité visuelle est établie la somme des signes qui témoignent de la vie de la marque dans son univers concurrentiel et dans « la vie réelle », et où un seul d'entre eux doit pouvoir signaler sa présence et reconstituer *in absentia* l'essentiel de son message. Ainsi, Bibendum doit non seulement vivre sans le *lettering* Michelin, mais par surcroît doit induire le récit complet que développe le logotype normalisé et codifié. Ou encore sur un packaging de « Kub Or », les couleurs rouge et or doivent rappeler l'existence et le récit de la marque « Maggi », même si celle-ci n'apparaît pas en signature. Un atome d'un bon logotype doit contenir tout l'univers de sa marque, l'infiniment petit de la distinctivité et l'infiniment grand du « *story telling* » de la personnalité de la marque.

En résumé, le plan d'expression d'un logotype, pour la sémiotique, est un dispositif limité de structures plastiques et iconiques, incluant le *lettering*, dont chacune s'articule avec toutes les autres pour créer du sens, mais dont la « désarticulation » n'empêche pas à la fois l'affirmation d'un sens partiel cohérent et l'indication de la direction à suivre pour accéder au récit complet. Sur le plan du contenu, le logotype se caractérise aussi par cette extrême concentration de la signification. C'est un objet sémiotique qui met à nu les valeurs de la marque, quand la publicité les enrobe dans les récits de la séduction ou, *a minima*, de l'agrément.

Les Anglo-Saxons disent que le logotype est le lieu où se dévoilent les « *core values* »[1], les valeurs centrales sur lesquelles se construisent tous les discours de la marque, depuis ses manifestations les plus institutionnelles jusqu'à ses formes publicitaires et commerciales les plus promotionnelles. Et, de plus, ces valeurs sont réductibles à un nombre très limité de valeurs de consommation fondamentales, comme l'ont démontré les sémioticiens Jean-Marie Floch dès 1988[2] et François Bobrie en 1993[3]. Celles-ci forment le « **carré sémiotique** » de la consommation qui permet de classer les marques et logotypes selon quatre pôles :

- celui de la fonctionnalité générale du ou des produits désignés ;
- celui de la fonctionnalité particulière du ou des produits par rapport aux autres dans le champ concurrentiel ;

1. David A. Aaker, *Building Strong Brands*, Free Press, 1995.
2. Jean-Marie Floch *in* the *International Journal of Research in Marketing*, 1988.
3. François Bobrie, *Les Baromètres de marques*, IREP, 1993.

▶ celui des bénéfices sensoriels et expérientiels obtenus grâce au(x) produit(s) ;

▶ enfin, celui des attentes existentielles auxquelles la marque peut répondre.

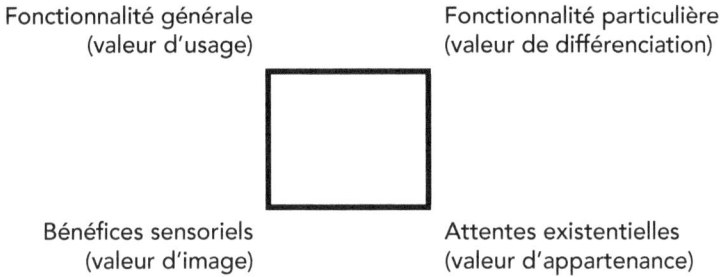

Fonctionnalité générale                           Fonctionnalité particulière
(valeur d'usage)                                  (valeur de différenciation)

Bénéfices sensoriels                            Attentes existentielles
(valeur d'image)                                 (valeur d'appartenance)

Le carré sémiotique de la consommation.

Le lecteur habitué au marketing aura reconnu sous la formalisation propre à la sémiotique les concepts qui lui sont plus familiers de valeur d'usage de base, valeur d'usage de différenciation ou de segmentation, valeur d'image des bénéfices promis, valeur d'image de la promesse d'appartenance/exclusion socioculturelle donnée par les produits désignés par la marque. Mais si ces valeurs sont finalement si peu diversifiées, comment peuvent se différencier les discours de ces centaines de milliers, voire de millions de logotypes qui constituent le « bruit de fond » des marchés des biens et des services ? C'est ce que la sémiotique appelle le **schéma tensif**, c'est-à-dire la tension donnée entre l'intensité et l'extension des valeurs manifestées. Et ces combinatoires sont infinies…

Ainsi, l'intensité de la valeur « plaisir » (valeur sensorielle/expérientielle), exprimée par une dimension du logotype A, ne sera jamais identique à celle donnée par le logotype B, dans la même catégorie de produits et *a fortiori* pour des produits différents. De même, l'étendue des fonctions de tel ou tel produit ou gamme de produits, signifiée par un logotype C, ne coïncidera jamais avec celle du logotype D, etc. La découverte des possibilités infinies des variations combinées des quatre valeurs fondamentales racontées par les logotypes a d'ailleurs inspiré dans les années 1990 l'image de l'ADN de la marque et du « fond(s) de marque »[1], les « *core values* » étant comparées aux

1. Yves Krief, *Le Capital de marque*, IREP, 1992.

quatre nucléotides (A, C, G et T) de base constitutives de l'ADN du chromosome, permettant l'expression de toute la diversité du genre humain.

L'apport de la sémiotique au design de marque consiste donc à fournir aux responsables marketing des outils qui leur permettent à la fois de calibrer et d'équilibrer les valeurs de consommation qu'ils souhaitent transmettre par les logotypes et les identités visuelles qui en dérivent, mais aussi de fournir un cadre de contrôle et d'évaluation des réponses graphiques et plastiques qui leur sont livrées par les professionnels de la création au moyen de dispositifs interprétatifs rigoureux et stables, permettant une comparaison étalonnée des solutions en compétition selon les mêmes règles de notation et de sélection.

## Les discours du design packaging

Comme pour la publicité, le design packaging semble s'engager dans l'art du récit plus que dans le sublime dépouillement des signes minimalistes, mais maîtrisés, de l'identité de marque efficiente. C'est oublier que le produit est là physiquement, dans la boîte ou sous l'étiquette. Cet état de fait réduit considérablement les degrés de liberté d'une narration qui, comme pour le logotype, doit tendre à la fois :

- vers l'explication immédiate et visible d'une différence ;
- vers la démonstration instantanée d'avantages concurrentiels, avec une économie drastique de signes pour produire, concomitamment, de l'information, de l'émotion ;
- vers un mode d'appropriation effective du produit (ce que la sémiotique appelle une **pragmatique**), le tout sur une surface d'expression limitée.

Ainsi, comme le design de marque, le design packaging est-il un objet sémiotique extrêmement codifié, tant sur le plan de l'expression que sur le plan du contenu.

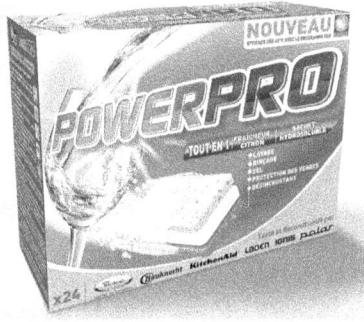

PowerPro, de WPro (groupe Whirpool). Un packaging d'une conception intelligente, qui inscrit ce produit professionnel dans les codes du marché : la couleur bleue est très présente, l'éclat du verre signifie le bénéfice, le mouvement donné par la structure générale signifie l'action du produit (création : Philippe Céré).

L'expression d'un récit de marque et de produit par le packaging repose sur les éléments peu nombreux de la **structure du packaging**, que la sémiotique définit selon la nomenclature suivante :

1. Formes et dimensions de l'emballage, textures et aspects des surfaces ;
2. Couleurs et jeux chromatiques du(des) support(s) ;
3. Éléments de cadrage et signaux (aussi appelés « signalétiques » par les professionnels du design) ;
4. Bloc marque(s) ;
5. Illustrations ;
6. Allégations et icônes informatives ;
7. Autres textes spécifiques, légaux et réglementaires.

Chacun de ces éléments structuraux peut être affecté à une ou plusieurs significations souhaitées, selon un principe de polysémie et d'équilibrage des proportions de la présence de chaque signe sur l'ensemble de la surface disponible pour communiquer le récit final.

À la différence du récit publicitaire, le récit packaging n'a ni commencement ni fin : l'œil du lecteur-consommateur doit pouvoir se diriger sur n'importe quelle partie du « facing » et glisser ensuite sur toute la surface de l'emballage pour pouvoir reconstituer la totalité du message, quel que soit le point de départ. En cela, le récit packaging a pu être comparé sémiotiquement à la perception d'un tableau ou d'une œuvre d'art plastique, y compris dans la perspective de son esthétique. En effet, le plan de l'expression peut aussi produire chez le récepteur une émotion visuelle positive ou négative, dite en sémiotique « euphorique » ou « dysphorique », qui prédisposera ou fera obstacle à la capacité de réception des significations construites par l'émetteur-énonciateur.

On notera que le récit packaging (et donc le design packaging) s'articule à ou aux identités visuelles de marques (et donc au design de marque) par le « bloc marque(s) ». Celui-ci renvoie à l'un des points les plus complexes du design packaging, celui de l'importance respective à donner, dans l'architecture visuelle, aux marques qui sont associées à la désignation du produit emballé, et que le marketing a classées selon une terminologie aujourd'hui stabilisée : marque caution ou *corporate*, désignant l'entreprise ou une division de l'entreprise ; marque ombrelle désignant la gamme à laquelle appartient le produit emballé ; marque de ligne désignant un ensemble de caractéristiques que le produit partage avec d'autres produits de la gamme ; et enfin marque produit ou « **topique** » désignant le produit lui-même. Dans le cadre de cet ouvrage, nous ne développerons pas la sophistication des combinaisons des marques relevant de ces différents niveaux, qui dépendent à la fois de stratégies particulières de positionnement du produit et de logiques sémiotiques adéquates pour les mettre en œuvre, qui sont étudiées dans un autre ouvrage[1].

Sur le plan du contenu, le récit packaging suit le plus souvent un **schéma narratif** très précis, qui est le suivant : (1) une ou plusieurs des marques du bloc marques cité plus haut garantissent qu'elles ont les **compétences** pour présenter le produit désigné avec toutes les qualités énumérées par les différents éléments du récit, (2) puis ces qualités sont plus ou moins démontrées grâce à des informations et des mises en situation de consommation, par l'image (illustration), et/ou par le texte (allégations et autres), permettant de figurer une **performance** globale du produit. (3) Par le texte et/ou par l'image, le récit indique ensuite à un destinataire-consommateur les bénéfices obtenus grâce à l'**appropriation** de ce produit. (4) Enfin (éventuellement), le récit décrit la satisfaction ou **récompense** qui change la vie des destinataires imaginés, au-delà des bénéfices du produit consommé (par exemple le sentiment de la

---

1.  *Cf.* François Bobrie, *Parler le langage des marques, op. cit.*

maman d'avoir contribué à la bonne santé de son enfant qui a bénéficié d'un laitage « délicieux et bon pour la santé »). Comme nous l'avons vu précédemment, ces séquences narratives, qui sont exprimées par plusieurs éléments de la structure du packaging, doivent pouvoir être reçues et comprises par l'énonciataire dans n'importe quel ordre, et le récit global être reconstitué quel que soit le point d'entrée dans le schéma narratif.

La sémiotique fournit des outils qui permettent de classer et de comparer les différents récits packaging de produits en concurrence ou de produits similaires et substituables, en définissant les « types » de blocs visuels et textuels porteurs de sens qui expriment la compétence, la performance, l'appropriation des bénéfices et la récompense. Ces blocs, qui en quelque sorte entraînent par leurs relations la dynamique du schéma narratif et permettent d'en retrouver la logique à partir de n'importe quel point de perception et de lecture du packaging, sont appelés les **actants**.

Un récit packaging standard peut donc être résumé par le tableau des actants et des séquences suivant :

| Actants | Fonctions | Éléments principaux de la structure packaging | Séquence narrative |
|---|---|---|---|
| Destinateur | Justifie et crédibilise le récit | Bloc marques | Établissement des compétences du « sujet » |
| Sujet | Apporte les bénéfices aux consommateurs | Marque du produit et allégations | Démonstration des performances |
| Objet | Figure les bénéfices | Les caractéristiques du produit par le visuel et le textuel | Contenu et intérêt de l'appropriation de « l'objet-produit » |
| Destinataire | Figure les consommateurs | Tout ce qui se rapporte aux consommateurs | Détermination et valorisation de la récompense |

Le destinateur représente l'initiateur du message, celui qui prend la responsabilité de ce qui est raconté : il s'agit de tout ou partie du bloc marques, de façon souvent insécable comme par exemple, le couple Lu-Pépito, L'Oréal Paris-Elsève ou Kellogg's-Frosties, etc.

Le sujet représente le personnage principal, le véritable moteur du récit : il s'agit toujours de la marque du produit ou ce qui en tient lieu, comme une dénomination qui semble générique mais qui par son « look » typographique et chromatique est en fait originalisée et accompagnée le plus souvent d'une ou plusieurs allégations (que la sémiotique appelle les **adjuvants**).

L'objet est le produit lui-même présent dans l'emballage, décrit par des allégations, des informations textuelles et visuelles, souvent sur plusieurs « facings » et, pour les produits alimentaires, généralement représenté par une illustration valorisante.

Le destinataire est le consommateur ou le groupe de consommateurs à qui s'adresse l'histoire, laquelle est représentée directement ou indirectement par l'image, le texte ou des signes symboliques dans le récit packaging même (une silhouette, voire une simple couleur emblématique, comme par exemple le rose dans un récit packaging de baby-food).

Le décryptage des schémas narratifs, grâce à l'analyse des **structures actantielles** sous-jacentes, constitue un instrument de pilotage précis pour les responsables de l'optimisation des packagings des produits de consommation et de leurs marques, surtout que ceux-ci représentent souvent le premier, voire le seul, média stratégique et pérenne au service de l'affirmation de leur commune présence dans le champ concurrentiel.

## Les discours du design de produits

Le design de produit transforme ce dernier en acteur de sa propre communication et donne à ses fonctionnalités d'usage la dimension d'un texte, ou message, tant sur ses fonctions mêmes que sur leurs effets dans la vie de ses utilisateurs.

La particularité du discours du design de produits est maintenant un plan de l'expression entièrement sensible, plastique et graphique, sans recours à aucun complément textuel, fût-il iconifié comme le nom de marque du logotype, ou compacté en blocs actantiels associant texte et image comme dans le récit packaging. Ce plan de l'expression comprend tout élément qui peut faire signe, être « signifiant », à savoir la dimension, la forme, l'aspect des surfaces, les variations chromatiques et, d'une façon générale, tout élément perceptible par les sens comme, par exemple, la sonorité d'un verre ou d'un métal, l'odeur d'un bois ou d'un cuir, le toucher d'un textile ou d'une pierre, le goût d'un élément comestible, une partie de l'objet comme, par exemple, la finesse en bouche d'une coque de chocolat fourré ou la gelée d'une présentation de « *Delicatessen* » signifiant « l'annonce » d'un plaisir gourmand à venir, ou encore la variété gustative de la garniture d'une pizza faisant écho à son aspect coloré et diversifié.

Les sémiotiques des objets techniques, artificiels, auxquels appartiennent les produits de consommation, décomposent ces plans d'expression non linguistiques en trois grandes zones types[1], en fonction de leur interface d'utilisation : (1) les objets dont les signifiants sensibles indiquent un rapport ou une interface nécessaire avec un autre objet (par exemple, une rallonge ou une clé USB) ; (2) les objets dont les signifiants indiquent un rapport ou une interface nécessaire avec un sujet utilisateur (par exemple tout objet pourvu d'un manche ou d'un signe de préhension) ; (3) les objets qui se présentent dans un rapport intersubjectif avec l'utilisateur (par exemple un système de commande vocale, un logiciel interactif de jeu ou de simulation). Bien évidemment, des produits complexes peuvent être composés de plusieurs interfaces – objet/objet, sujet/objet et sujet/sujet –, mais il existe toujours une interface dominante, initiale ou finale.

Il reviendra au designer de produits, avec l'aide de l'analyse sémiotique, de bien comprendre ces systèmes d'interfaces afin d'en souligner les logiques et les complémentarités par son travail de plasticien, préalable à toute expression de significations symboliques pour l'utilisateur du produit finalisé. La première mission du design de produit sera d'accentuer ou d'atténuer la présence de telle ou telle interface afin que le plan de l'expression globale puisse être en harmonie avec le plan des contenus de sens souhaités pour le destinataire-utilisateur.

---

1. Alessandro Zinna, « L'objet et ses interfaces » in *Les Objets au quotidien*, Presses universitaires de Limoges et du Limousin, 2005.

Sur le plan du contenu, le design de produit se caractérise par la valorisation de deux grandes catégories de significations : celles qui permettent de mieux comprendre une utilisation optimisée de l'objet ainsi « designé »/désigné, et celles qui permettent d'associer l'utilisation de l'objet à des expériences symboliques et émotionnelles, dont tout d'abord l'émotion esthétique. Ainsi, le discours des objets de consommation peut-il être conçu comme une mise en résonance de sens élucidant les fonctionnalités, et de sens situant ces fonctionnalités potentielles dans un projet ou une forme de vie de l'utilisateur. L'émotion, y compris celle du beau, éclaire le bon mode d'emploi et contribue au bien-fondé de l'utilisation du produit dans la vie quotidienne. Cette boucle de rétroaction permanente entre l'énonciation fonctionnelle et l'énonciation émotionnelle a été comprise dès le début du design industriel, notamment dans l'Allemagne des années 1920 du « Bauhaus », puis synthétisée de façon magistrale et provocatrice par le premier des grands designers de produits de consommation, le Franco-Américain Raymond Loewy, dans son ouvrage célèbre *La Laideur se vend mal*[1] (cf. chapitre 1).

Dans une perspective plus sémiotique, on dira que le design de produit doit générer un discours de « faire-paraître » (les fonctions du produit) pour initier un « faire-faire » (faire que l'utilisateur fasse quelque chose avec l'objet-produit) au service d'un « pouvoir-être » (l'utilisation de l'objet-produit donnera à son utilisateur le pouvoir d'être autrement dans sa vie ou, *a minima*, dans une situation de consommation).

Comme pour l'analyse des logotypes, la sémiotique appliquée à l'évaluation des discours des objets-produits permettra de situer chacun d'entre eux selon les axes du schéma tensif des valeurs exprimées, en fonction de l'intensité émotionnelle ressentie ou de l'étendue fonctionnelle comprise. Ainsi, cette évaluation doit-elle tenir compte des « compétences » émotionnelles et cognitives des énonciataires qui reçoivent et interprètent les signes et les séquences de significations contenues dans l'objet-produit, comme l'a démontré Umberto Eco[2]. À titre d'exemple, une forme en croissant ou cruciforme n'aura pas la même portée symbolique et émotionnelle dans le monde musulman ou le monde chrétien, ou une couleur saturée ou désaturée ne produira

---

1. Raymond Loewy, *La Laideur se vend mal*, Gallimard, 1952.
2. Umberto Eco, *Lector in fabula*, Grasset, 1985.

pas la même intensité sensible selon l'âge et/ou le sexe de l'énonciataire. La sémiotique des objets-produits doit donc être complétée par une sémiotique de la culture dans laquelle le produit va être consommé, c'est-à-dire une analyse des « sémiosphères » marchandes.

# Chapitre 4

# La marque et le design

## Brève histoire de la marque

En anglais, « *brand* » viendrait du germanique « *brinnen* », qui signifie « marquer au fer rouge » et qui a donné « braise » en français. « Marque » vient de « marche » : le marcheur laisse des empreintes de pas sur le sol et les identifie, comme la marque identifie un produit ou un service.

L'empreinte de pied, la première marque de l'humanité.

La marque est une « trace » (signe, nom, motif, dessin) qui apparaît dès l'Antiquité pour signer les fabrications artisanales, et particulièrement les contenants, comme l'amphore. Certains sont fermés du sceau du fabricant, préfigurant ainsi la marque. De - 6000 à - 2000, la population, jusqu'alors essentiellement nomade, se sédentarise progressivement, et l'homme passe d'une économie de cueillette et de chasse à une économie d'agriculture et d'élevage. Peu à peu, la vie dans les villages s'organise, et les premiers **échanges commerciaux** entre les hommes apparaissent, entraînant la présence des premières marques.

En Italie, les tuiles portent les marques de l'artisan et du propriétaire de la carrière d'argile. Plus tard, des explorateurs ouvrent la route au commerce des épices et de la soie. Plus tard encore, les corporations imposent aux artisans les premières normes et les autorisent à utiliser un sceau, symbole de qualité. Sous Louis XV apparaissent les premières estampilles sur les meubles, et certains tableaux collectifs sont signés d'un nom confondant le peintre et son équipe. Au milieu du XIX$^e$ siècle, outre les producteurs et les marchands, les premiers intermédiaires de distribution voient le jour (en France, Carrefour ouvre son premier hypermarché en 1963), d'où la nécessité de « tracer » les produits, grâce aux premières marques modernes, pour en connaître l'origine.

La concurrence entre ces marques va faire apparaître la « réclame », l'ancêtre de la publicité. Les premières marques alimentaires ou lessivielles, comme Lesieur ou Persavon (l'huile Lesieur et le savon Persavon sont alors tous deux fabriqués à Marseille par la même société au début du XX$^e$ siècle), et les marques de vins, d'alcools et de spiritueux (Veuve-Clicquot, « Dubo, Dubon, Dubonnet ») utilisent de plus en plus la publicité. Il s'agit encore de marques industrielles, confondues avec le nom de l'entreprise qui les fabrique.

Puis la concurrence se fait plus forte, les marchés se segmentent et imposent un marketing de différenciation. Au milieu du XX$^e$ siècle, il préside non pas seulement à la détermination de besoins, mais aussi à leur création. Le nombre de marques s'accroît considérablement. Les produits ne se vendent plus seulement sur des critères techniques et fonctionnels, mais aussi sur des critères esthétiques (le design) et d'imaginaire (apporté par la marque). De grandes entreprises créent de grandes marques, souvent substantivées : Danone, Frigidaire, Meccano, La vache qui rit…

Alors qu'entre les deux guerres mondiales, les marques de producteurs, après des années et des siècles d'oubli, se font connaître grâce à la publicité, les marques de distributeurs, d'intermédiaires, dans la seconde moitié du XX$^e$ siècle retrouvent leur primauté. Il ne s'agit plus de voyager et de vendre des produits marqués pour indiquer l'origine, mais de mettre en avant un lieu de vente : le maître du lieu est maître du jeu. Aujourd'hui, on s'achemine vers un équilibre entre marques de distributeurs et marques nationales de producteurs.

# Les fonctions de la marque

De marque star dans les années 1980 avec Jacques Séguéla, la marque est devenue une personne qui s'autorise, non plus seulement à marquer pour identifier un produit et son origine, ou pour garantir une qualité, mais aussi à parler, à délivrer un discours – certains diraient une philosophie, un état d'esprit, ou encore une idéologie.

À NOTER

Les fonctions de la marque en 2010 peuvent se réunir sour le sigle « GRIGRI » : **G**arantir, **R**éunir le public et l'entreprise, **I**dentifier l'entreprise, **G**uider, **R**éunir d'autres marques et **I**dentifier des produits et services.

**Garantir** au public une qualité, une déontologie, une performance, une politique (de sérieux, de développement durable…).

Le « contrat de confiance » de Darty : une institution, une marque fondée sur la qualité du service.

**Réunir** : le public, les intermédiaires de distribution avec l'entreprise, créer une relation entre la marque et le consommateur (organisation d'événements, cobranding).

L'enseigne Nature & Découvertes sait gérer sa marque pour réunir son public autour d'événements, de sorties, créant ainsi une relation étroite avec ses clients.

**Identifier** l'entreprise, l'institution.

**Guider** le public (consommateur, utilisateur, usager…) à reconnaître, *via* elle, ce qu'elle identifie au travers d'une identité visuelle. Exemple : le carré rouge de SFR, le carré orange d'Orange.

**Réunir** des entreprises (Arjowiggins réunit des marques produits, dont Canson ; Danone réunit Danone Eaux [qui elle-même rassemble les marques Evian, Badoit, Velouté]).

**Identifier** le produit ou le service. Une marque assure une garantie de bons services ou de bons produits entre le public et l'entreprise. Cartier, jusqu'à une période récente, proposait une « garantie à vie ». Chaque marque présente des aspérités d'image et commerciales qui lui appartiennent, entretenues par un discours récurrent : la carte Fnac et l'agitation d'idées pour la Fnac, le « contrat de confiance » pour Darty, les « nouveaux commerçants » pour Système U, la facilité ergonomique pour Apple, des solutions faciles pour utiliser les produits pour Unither. À l'inverse, de nombreuses marques et enseignes pèchent par la volonté d'asseoir un contenu : pas de discours, pas de sens, tout juste un repère. À ce jeu-là, c'est-à-dire considérer que le public puisse croire qu'une marque n'est qu'un signal en linéaire, elles se trompent.

Délivrer un discours, certes, mais qui se doit d'être légitime. Et c'est l'affaire de la communication au sens large, et du design en particulier. Si une marque alimentaire délivre un discours de bonne santé, alors sa légitimité doit par exemple être prouvée au travers de ses produits, pas des allégations packaging. La question est aussi de savoir qui porte cette légitimité au-delà de la marque, au milieu des discours des concurrents, des cascades d'intermédiaires. La marque trouve une légitimité naturelle dans son histoire, même courte, liée parfois à un savoir-faire (Veuve-Clicquot, Citroën) ou à sa légende créée de toutes pièces par la publicité (La Laitière, George Killian's).

Benoît Heilbrunn (professeur à l'ESCP et à l'IFM) souligne[1] que les chefs d'entreprise, fondateurs historiques, ont souvent cédé la place à un personnage fictif, comme le cow-boy Marlboro, le Prince de Lu. Ces personnages sont devenus les « chefs » de la marque, bien avant le président des entreprises

---

1. In « Qu'est-ce qu'un chef ? », revue *Médium* (dirigée par Régis Debray), n°12, septembre 2007.

qui créent le produit et, *a fortiori,* le fondateur. Michelin, alors que la famille dirige encore le Groupe, a passé la main au Bibendum, en le réintégrant récemment au logotype même.

# Définition d'une marque

Comme pour le design, les définitions d'une marque sont multiples. La marque se définit en premier lieu comme un signe distinctif de services et de produits, servant à ne pas les confondre avec d'autres, et maintenant une identification du producteur au consommateur. La marque est aussi, dans ses composantes, la réunion d'un nom (le nom de marque) et d'une identité visuelle au cœur de laquelle le logotype est au centre, et en outre d'une « transcendance » qui l'accompagne, confinant parfois au sacré, somme du nom, de son identité visuelle, mais aussi de la communication au sens large.

On peut également parler de l'énergie d'une marque, de son charisme, de son aura. Cette aura vient presque toujours du management, de l'organisation interne, du choix des hommes et surtout de la faculté de raisonner globalement, ou plutôt (pour éviter toute simplification de fonctions à l'intérieur de l'entreprise) systémiquement. Comment établir des passerelles fluides d'une fonction à l'autre ? Alors que chaque manager doit appréhender l'ensemble de l'entreprise en étant l'expert de sa fonction, qu'est-ce qui fait que chacun communique bien en interne ? L'aura d'une marque peut par exemple être donnée par un président (sa notoriété, son action comme Alain Afflelou), par des résultats incontestables qui prêtent au respect (l'essor de Monoprix depuis 2004) ou par une action citoyenne (McDonald's a ouvert en France, en 2008, l'école McDonald's).

La définition de la marque au sens large aide également en interne à poser des balises, des repères, des codes, des mots-clés, des critères de jugement. Les valeurs d'une marque d'entreprise, *a priori* déterminées pour ses cibles (grand public, B to B), devraient en fait être appliquées au personnel tout entier, pour qu'il y ait adéquation entre l'énergie interne de l'entreprise et son image projetée, pour que chacun parle d'une seule voix dans un univers médiatique toujours encombré. Monoprix, depuis plusieurs années, a su retrouver une énergie qu'elle semblait avoir perdue ; grâce à une équipe d'hommes et de femmes entraînés par un fil conducteur, une feuille de route, grâce aussi à une ouverture vers l'actualité, les attentes du public, une surveillance et une connaissance réelle des courants sociétaux : développement durable, nouvelles technologies, nécessité de proximité et d'achats plaisir rapides. D'autres enseignes expérimentent des magasins écologiques, encouragent la vente en ligne, la livraison à domicile, des pôles d'animation pour enfants comme Ludendo Village ou Ikea.

Matrice de construction de la définition d'une marque de produits, de services ou d'enseigne[1]

| Éléments constitutifs de définition | Questions par rapport à la marque |
|---|---|
| Les valeurs – Mots-clés spécifiques à l'organisation, contribuant à l'unifier, à générer des actions concrètes, à présider à tout acte de management ou de communication, dans un sens déterminé. | |
| Valeurs historiques (ou racines, ou légitimes) | Quelles sont les valeurs que la marque a toujours portées ? |
| Valeurs spécifiques d'action | Quelles sont ses valeurs distinctives, qui lui servent d'action ? |
| Valeurs de tête | Quelles sont les valeurs qu'elle peut légitimement porter demain, réellement distinctives ? |
| La marque en elle-même | |
| Vision | Quelle est la vision du dirigeant et de l'organisateur sur l'entreprise, sur le marché, sur le monde ? |
| Mission | Rôle que l'entreprise se fixe dans l'avenir. S'inscrivant dans la vision, elle permet de déterminer des plans cohérents. On parle de mission de marque ou de mission d'enseigne. |
| Promesse | Ce qui mobilise le personnel, et qui est perceptible par les cibles. |
| Essence | Fondements d'origine : d'où vient la marque ? Pourquoi a-t-elle existé ? Qu'a-t-elle dû « marquer » ? Pourquoi est-elle encore là, que dit-elle, que recouvre-t-elle, par nature ? |
| Territoire | Que marque-t-elle ? Qu'identifie-t-elle ? Quels univers, produits, services ? |
| Cibles | Quelles personnes (B to C) ? Quelles entreprises (B to B) ? |

1. Source : Urvoy Conseil, 2008.

| La marque en elle-même (suite) | |
|---|---|
| Positionnement | Selon plusieurs critères (choisir les meilleurs). |
| Facteurs-clés du succès | Les principes incontournables qui ont toujours réussi, sur lesquels on ne transige pas. |
| Ambition (objectifs) | Quelle est l'ambition de la marque à 3 ans, à 5 ans, à 10 ans ? |
| Défi | Quel est le grand défi de la marque lui permettant d'émerger ? |
| Proximité | En quoi est-elle proche du public ? |
| Les preuves de la marque | |
| Preuves d'amour | Qu'est-ce qui fait ou a fait que, finalement, j'aime (j'aimerai) travailler avec cette entreprise ? Utiliser ses services ? Acheter ses produits ? |
| Preuves d'existence | Qu'est-ce qui rend (rendra) la marque visible ? Qu'est-ce qui fait (fera) parler d'elle ? |
| Preuves de confiance | Quels sont les éléments qui font dire que les cibles vont avoir confiance en elle ? |
| Preuves symboliques | Quels signes, quels repères (rituel, héros, etc.) sont liés à la marque ? |
| La marque par rapport à ses concurrents | |
| Différenciation | Quels sont les principaux éléments de différenciation de la marque par rapport aux autres marques du groupe et par rapport à ses concurrents ? |
| Pertinence | Qu'est-ce qui permet de dire que la marque est pertinente, c'est-à-dire appropriée à son univers ? |

# Les différents types de marques

Création : Philippe Céré

## D'Aucy

On lit clairement sur ce produit la marque d'entreprise (D'Aucy), la marque-produit (Cœur de fraîcheur) et la désignation valorisante : « Sélection de haricots verts aux oignons rouges. »

Les marques interviennent dans des architectures plus ou moins complexes. La marque d'entreprise peut être « marque ombrelle » (D'Aucy, comme dans le cas ci-dessus) ou « marque caution » lorsque la marque-produit apparaît généralement en premier lieu (Danone dans le contexte de Danette). La marque peut être un nom indiquant l'origine du produit : sel de Guérande, fromage de Banon, vin de Bordeaux. Elle peut aussi être de pure invention (Vivendi, Monoprix, 33 Export), patronymique (l'inventeur d'un procédé ou d'une recette, le fabricant…).

On distingue traditionnellement la marque de fabricant, qui indique une origine industrielle du produit (Andros, Bic) des marques de distributeurs (produits qu'ils fabriquent ou font fabriquer reprenant ou non tout ou partie du nom d'enseigne ou créant un nom spécifique : Pâturages chez Intermarché, Marque Repère chez E. Leclerc, Carrefour…). On parle de « marque de service » lorsqu'elle identifie des services (Sodhexo, Axa, Carrefour Voyages, RATP…). Certaines marques (Total) sont à la fois un nom d'enseigne (pour les boutiques), de service (pour les stations-services) et un groupe de production de pétrole qui s'oriente vers les énergies nouvelles.

## La valeur financière des marques

On se souvient de marques comme Lip ou Manufrance. Ces marques ont une valeur financière parce qu'elles sont devenues légendaires. Mais l'entreprise n'existe plus ou est devenue très petite. La valeur financière de la marque est alors supérieure au prix de l'entreprise elle-même.

Il est parfois dommage de voir des marques perdre de leur rayonnement après avoir connu des années de gloire, surtout après que l'entreprise ait fortement investi sur elles (*cf.* tableau ci-après). Parfois, lorsque l'entreprise se vend, l'acheteur n'a qu'une idée en tête : imprimer un certain impérialisme en faisant disparaître très vite les marques du vendeur. Les coûts directs (investissements en communication) ou induits (perte de clientèle) sont souvent énormes, comparés à la gestion de deux marques ou à la gestion progressive et programmée dans le temps de l'une des deux (problématique de « transfert de marque »).

De nombreuses marques ont aujourd'hui disparu ou ont perdu leur aura en France, comme Vélosolex et sa couleur noire, Bonux et le cadeau Bonux, L'Alsacienne (les biscuits), Salut les Copains (la revue, l'émission), Talbot (les voitures), Samos 99 (le fromage), Familistère et Félix Potin (distribution alimentaire).

Quelques grandes marques et leur âge

| Âge | Marques |
|---|---|
| Environ trois siècles | Twinings |
| Environ deux siècles | Veuve-Clicquot, Marie Brizard, Smirnoff |
| Environ un siècle | Peugeot, William Saurin, Lu, Banania, Evian, le Printemps, SNCF, Panzani, Nikon, Milka, Martini |
| Environ 50 ans | Kriter, André, Montblanc, Tupperware, TGV, Oasis, Nutella, Microsoft, Lapeyre, EDF, Club Med, Celio, Bic |
| Moins de 10 ans | Poweo, lastminute.com |

La vente d'une entreprise s'apprécie désormais au regard de la marque. Danone achète Volvic non pas pour son savoir-faire, mais pour la marque que l'entreprise représente. Nikko achète Meccano pour la marque, créée en 1901, relancée au début des années 1990, et non pour le système de construction lui-même. Les marques connues sont en effet des leviers puissants de conquête et de développement : Volvic a créé Volvic aromatisé, Meccano crée dorénavant des robots, loin des jeux de construction en métal, et Bic des téléphones simples et sans abonnement (Bic Phone).

# La recherche de nom

Le nom d'une marque est la première manifestation de son identité. Rechercher un nom de marque n'est plus chose facile. Ceux qui y ont été confrontés le savent bien. En effet, s'il s'agit du nom d'une entreprise, il doit être en relation avec sa définition et traduire un imaginaire attendu, des valeurs, couvrir un territoire, souvent être international… Les noms sont de plusieurs ordres :

- descriptifs d'un produit, d'un service (Form'Active, Chronopost) ou patronymiques (Darty, Renault) ;

- de pure invention, traduisant un contenu et ouvrant parfois un champ sémantique nouveau (Vivendi, Wooz'Art pour une gamme de jouets, B comme Bébé pour une chaîne de puériculture) ;

- un sigle, de moins en moins utilisé parce que pas assez proche des consommateurs ou utilisateurs (RATP, TGV) ;

- un nom existant, utilisé en tant que marque (Décathlon, Orange…).

À NOTER

> Les sons a, o, ou induisent la lenteur, la lourdeur, l'obscurité, tandis que i, é, ê sont liés à la rapidité, la légèreté. S. Newman, vers 1930, a classé les consonnes de la plus claire à la plus sombre dans l'ordre suivant : k, s, l, h, p, j, n, g, b, r, d, m. On peut ainsi créer un mot clair, comme KISELLE, ou un autre, sombre, comme MADOROU.

## Les techniques de recherche de noms

Les techniques et les méthodologies sont nombreuses et dépendent du budget. On peut citer :

- la recherche de nom de marque « individuelle », sous réserve de connaître un minimum la sémantique, la langue française (le signifiant des suffixes, des préfixes…), d'autres langues comme l'anglais, l'espagnol, mais aussi le latin, le grec (et parfois l'espéranto et l'inuit !) ;

- la recherche « multi-individuelle » en demandant, notamment pour les noms internationaux, à plusieurs spécialistes de culture et de langue différentes de travailler sur le même projet. Ils peuvent appartenir à un réseau, dans plusieurs pays ;

- l'animation d'un groupe de créativité pouvant être composé de consommateurs, d'opérateurs de l'entreprise, de créatifs spécialisés ;

- l'utilisation de logiciels générateurs de noms. Certains nécessitent la préparation de phonèmes, de sèmes qui, mélangés, fournissent des noms de marques. Il faut toutefois les classer, les retravailler ; ces logiciels ne sont qu'un outil complémentaire.

La recherche de noms de marque peut s'opérer en repérant préalablement plusieurs « axes de création ». Par exemple, pour trouver un nom de lieu de divertissement, on recherchera dans des directions préétablies, comme l'instant de la fête, la valorisation de la cible, le bénéfice, la fête, des onomatopées.

Mini-cas

## Exemple de recherche de nom pour une enseigne loisirs/divertissement, par axe de recherche

**L'instant de la fête**

| | | |
|---|---|---|
| 4 O'CLOCK | **PLAYTIME** | EVENING |
| FUN TIME | **COOL HOURS** | PLAYTIME |
| HAPPY TIME | FUN HOURS | COOL HOURS |

**La valorisation de la cible**

| | | |
|---|---|---|
| DIVA | HEROES | CELEBRITY |

**Le bénéfice**

| | | |
|---|---|---|
| SMILY | HILARIUS | LOOKY |

**La fête, l'amusement, le plaisir**

| | | |
|---|---|---|
| FIESTY | BACCHUS | CARNAVAL |
| MISTER FUN | LITTLE BAKUS | PARADE |
| FUN PARTY | FIESTA | KERMESS |
| AGAPA | GRANDE FIESTA | FESTALIS |
| FESTIVUS | JAVA | TOOGETHER |
| GALA PARADE | PARADISE | |

**Des onomatopées signifiantes, à potentiel graphique fort**

| | | |
|---|---|---|
| YOUPEE | HOORA | RIBOULDINGO |
| TOO'BOOM | WISTEETEE | DINGOO |
| COOOOL ! | BOOLI HOOLI | NOOBA |
| YOOPY | BAMBOOLA | |

L'anticipation sur la création de l'identité visuelle est fondamentale dans la mesure où une marque est la réunion d'un nom et d'un graphisme. La méthodologie peut prendre en compte cet aspect, en impliquant des graphistes créatifs de noms dès le démarrage d'un projet.

L'internationalité des noms de marques est désormais prise en compte dans les cahiers des charges. Ici, l'enseigne londonienne d'une chaîne de restaurants anglais proposant pâtes et pizzas : Zizzi. Pour un Anglais, il va d'abord signifier l'Italie… La France adoptera un nom différent.

Pour la petite histoire

## La saga Renault : un cas d'école en matière de marque

Louis Renault fonda sa marque en 1898, à Boulogne-Billancourt, en région parisienne. La marque s'attacha à répondre à tous les publics, et développa une large gamme allant de la voiturette à la voiture de maître 40 CV ultraluxueuse. C'est ainsi que Renault devint très vite le premier constructeur français jusqu'à l'avènement de Citroën en 1919.

Renault et Citroën devinrent de véritables rivaux au cours des années 1920 et 1930, bien que leurs stratégies furent très différentes. Citroën prônait l'audace et l'innovation, tandis que Renault était adepte des techniques classiques et éprouvées. Ainsi, pour concurrencer la Citroën Traction Avant, Renault lui opposait les très classiques Celtaquatre, Primaquatre, Novaquatre et Vivaquatre. Ces modèles disparaîtront dès le début de la Seconde Guerre mondiale, alors que la Traction Avant poursuivit sa carrière jusqu'en 1957. En 1938, Renault produisait 58 000 voitures contre 68 000 pour Citroën, 47 000 pour Peugeot et 21 000 pour Simca. L'année 1938 marqua le lancement de la Juvaquatre, qui concurrençait les Peugeot 202 et Simca 8. En 1940, les usines de l'île Seguin furent réquisitionnées par les occupants allemands. Louis Renault fut arrêté en 1944 et inculpé de commerce avec l'ennemi. La firme qu'il avait fondée devint alors Régie nationale.

En 1946 naquit la 4 CV qui fut la première nouvelle voiture française de l'après-guerre. Ce petit modèle populaire fut produit à plus de 1 million d'exemplaires de 1946 à 1961, et permit à Renault de redevenir le premier constructeur français. La 4 CV se caractérisait par son moteur disposé à l'arrière, comme la Volkswagen qui pouvait lui être comparée. Elle fut épaulée en 1951 par la Frégate, un modèle 11 CV d'inspiration américaine, à carrosserie ponton et moteur à l'avant, produit dans la nouvelle usine de Flins. La Frégate était censée démoder les anciennes Citroën Traction Avant. En fait, ce modèle connut dès le début des problèmes techniques qui compromirent toute sa carrière.

En 1956, fut lancée la Dauphine, qui fut avec la 4 CV l'un des plus grands succès des années 1950. Elle fut produite à plus de 2 millions d'exemplaires de 1956 à 1968. La Dauphine, qui remplaçait la 4 CV, reprenait la technique du moteur arrière mais en 5 CV. Sa carrosserie s'inspirait de la Frégate, dans des proportions plus modestes. Un modèle cabriolet en fut dérivé, ce fut la Floride rebaptisée quelques années plus tard Caravelle. En 1961, fut lancée la R 4, première traction avant de la marque. Ce modèle à hayon reprenait la philosophie de la Citroën 2 CV, c'est-à-dire un modèle très économique et pratique. Ce modèle connut un énorme succès, puisqu'il fut produit à plus de 5 millions d'exemplaires de 1961 à 1993. En 1962, la R 8 prit le relais de la Dauphine. Une version allongée en fut dérivée en 1965 : la R 10. Ces deux modèles seront produits à plus de 1,7 million d'exemplaires et seront les derniers chez Renault à reprendre la technique du moteur arrière.

Pour remplacer la Frégate, Renault s'associa au début des années 1960 avec American Motors afin de distribuer la Rambler 6 cylindres américaine en Europe sous le nom de Rambler-Renault. Cette voiture (1962-1966) ne connut qu'un succès d'estime et elle fut balayée dès le lancement de la R 16. L'année 1965 marque la sortie de la R 16, première voiture de haut de gamme à hayon, qui rencontra un grand succès. Ce modèle inaugura la nouvelle usine de Sandouville. La R 6, lancée en 1968, était une R 4 dont la carrosserie s'inspirait de la R 16. La R 12 lancée en 1969 fut la première voiture de milieu de gamme de Renault. Elle dépassa les 2 millions d'exemplaires. Les coupés R 15/R 17 en furent dérivés en 1971, et remplacés en 1980 par la Fuego. L'année 1971 marque le début de l'association de Peugeot et de Renault dans le domaine des moteurs. De la nouvelle usine de Douvrin, sortiront les moteurs PRV 6 cylindres, ainsi que d'autres moteurs 4 cylindres.

En 1972, la R 5 lança la mode des petites voitures de ville, et tout le monde se rappelle de la célèbre publicité lors de son lancement : « *Bonjour, je m'appelle Supercar !* » La R 5 fut produite à près de 4 millions d'exemplaires de 1972 à 1984, date à laquelle elle fut remplacée par la Supercinq qui égala presque le score de son aînée (3,2 millions d'exemplaires). Renault devient propriétaire d'American Motors en 1982, qu'il revend à Chrysler en 1987, faute d'avoir su s'adapter au marché américain.

Après les succès mitigés des R 20/R 30 (1975) et R 14 (1976), les réussites allaient s'enchaîner à bonne cadence : R 18 (1978), R 9 (1981), R 11 (1983), R 25 (1984), Espace (1984), R 21 (1986), R 19 (1988), Clio (1990), Safrane (1992), Twingo (1993), Laguna (1994), Mégane (1995), Scénic (1996). De nouveau privatisé, Renault est devenu un grand constructeur international, et l'imagination est un de ses atouts maîtres : les concepts du monospace de haut de gamme (Espace) et de moyenne gamme (Scénic) en sont un bon exemple.

### Les aspects juridiques

Une fois une liste établie, les noms sont hiérarchisés par rapport au cahier des charges initial. En France, c'est l'Institut national de la propriété industrielle (INPI) qui enregistre les dépôts de marque. Une marque déposée et employée ne peut donc pas être utilisée par un tiers dans la même « classe » de dépôt (Lanvin désigne à la fois des vêtements de luxe et du chocolat, mais le nom est déposé dans des classes différentes).

Une recherche de nom intègre une « recherche d'antériorité » pour déterminer si le nom est déposé. Malheureusement, il est fréquent que les noms préférés, ou évidents, ne soient pas forcément utilisables, d'où la nécessité d'en retenir plusieurs au final. Certains noms peuvent être retravaillés pour lever des antériorités juridiques[1].

# Marque et architecture de marque

La recherche de nom est souvent liée à l'architecture de marques, c'est-à-dire l'affectation à l'entreprise, ses services, ses gammes et lignes de produits, de marques différentes ou confondues pour les désigner. Chaque société, par son histoire, sa vision du marché, ses choix, l'expérience de ses hommes, ses conseils, utilise un système différent.

---

1. On lira avec intérêt l'ouvrage de Catherine Lalanne-Gobet, avocate, *Créer un nom de marque*, collection « Design & Marques », dirigée par Jean-Jacques Urvoy, Eyrolles, 2009.

Les différents niveaux de marques
perceptibles dans une architecture de marques

| Groupe | Total | Danone | Mulliez |
|---|---|---|---|
| **Niveau 1**<br>Marques *corporate* | Total, Elf, Fina | Danone**, Danone Eaux,** Blédina, Les Deux Vaches | Auchan, **Décathlon,** Norauto… |
| **Niveau 2**<br>Marque de groupe de produits, de gamme, d'univers, de catégorie | Total | Danette, Velouté, Charles Gervais, **Volvic,** Evian, Badoit… | Quechua, **Artengo**… |
| **Niveau 3**<br>Marque de ligne | – | Volvic Thé | – |
| **Niveau 4**<br>Désignation | Lave-glace | Eau minérale naturelle au thé vert | Chaussettes |
| **Niveau 5**<br>Référence | 0, 75 cl | 1, 5 l | 1 paire |

# Chapitre 5

# Identité visuelle
# de marques d'entreprises et d'institutions

*« Il existe un paradoxe au cœur même de la culture contemporaine. Nous voulons que le monde soit exactement le même partout où nous allons, pouvoir utiliser les mêmes cartes de crédit, boire la même eau minérale et regarder la même télévision partout. Toutefois, en même temps, nous voulons que le monde garde un sens de la différence, de l'unique, qui distingue chaque culture. Nous voulons briser les barrières entre les États pour créer des systèmes politiques globaux. Mais nous voulons aussi garder nos langages spécifiques, nos cultures et notre sens de la Nation… La nature de l'identité est une issue fondamentale. Nous l'utilisons à la fois au sens exclusif et inclusif. L'identité est ce qui nous rend plus semblable et en même temps ce qui nous rend différent des autres. »*

**Deyan Sudjic, directeur du Design Museum, Londres**

*« On a le logotype qu'on mérite. »*

**Michel Disle, designer, cofondateur de Carré Noir**

Le mot « logotype » est issu du grec « *typos* », qui signifie « écriture », et de « *logos* » pour « discours ». Il est donc l'écriture du discours d'une marque. Encore faut-il savoir de quel discours il s'agit, c'est-à-dire connaître sa définition : positionnement, promesse, vision, avec, au centre, les valeurs de marque. Ce sont ces valeurs qu'il s'agit surtout de traduire graphiquement.

On distingue ici la marque institutionnelle, fédérant des hommes, des marques de produits ou de services dépendant d'entreprises ou d'institutions. D'ailleurs, l'ancêtre du logotype institutionnel est le blason ; un ancêtre du logotype produit est l'estampille. Dans le premier cas, on marque un ensemble ordonné d'individus (un pays, une région, une famille) dirigés par un chef. Dans le deuxième cas, on identifie une production.

## Les armoiries, ou l'emblématique de la persistance
### par Laurent Granier[1]

Les armoiries sont les ancêtres de nos actuels logotypes, comme ceux de tous les systèmes symboliques en Occident : elles sont aussi leurs contemporaines puisque toujours bien vivantes après neuf siècles d'existence… Apparues au XIIe siècle d'un besoin d'identification des combattants dont l'évolution de l'équipement défensif empêchait toute reconnaissance visuelle les uns des autres, elles deviennent très populaires et se répandent dans toute la société médiévale, notamment par le biais de l'usage des sceaux. Phénomènes de mode, elles constituent des marques de propriété en même temps que de décoration.

Les armoiries se distinguent de tous les autres symboles humains par le fait qu'il s'agit d'emblèmes organisés et héréditaires. En outre, elles ont la caractéristique unique dans le domaine de la sémiologie d'être décrites par une langue : le *blason* possède son propre vocabulaire, sa propre grammaire et sa syntaxe. Un *blasonnement* (description d'armoiries) permet en effet de retranscrire littéralement sous la forme d'une phrase un dessin et *vice versa*.

L'héraldique a d'ailleurs été longtemps la seule emblématique disponible avant l'apparition des logotypes. Les acteurs économiques de l'Ancien Régime possédaient des armoiries pour les enseignes de leurs boutiques, les poinçons identifiant leurs produits, leurs factures, leur papier à lettres, etc. C'est dans le domaine de la vie économique que les armoiries ont cédé le plus de place aux logotypes, notamment en France depuis la Révolution française, à l'exception des produits de luxe, de ceux du terroir comme le vin et les spiritueux.

Les armoiries symboliseront toujours dans l'esprit humain, quel que soit l'air du temps, la persistance de la tradition du symbole intrinsèquement humain.

Les armoiries personnelles de Laurent Granier.
Les armoiries préfigurent les logotypes et les devises latines, les base line des marques.

---

1. Laurent Granier, artiste français de réputation internationale, a pour spécialité la création d'armoiries pour des particuliers et des entreprises. Il se bat pour que les armoiries fassent partie intégrante de notre modernité. Il est peintre héraldiste officiel du Vlaams Heraldische Raad (Autorité héraldique de Flandre), ce qui fait de lui le seul héraldiste français à faire partie d'une autorité héraldique dans le monde.

La création de marques institutionnelles relève à la fois du management, des ressources humaines et du graphisme. La création de marques-produits relève plus du marketing. Des marques-produits se hissent parfois au statut de marques institutionnelles (Lu, Chronopost). Elles sont perçues comme des entreprises, même si elles ne sont que de grands départements d'entreprises existantes.

La création de marques institutionnelles relève d'un design plus pérenne que celui des marques-produits. Les techniques ne sont pas les mêmes : le logotype d'une marque-produit (Danette de Danone) ou d'une marque-service (Triveo de Omega Conseil) se traite en général lors du packaging ou de la conception de la campagne de lancement. Les méthodes pour concevoir et lancer, tant en interne qu'à l'externe, un logotype institutionnel font l'objet d'un projet spécifique, intégré souvent à un projet d'entreprise.

Pour la petite histoire

### Les logotypes de la SNCF

Un logotype tout en rondeurs, avec quatre lettres liées et inscrites en blanc sur un fond chaud. C'est le dernier logo de la SNCF, conçu par Carré Noir en mars 2005. La couleur, allant du rouge carmin au vermillon (d'où l'invention du terme « carmillon »), reflète « *la diversité de l'entreprise, la souplesse, la créativité et l'optimisme* », selon les propres termes de la SNCF... La forme crée le mouvement, rappelle l'avant d'un TGV, et exprime la détermination : la SNCF sera leader du transport européen. Les lettres en capitales donnent de la puissance et de l'autorité. L'écriture entièrement dessinée, souple et fluide manifeste la proximité, tout comme le service au client signifié par un jeu de rails formant la typographie. Ce sixième logo depuis la création de l'entreprise en 1938 a suscité des passions. Une chose est sûre : il ne laisse pas indifférent. « *Après trois ans de vie, déployé partout où l'entreprise est en relation de proximité avec ses clients, le logo est visible et reconnaissable de tous. Un impact qui représente une arme essentielle, un atout formidable face à la concurrence dans un contexte d'ouverture du marché.* »

Différentes identités de la SNCF : un monogramme entrelacé, puis une typographie industrielle et l'apparition de la couleur bleue. Le logotype n° 3 devait reprendre la typographie en signifiant un TGV. Le logotype actuel ose une rupture typographique et colorielle.

# Projet et valeurs d'entreprise

Le projet d'entreprise exprime une permanence à fixer des objectifs, à assumer des valeurs, un positionnement, une mission. C'est la même chose pour une institution. Le projet est partagé par tous : les dirigeants, le personnel, les syndicats, les fournisseurs, les clients. S'il est bien conduit, le projet devient la raison d'être de chaque entreprise. C'est finalement la réponse aux questions : pourquoi entreprendre ? Pourquoi m'associer à cette entreprise ? Pour servir quelle finalité ?

Toute entreprise est un projet depuis son origine. En travaillant sur de nombreuses missions d'identité visuelle, nous devons même admettre l'existence d'un « code génétique » de l'entreprise, en général impulsé par son fondateur ou émanant d'une culture interne. Ce projet peut être décodé au travers des mentalités, des histoires qui traînent ici et là, de l'historique, ou même de l'imaginaire collectif.

Toute entreprise porte un projet, qui peut être précisé et ajusté. Il est souvent complexe et le management doit choisir, expliquer et surtout mettre en œuvre son orientation. Il est repiloté en permanence en fonction de l'actualité de l'entreprise et du contexte du moment. Ce projet repiloté s'accompagne d'une vision et d'une stratégie nouvelles, liées aux activités de l'entreprise, à ses façons de faire, son organisation, ses ambitions, ses méthodes. Il permet à chacun d'acquérir un langage commun, de découvrir ce qui fonde la culture de l'entreprise, de se familiariser, pour les nouveaux, avec une méthode d'action permettant d'en devenir soi-même acteur, dans son quotidien.

Le chef d'entreprise est en général porteur du projet. Son premier cercle de dirigeants y travaille activement ; ils seront les relais futurs. Chacun, dans l'entreprise ou l'institution, se sent alors impliqué, en proposant des initiatives diverses dans le cadre d'un plan et de principes d'action.

Le repilotage d'un projet d'entreprise est parfois rituel, ce qui permet à l'ensemble des personnels de se retrouver par exemple tous les cinq ans. Faire évoluer un projet, c'est souvent retravailler l'architecture des marques de l'entreprise, qui va alors présider à une nouvelle organisation. C'est donc créer de nouvelles marques ou faire évoluer l'identité de l'entreprise elle-même.

« Faire un logotype », on le voit, ne consiste donc pas (plus) à dessiner un nom, mais à dessiner le discours de l'entreprise, ce qu'elle veut dire, le sens qu'elle veut donner à ses actions. C'est toute la différence entre un graphiste et un designer graphique. Créer un logotype, c'est matérialiser la marque fondamentale de l'entreprise, son empreinte.

Mini-cas

### Ludendo, une nouvelle identité pour servir un nouveau projet

En 2006, dans le cadre d'une opération de croissance importante, le groupe La Grande Récré devient Ludendo. L'objectif de son président, Jean-Michel Grunberg, est de fédérer tous les collaborateurs autour d'un nouveau nom, porteur des valeurs globales de l'entreprise orientées vers l'enfant au travers d'un projet d'entreprise redimensionné. À partir du territoire du jouet, incarné historiquement par La Grande Récré, Ludendo devient ainsi un acteur majeur du monde de l'enfance en investissant, à partir de ses savoir-faire, vers de nouveaux métiers tels que notamment la puériculture, le livre jeunesse, le mobilier et la décoration des chambres d'enfants.

Le projet a demandé ici la création de nouveaux noms, de nouvelles identités d'enseignes, de nouveaux concepts architecturaux et concepts de distribution (Ludendo Village à Marne-la-Vallée et à Metz), la gestion et le partage du projet au travers des personnels de l'entreprise. Les valeurs de Ludendo constituent le fondement du groupe et ont été transmises à l'ensemble du personnel au travers de divers moyens (convention, journal…).

#### Les entreprises à succès gèrent leurs signes avec cohérence

L'entreprise entendait alors faire de son nom une marque publique, ce qui a guidé la recherche du nom pour aboutir à Ludendo.

Ludendo est une marque globale, dédiée à l'enfant. Le nom et l'identité visuelle ont été créés simultanément. Elle porte les valeurs du groupe issues du projet d'entreprise.

Le nom Ludendo (en latin : « que je m'amuse ») traduit le fondement du projet : vivre, mais s'amuser. Le préfixe « *lud-ludo* » signifie « jouer » en latin. Le suffixe « *do* » signifie « voie » en japonais. La voie de l'amusement est celle de l'entreprise. Mais « *do* » signifie également « donner », en latin, ce qui induit le partage, la transmission, et « faire » en anglais, ce qui induit l'action, le dynamisme.

#### Le graphisme du nom L U D E N D O est lié à une typographie solide, rassurante

Au graphisme du nom est associé, au-dessus de ce dernier, comme un signe transcendant d'espérance et de bienveillance, le symbole des mains, qui signifie la transmission (une main d'enfant dans une main d'adulte) : bienveillance des person-nels de Ludendo envers les clients, mais aussi bienveillance des adultes envers les enfants ; transmission de l'héritage du fondateur de l'entreprise Maurice Grunberg. Les mains sont orientées vers la droite, vers l'avenir. Elles semblent conclure un pacte : le pacte du projet. On peut également y voir, pour les initiés, le décodage de « deux mains/demain » : la double main devient ainsi signe d'avenir. Le bleu est la cou-leur la plus profonde. Elle rassure, c'est une cou-leur de sagesse. L'orangé est la couleur du dynamisme et de l'action.

## Logotype et système d'identité visuelle : définitions

Une fois établie la définition de l'entreprise, c'est-à-dire une fois que l'on sait où l'on va, quel sens donner à l'entreprise, le partenaire créatif crée le logo-type et le système d'identité visuelle associé. Souvent, malheureusement, le projet graphique se cantonne à la stricte création du logotype. En fait, l'image d'une marque dépasse largement le logotype, et l'on a intérêt à envisager de travailler les différentes composantes graphiques qui expriment l'identité d'une marque. Ces composantes seront ensuite consignées dans la charte gra-phique de la marque. En termes graphiques, le logotype est la réunion :

- d'une typographie ;
- de ce que nous convenons d'appeler un symbole associé, intégré dans la typographie ou juxtaposé à elle selon les applications.

Il peut être associé à une structure graphique d'accompagnement, à des éléments graphiques périphériques qui lui sont en général joints : personnage-mascotte, structure éditoriale, harmonie colorée, typographies d'accompagnement, traité graphique communiquant une ambiance de marque, éléments divers d'image.

Pour la petite histoire

**Renault, un logotype toujours dans l'air du temps**
Le logotype de Renault suit d'une façon imperceptible l'air du temps, en étant fidèle à sa couleur, à son losange et à un graphisme de marque. Le symbole est dorénavant en volume, la typographie a gommé ses patins un peu lourds pour un compromis subtil entre lettres capitales institutionnelles et mou-vement donné par les patins-ailettes.

Des évolutions par petites touches : voilà comment on pourrait parler des modifications apportées au célèbre losange de Renault qui évoluera au gré de la vie du constructeur automobile. C'est en 1925 que cette forme géométrique apparaît pour la première fois sur les voitures de la marque, en détrônant le rond qui identifiait alors l'entreprise. Le losange en cuivre vient habiller le capot du modèle 40 CV. Renault ne quittera plus ce visuel, qui figurera désormais sur les calandres de tous les modèles de la marque. Au fil des années, le logotype évoluera avec l'histoire de son entreprise. Ainsi, en 1945, Renault devient la Régie nationale des usines Renault et la mention « Régie nationale » en est faite au centre du losange alors jaune et noir. Celle-ci disparaîtra en 1959. Seul reste au centre le nom de l'entreprise dont la typographie change. Mais cette mention disparaîtra à son tour dans les années 1970. C'est l'artiste Victor Vasarely qui donne un coup de jeune au losange que portera la Renault 5. Vingt ans plus tard, le logo prend du volume et s'inscrit en relief pour marquer la volonté de progrès de la marque. En 2004, il est revisité et intègre de nouveau un fond jaune. Cette couleur, symbole historique de la marque, est conservée en 2007, lors de son lifting. Le losange et la typographie Renault sont dorénavant réunis dans un carré jaune, associé à l'onglet.

## Des valeurs de marque au dessin de la marque

À l'issue d'audits, d'études ou de réflexions simples et de bon sens, le consultant en stratégie de marque rédige une plate-forme de création pour l'agence de design ou pour le service création de l'agence. Le terme pour désigner ce document, toujours validé par le client, change selon le prestataire. Les valeurs et le positionnement de marque sont clairement exprimés, sous forme de « mots-clés » destinés au designer graphique.

### Le concept board de la marque

Pour faciliter le cadrage du projet, on a intérêt à créer le « *concept board* » présentant les mots-clés de la marque installés dans une ambiance graphique. Des coupures de magazines ou des banques de données photographiques peuvent fournir cette ambiance de marque. Le consultant, les designers et le client sont ainsi sur la même longueur d'onde dès que des choix sont à effectuer (tant pour l'identité de la marque que pour la communication, par exemple).

## Analyse de la concurrence dans le même univers de marque

On a également intérêt à recenser l'ensemble de la concurrence. Cette démarche peut se conclure par un « *concept board* concurrence ». On voit ainsi émerger des codes graphiques : formes, couleurs, ambiances, dont il faudra – ou non – tenir compte.

## Changement de logotype ou évolution ?

L'évolution d'un logotype consiste en général à l'actualiser régulièrement, en le rendant parfois davantage porteur du sens redéfini en permanence par le projet d'entreprise. Il est parfois souhaitable de ne pas amener de changement brutal pour ne pas déstabiliser la clientèle de l'entreprise. C'est le cas notamment lorsque l'entreprise ne dispose pas d'un budget de communication suffisant (campagne nationale pour les grandes entreprises ou simple mailing pour les petites) pour « lancer » la nouvelle image de marque. Dans d'autres cas, il s'agit de modifier les codes existants pour répondre à un nouveau positionnement, à un nouveau regard que le public veut porter sur l'entreprise, à l'apparition de nouveaux concurrents (EDF), au rapprochement de deux entreprises (BNP Paribas).

### Mini-cas

**Une évolution complexe : le ministère de l'Écologie, de l'Énergie, du Développement durable et de l'Aménagement du territoire (MEEDAT)**

En 2008, après le Grenelle de l'Environnement, Jean-Louis Borloo, ministre d'État en charge du grand ministère de l'Écologie, adapte et restructure son ministère. La nouvelle identité intègre, comme c'est la règle, le drapeau national orné de la Marianne. Un bouquet spécifique de cinq lignes de couleurs différentes signifie les nouvelles directions, toutes en interaction.

*Liberté • Égalité • Fraternité*
**RÉPUBLIQUE FRANÇAISE**

Ministère
de l'Écologie, de l'Énergie,
du Développement durable
et de l'Aménagement
du territoire

Entretien avec Dominique Baumier,

directeur général de l'enseigne Point Soleil

## « *Déployer au plus vite la marque et communiquer le plus largement possible.* »

Un logotype représente souvent bien plus qu'une valeur artistique ou graphique. Il a la lourde tâche de résumer l'entreprise et ses valeurs. Le changement de logo, qui souligne généralement un virage stratégique pour l'entreprise, apparaît donc comme une affaire délicate. C'est pourquoi cette mutation doit se faire dans la réflexion, et non dans la précipitation. Une démarche adoptée par Point Soleil qui, en janvier 2008, entrée dans une phase de consolidation et de modernisation, abandonne son triangle, symbolisant un coucher de soleil sur la mer, pour, selon son directeur général Dominique Baumier, « *se doter d'une identité visuelle répondant aux exigences d'aujourd'hui en matière de puissance, de lisibilité, de capacité d'évocation, de capacité d'attribution, de facilité d'utilisation, de durabilité et de capacité d'évolution* ». L'enseigne, qui fait alors appel à l'agence Aluminium, opte pour un cercle orangé évoquant toujours symboliquement le soleil, avec le choix d'une typographie bâton, intemporelle et permettant une lisibilité de la marque en toutes circonstances. « *Un aspect graphique simple, homogène et synthétique qui amène un côté "label" à la marque* », souligne Dominique Baumier. Reste, une fois le logotype sorti des cartons, à communiquer en interne et en externe pour que ce dernier soit reconnu par tous et acquiert une certaine légitimité. Changer d'identité visuelle peut également apparaître comme une nouvelle étape dans la vie de l'entreprise et un moment privilégié pour fédérer ses équipes. Après avoir réalisé un dossier de présentation diffusé à l'ensemble de son réseau, Point Soleil n'a pas hésité à mettre en avant son identité visuelle lors de sa convention annuelle. Une fois le changement de logo opéré, il faut que l'ensemble des supports de communication de l'entreprise suivent cette mutation pour que l'enseigne, ses collaborateurs et ses clients ne vivent pas avec deux identités visuelles en même temps. « *Pour Point Soleil, une refonte complète de la charte graphique, de l'ILV, des PLV et des vitrines a été étudiée pour accompagner au plus vite le lancement de ce nouveau logo*, raconte

▶ ▶ ▶

Dominique Baumier. *Des kits d'habillage ILV et PLV ont ensuite été adressés à nos 106 points de vente. Il est primordial, dans cette situation de changement, de déployer au plus vite la marque et de communiquer le plus largement possible.* »

Un lifting d'enseigne de PME : Point Soleil. À gauche, l'ancien logotype.

On constate, dans la création d'images de marques, que le logotype lui-même, selon la façon dont il est créé, peut présider à la décision d'une évolution ou d'un changement radical. En effet, pourquoi changer s'il s'agit d'adopter un logotype moins ou aussi performant ? Le consultant demandera alors des axes de création allant du logotype le plus proche de l'image actuelle, au plus éloigné. Si trois logotypes sont présentés, le premier est « conservateur » (il est proche de l'actuel, en conservant ses codes de formes et de couleurs par exemple) ; un autre se situera sur un territoire graphique différent (apport d'une symbolique, suppression d'un symbole, changement de couleurs, de famille typographique) ; le troisième projettera le logotype dans l'avenir, en anticipant sur les futurs codes graphiques de l'univers concerné.

## La typographie

> « *Au travers de l'histoire des lettres
> [de la typographie], c'est finalement de l'humanité
> que l'on traite.* »

Jérôme Peignot

Chaque lettre est un symbole en elle-même. Chaque façon d'écrire une lettre propose un sens de compréhension de l'entreprise différent. La typographie a ses maîtres, créateurs d'alphabets, comme Jérôme Peignot, Peter Gabor, Albert

Boton (avec lequel l'auteur a travaillé chez Carré Noir). Elle constitue un champ de connaissance très vaste, qui est lui-même lié à l'histoire de l'écriture.

## La lexicologie utilisée en typographie

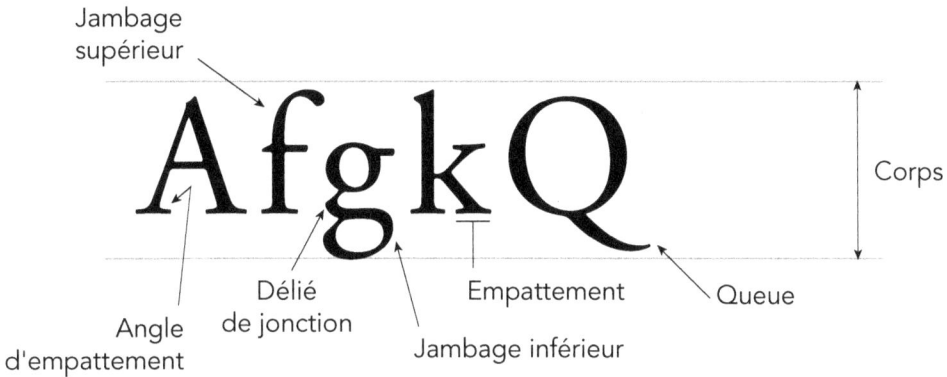

Il existe des puristes des règles de la typographie, des associations et une forte association mondiale : l'Association typographique internationale (ATypI). Force est de constater que plus le designer graphique dispose de vraies connaissances typographiques, plus l'image graphique (logotype, mais aussi mise en pages, édition, création de sites internet) est pertinente. Nous renvoyons ici à deux sites, abc.planete-typographie.com et typographie.org, pour comprendre la typographie.

Dans ce chapitre, nous nous bornerons à rappeler d'abord le classement des typographies, comme ceux de Francis Thibaudeau ou de Maximilien Vox en 1954. La classification de Thibaudeau repose sur les empattements des lettres. Celle de Vox est plus universelle. Il distingue les lettres suivantes :

| | |
|---|---|
| **Design** | Les Humanes, issues des lettres romaines de la Renaissance. |
| **Design** | Les Garaldes, qui rappellent les traditions française et italienne. |
| Design | Les Réales, proches des caractères du XVIIIe siècle. |
| Design | Les Didones, épurées, rappelant le début du XIXe siècle. |
| Design | Les Incises, issues des inscriptions monumentales de l'Antiquité. |
| Design | Les Mécanes, similaires au caractère mécanique des machines à écrire. |

| | |
|---|---|
| Design | Les Linéales, voisines des caractères bâton modernes. |
| *Design* | Les Scriptes, qui imitent l'écriture calligraphique. |
| **DESIGN** | Les Manuaires, s'inspirant des lettres médiévales manuscrites. |
| 𝔇𝔢𝔰𝔦𝔤𝔫 | Les Gothiques, connues du grand public. |
| ᴅᴇsɪɢɴ | Les Onciales, inspirées des parchemins. |
| Design | Les Fantaisistes. |

Avec l'apparition des typographies informatiques, de nouvelles typographies ont vu le jour, ainsi que de nouvelles contraintes liées aux logiciels et à la qualité de lecture sur écran. Lors de la création d'une image de marque d'entreprise, des typographies dites « d'accompagnement » sont déterminées et consignées dans la charte graphique. Elles sont utilisées, par exemple, en signalétique de site (magasin), en édition, en papeterie institutionnelle (entête de lettres, etc.).

## Les accidents typographiques

Au-delà de la typographie, il s'agit, en matière de graphisme de nom, de choisir non seulement la typographie la plus appropriée, mais aussi de la travailler pour la rendre spécifique. On peut aller jusqu'à recréer un autre alphabet. C'est même souhaitable. On peut aussi créer un accident graphique associé à une lettre qui donne à la marque son sens, qui reflète ses valeurs, en faisant ainsi l'économie d'un symbole associé.

Mini-cas

### Mettre l'accent sur une valeur en créant un accident graphique

La société de consulting et d'étude en marques, innovation et communication intègre dans son image un « O » qui indique un soleil qui se lève, signe de renaissance pour les marques et les produits qu'il gère. Cet accident fait l'objet d'une animation internet spécifique (www.urvoyconseil.com), sur un fond qui passe de l'ombre à la lumière.

URV◯Y conseil

## Couleurs : leurs signifiants, lisibilité, visibilité

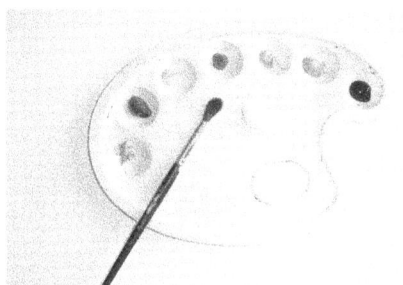

Les couleurs : probablement l'un des plus forts moyens de reconnaissance. Chaque couleur a sa propre symbolique. Rien n'est laissé au hasard. Même les couleurs historiques ont une origine, qu'il convient parfois de retrouver, pour conserver le sens d'un projet d'identité visuelle…

L'utilisation des couleurs lors de la création d'un logotype
doit se faire en apportant du sens à la marque

| Couleurs | Significations |
|---|---|
| Jaune | La lumière, la naissance, le renouvellement, la renaissance, la volonté, le dynamisme, la richesse. |
| Vert | Il évoque le calme (couleur centrale du spectre), l'équilibre, la santé, la naturalité. |
| Bleu | Une couleur profonde, pour la réflexion, la méditation, le calme, qui symbolise aussi le froid, la propreté, le liquide. |
| Orange | Énergie, chaleur et enthousiasme, stimulation et expansion, indépendance. |
| Rouge | Chaleur et force, puissance, passion, excitation, élan vital, tonicité, mais aussi danger. |
| Blanc | Sobriété, pureté, propreté, clarté, froid. |
| Noir | Il symbolise le néant, l'inconscient, mais aussi l'origine. Sagesse et prudence. |
| Violet | Mystère et mysticisme. Spiritualité et mélancolie. Légèreté et tonicité. |

## Symbole

Comme la typographie et la couleur, le symbole, associé à la typographie, précise le sens apporté à une marque.

### Ludendo pour l'enfance : une symbolique maîtrisée

Cette association pour l'enfance, créée par le groupe Ludendo, aide des enfants à grandir, à devenir adultes. Le logotype retenu exprime l'envol de l'enfant à partir de la matrice originelle (signe arrondi), puis dans son cheminement matérialisé ici par des étoiles. La septième étoile à cinq branches indique un passage, un changement de route et de cap : l'enfant grandit pour devenir adulte.

### Ma Maison à Moi : un logotype apparemment simple

Le logotype de « Ma Maison à Moi », enseigne dédiée à la maison, à la décoration pour les chambres d'enfants de 0 à 16 ans, a demandé ici la gestion du signe le « triple toit ». La cohabitation du toit et du « M », en apparence simple, a nécessité plusieurs mises au point. La recherche du nom et le rythme du logotype se répondent.

Lors de la création du logotype est effectué un « balayage symbolique », débouchant sur des créations qui peuvent être différentes.

## Structure d'accompagnement

Associée au logotype et facultative, la structure d'accompagnement va permettre de mieux utiliser et stabiliser le logotype. Il s'agit, par exemple, d'un bandeau sur lequel va systématiquement être amené le logotype.

## Ton graphique

Le ton graphique d'un logotype définit son positionnement graphique : le même nom de marque et le même symbole peuvent être traités différemment, alors que le sens sera identique. Il y a autant de qualificatifs pour un ton graphique que pour un vin. Cette lexicologie est utile au dialogue entre consultants et créatifs. Elle aide à piloter le projet graphique : il s'agit surtout de repérer, dans le discours du commanditaire ou de sa marque, les mots qui vont déterminer ce ton graphique.

Le ton graphique peut, par exemple, être institutionnel, festif, libre, naturel, maniéré, dépouillé, symbolique, chaleureux, proche, rassembleur, etc.

## Ambiance de marque

Typographie, symbole, ton graphique ne suffisent pas à traduire graphiquement la marque, même si l'on s'en accommode généralement. L'ambiance de la marque y contribue largement. Différents éléments peuvent participer de l'ambiance de marque, comme un aplat de couleurs, une typographie d'accompagnement (typographie utilisée systématiquement en édition, en signalétique), une mascotte, une façon de mettre en pages, et tout élément qui, d'une façon générale, signifie la marque.

Par exemple, Orange utilise toujours des aplats de couleurs très institutionnels, la même typographie, la même façon de présenter un document ou une affiche. Jadis mascotte, le bonhomme Michelin a tellement participé à la marque qu'il a été intégré au logotype en tant que symbole.

À NOTER

Critères usuels d'appréciation d'une identité de marque institutionnelle :

– lisible ;
– visible ;
– différenciant ;
– remarquable ;
– déclinable ;
– endossable (association avec d'autres logotypes) ;
– porteur de sens pour chacun, en interne comme en externe ;
– appropriable ;
– spécifique ;
– impactant ;
– utilisable (charte graphique).

# Programme d'identité visuelle et charte graphique

Pour les marques applicables sur bon nombre de supports, le prestataire, au-delà de la création du logotype et de l'identité de marque, liste les supports à identifier et les traite. Cette façon de travailler permet à l'identité de ne pas s'éparpiller.

Seule une partie des supports peut être gérée, le reste étant réalisé à l'interne grâce à une charte graphique. Cette charte graphique est également destinée aux autres prestataires en communication (publicité, architecture commerciale, etc.). Elle résume la façon d'utiliser l'image.

## Mini-cas de charte graphique

### Agneau presto et CQC

Comaral est l'un des principaux cabinets de consulting spécialisés dans les collectives agroalimentaires. Pour ses clients, il réalise des chartes graphiques liées à des logotypes ou des labels de qualité. Elles suivent un synopsis qui permet aux différents intervenants de bien utiliser les images créées. Par exemple, pour la charte graphique du label CQ (extraits) : variantes dans l'utilisation de l'image (en hauteur et en longueur), utilisation en publicité (emplacements). Pour la charte graphique de l'identité visuelle de l'agneau (extraits) : principes du logotype, utilisation des couleurs, choix typographiques pour les applications *online*.

Charte graphique « critères qualité certifiés ».

Charte graphique agneau presto.

# L'accompagnement du changement d'image

La mise en place d'une nouvelle image est un levier puissant à la fois en interne et en externe. En interne, on peut expliquer ou réexpliquer les valeurs de l'entreprise au travers de la présentation du logotype. En externe, le public préfère généralement qu'on lui signifie un changement de logotype, plutôt que de le découvrir au travers d'une nouvelle brochure ou d'une campagne de publicité. Toute nouvelle identité visuelle peut être un prétexte à une réunion de fournisseurs, de partenaires, de tout le personnel. Le nouveau logo peut être associé à un film institutionnel, où il s'animera.

Entretien avec Nicolas Chantry,
directeur de la communication de Boulanger

## *Boulanger : un « b » qui en dit long*

Il y a parfois des virages décisifs dans la vie d'une entreprise. Autant dire que celui amorcé par l'enseigne Boulanger en 2004 lui aura donné un sérieux coup de jeune et un nouvel élan. Pour accompagner ses nouvelles ambitions, le Groupe a adopté une nouvelle identité visuelle. « *Nous avons connu quelques années difficiles et l'identité visuelle ne correspondait plus au contexte et à notre nouveau positionnement*, explique Nicolas Chantry. *L'idée de moderniser notre image avec un nouveau logotype plus actuel et porteur de l'ensemble de nos valeurs s'imposait alors.* » Nouvelles ambitions, nouveau logo. Si l'ancien logo en lettres capitales avait des airs de virilité, voire même d'agressivité, le nouveau logo aux lettres arrondies, facilement identifiable, exprime la modernité, la proximité et l'ambition d'une entreprise davantage ancrée dans un univers de communication. Et la couleur orange, qui symbolise le dynamisme et l'énergie, n'est-elle pas également celle utilisée majoritairement par les entreprises du monde des nouvelles technologies ? Nous pouvons en dire autant pour le bleu de la base line « multimédia et électroménager ». La force de ce logo tient également en son « b bloc », proche de l'arobase. Un « b » qui s'impose comme un signe identitaire fort et le reflet de tous les potentiels de l'enseigne. « *À lui seul, le bloc "b" exprime la synthèse du programme de la marque. Il se veut reconnaissable et visible sur tous les supports de communication de la marque, comme un véritable fil conducteur.* » Le « b » se retrouve ainsi dans le « B Club » (pour trouver, entre autres, des solutions de financement), dans le « système b » (Boulanger s'engage sur ses interventions

Le « b » de Boulanger : une lettre devenue signal pour la communication
de l'enseigne (à gauche : logotype central, à droite : bloc marque, symbole dominant).

》》》

avant, pendant et après un achat), dans l'« Essentiel b » (pour les produits malins) et dans B dom' (filiale dédiée aux prestations de services à domicile en assistance et formation informatique). Le logotype de Boulanger, condensé visuel de l'entreprise, met clairement en avant ce qu'elle est et ce qu'elle aspire à devenir.

# Méthodologie pour créer une identité de marque

Nous proposons, dans les grandes lignes, la méthodologie suivante (cas d'identité visuelle d'entreprise).

## Séquence 1. Audit de la marque et axes de création

Cette séquence permet de prendre en compte la définition de la marque, ses valeurs et son positionnement, voire les déterminer si ces éléments n'existent pas dans l'entreprise. Elle prend en compte également la concurrence, les codes existants (codes de forme, codes couleur), anticipe sur les supports d'application. Elle conclut sur des axes de création, en général illustrés par un *concept board* permettant d'appréhender au mieux la future création (univers typographique et coloriel, ambiance de marque, ton graphique, etc.). Chaque axe définit un ou plusieurs concepts graphiques.

## Séquence 2. Balayage créatif

En fonction des axes retenus et préalablement discutés, un ou plusieurs logotypes sont présentés. Si la séquence 1 est convenablement réalisée, c'est-à-dire si le sujet est bien cerné, alors le nombre de solutions peut être considérablement réduit (3 à 5 concepts de logotypes).

Une grille d'évaluation reprenant les critères usuels d'appréciation d'un logotype et les critères de définition de la marque travaillée (valeurs, etc.) est souvent utile lorsque le nombre de participants à la décision est important (cas de collectivités, de partis politiques, d'associations ou d'entreprises, si le management est large et autorisé à participer au projet de logotype).

Chaque identité fait l'objet d'applications théoriques sur les supports le plus souvent sollicités (carte de visite, page d'accueil du site internet, page 1 de brochure, etc.). Les utilisations du logotype en une couleur, en réduction, sur fond de couleurs sont présentées, du moins pour les recommandations.

Mini-cas

### Meijun, le spécialiste des jeux vidéo pour les familles

Le groupe Ludendo, à travers  Ludendo Village, propose une nouvelle enseigne de jeux vidéo orientée vers la famille pour répondre aux nouvelles attentes des clients. Voici plusieurs propositions de première phase de recherche :

## Séquence 3. Mises au point

En fonction des réactions des décisionnaires de l'identité visuelle, un ou deux concepts graphiques sont retenus et font l'objet de mises au point graphiques.

## Séquence 4. Validations

Les logotypes retenus peuvent faire l'objet d'appréciations sémiologiques (celles-ci ayant toutefois été largement anticipées par le consultant). Ils peuvent également être validés par groupe qualitatif. Parfois, ils font l'objet d'un vote en interne sur des critères préalablement établis.

## Séquence 5. Programme d'identité visuelle

Une fois le logotype retenu, l'identité visuelle est appliquée sur les supports d'image prioritaires, puis fait l'objet d'applications dans le temps.

## Séquence 6. Charte graphique

Dans un premier temps, il s'agit de déterminer, pour l'agence et le client, quelles sont les applications utiles dont aura besoin le client au travers d'un synopsis. La charte graphique de l'identité visuelle, précisant les conditions d'utilisation de l'image graphique, est ensuite éditée. Elle fait l'objet d'une mise en ligne intranet ou internet, de la fourniture d'un CD ou d'un *book* papier.

Pour la petite histoire

### Ces logotypes qui créent des polémiques... et dont on parle !

#### LCL : haro sur un logo

Les changements de logotype engendrent très souvent des débats passionnels, surtout lorsqu'il s'agit de grands groupes ou d'institutions. Celui de l'ANPE est un exemple parmi tant d'autres. Mais autant dire que celui du Crédit Lyonnais, rebaptisé LCL en 2005, aura également fait couler de l'encre et agité bien des débats. « *Une identité visuelle actuelle* », « *Un logotype dynamique* » ou bien, à l'inverse, « *Un logotype sans valeur symbolique* », « *Un sigle peu évocateur* », etc. Aujourd'hui encore, l'identité visuelle du Crédit Lyonnais interroge tant les professionnels que le grand public. Pourquoi une telle polémique autour des trois lettres LCL ? « *Ce sont justement en partie ces trois lettres qui posent problème* », répondront les plus critiques. Tout d'abord parce que dans les sigles, les articles sont généralement effacés. Ici, le « L » n'aurait aucune valeur symbolique. « *Mais si, diront les défenseurs de l'identité visuelle. Le LCL est une personne et non plus un lieu, c'est La banque, avec un grand "L", comme une vraie affirmation. Les clients doivent pouvoir dire : "Je vais chez LCL."* » Le groupe bancaire et l'agence Desgrippes-Gobé (aujourd'hui Brandimage) ont reçu un « Top Com » d'argent pour la conception et la réalisation de cette nouvelle identité visuelle. « *C'est un logotype ancré dans son époque, et nombre de créations se contentent aujourd'hui d'assembler graphiquement deux ou trois lettres.* » D'autres se pencheront alors sur l'ellipse : « *Une pièce de monnaie ?* », « *Un écu ?* » ou « *tout simplement un sourire sécurisant ?* ». Ce nouveau logo nous rappelle qu'un changement d'identité visuelle est toujours une grande aventure pour une entreprise, pleine d'excitation, mais aussi d'inquiétude. Une chose est sûre : le nouveau logo de LCL a fait parler de lui, est loin d'être passé inaperçu, et s'est installé durablement.

### Jeux olympiques de Londres 2010 : un logotype très étudié

Dès juin 2006, le logotype des Jeux de Londres 2012 a soulevé la polémique. Ainsi vont les logotypes, comme les packagings, les voitures, les architectures. En deux mots : les objets de design ou les faits artistiques créent des polémiques, en général signe du regard précurseur que pose le créateur sur l'œuvre : le Centre Pompidou, le logotype de la banque Caixa, Ruy Blas, Roméo et Juliette... Compte tenu du sérieux de Wolff Olins, agence anglaise qui a conçu ce logotype, personne n'imagine une telle création sans étude préalable. Projeter 2012 alors que l'agence crée cette identité en 2006 n'est pas chose facile.

Notre culture s'oriente d'abord vers l'esthétique d'un logotype. Personne ne sait ce qu'elle sera six ans après. Mais au-delà de l'esthétique, la vraie question est de savoir en quoi cette image répond à un cahier des charges, qu'on imagine demander modernité, puissance, dynamisme, popularité, modularité. De même que des logotypes comme Kenzo, il s'utilise en rose, bleu, vert et orange.

Jacques Rogge, président du Comité international olympique, rappelle qu'« *il s'agit d'un logo véritablement innovant qui capture visuellement l'essence des Jeux de Londres, qui consiste à inspirer les jeunes du monde entier par le sport et les valeurs olympiques* ». Le logotype, à l'heure de la parution de ce livre, suscite encore des polémiques. À suivre...

## Grand cas

### Le Partenariat français pour l'eau (PFE)

#### Le contexte

Le Partenariat français pour l'eau est une plate-forme qui fédère la participation des acteurs français de l'eau lors de grandes conférences internationales. Elle réunit 70 membres. Le PFE souhaite valoriser son image en France et à l'international : logotype plus moderne, facilement déclinable. Le logotype doit évoluer sans rupture. Il doit traduire idéalement : une organisation française agissant et prenant la parole à l'international, un réseau de diverses catégories d'acteurs publics et privés, son appartenance au registre de l'eau.

#### Le logotype initial

Il s'agit d'un logotype « typographie », constitué de lignes de texte, sans aspérité. Le bleu/blanc/rouge n'est pas attribué à la France, puisqu'il est disposé horizontalement.

## Le balayage créatif

L'axe « ronds dans l'eau » signifie les répercussions d'une prise de parole française dans les conférences internationales.

L'axe « reflet » joue graphiquement sur une vague qui altère les lettres en accident graphique, permet dans son utilisation internationale, un logotype « inversé ».

L'axe « étoile », symbole lié à l'humain, signifie les cinq continents. Le terme « eau » est présent d'une façon centrale, et signifie à lui seul la langue française, donc la reconnaissance de la France, par l'accent qui le précède.

Comme l'axe précédent, on peut imaginer ici cinq gouttes d'eau, en forme de personnage.

L'axe « guillemets » représente ici la prise de parole de la France dans le monde, lequel est signifié par une sphère bleue, en volume. Le symbole du cercle signifie également le rassemblement des membres du PFE. Le logotype retenu est celui de gauche, qui fait l'objet d'une variante dans sa version allongée :

**partenariat français pour l'eau**
**french water partnership**

## Applications immédiates

Une entreprise ou une institution doit gérer les priorités du programme d'identité visuelle associé à la création du logotype, en l'occurrence ici un dépliant. Pour les supports de communication, un *claim* a été créé avec le logotype : « *Engagés pour l'eau du monde* » (*Commited to Water for the World*).

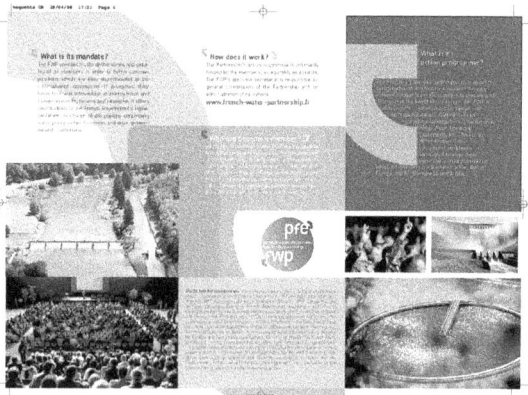

On voit ici que les guillemets jouent le rôle de *gimmicks* graphiques : ils sont prétexte à structurer un document (de la même façon que pour les documents institutionnels. Exemples : à gauche carte de visite ; à droite chemise).

Projet : Urvoy Conseil. Création : Bureau de Création.

Chapitre 6

# Le design de produits

*« Ce que j'aurais vraiment souhaité, c'est dessiner des choses simples, belles et bon marché qui façonnent l'environnement et ce, avec une once de poésie. »*

Pierre Paulin, designer

*« Parler de l'objet n'est pas intéressant ; ce qui l'est, c'est de parler de ce que l'on en pense, de la mémoire qu'on en a. »*

Philippe Starck, designer

## Le design de produits : définition

Le terme « design de produits » ou le « design de produits » (où produit devient épithète du nom design) représente une activité, une discipline, qui consiste à imaginer des objets, des produits, pour l'artisanat ou l'industrie, sur la base d'un cahier des charges, en général fabriqués en série et commercialisés.

> ### Ils le disent...
>
> *Le design est un art qui consiste à rendre un objet à la fois désirable et fonctionnel.*
>
> Nathalie Grosdidier,
> directrice générale adjointe d'Idice/Groupe ETAI

Les designers de produits collaborent notamment avec le marketing, le bureau d'études, la production. Ils interviennent dès lors en amont, en participant à la stratégie de la marque mise en place par le service marketing de l'entreprise. Le « cahier des charges » relève à la fois de contraintes marketing (positionnement du produit, identité de la marque), de contraintes fonctionnelles (quelles sont les fonctionnalités attendues par le produit ?), de contraintes industrielles (l'entreprise dispose-t-elle des machines pour le fabriquer ? Peut-elle les acheter ? Sous-traiter une partie du produit ?).

On remarquera que le mot « produit » prend ici tout son sens : un « produit » est le résultat d'une opération (la multiplication), comme c'est aussi le résultat de la prise en compte d'un nombre parfois très élevé de paramètres multiples, de tous ordres (exemple : une voiture).

> ### Ils le disent...
>
> *Le design : c'est l'ensemble des éléments constitutifs d'un produit, d'un objet, de ce qui peut être observé, touché, senti, perçu, goûté par toute forme de vie.*
>
> Michel Fourmy[1],
> responsable du pôle ressources humaines, Cegos

On assiste aujourd'hui à de véritables extensions du domaine du design. Le designer de produits est celui qui accompagne les entreprises : il collabore dans les centres de recherche et avec les services de développement pour innover, il travaille avec les équipes de marketing et de communication pour que le design des produits devienne un indicateur de la vision et de la capacité de différenciation des entreprises.

Le design de produits s'attache en fin de compte à la fourniture d'une solution globale. Il devient stratégique. « *La laideur se vend mal* », disait Raymond Loewy. Certes, mais un produit cher et peu ergonomique se vend mal aussi.

---

1. Michel Fourmy, *Guide du management et du leadership*, Éditions Retz, 2007.

*Ils le disent…*

> *Le design, c'est enjoliver le monde, le respect du produit et de son utilisateur, le mariage de la fonctionnalité et de la beauté.*

Denis Lerouge, président de Comaral Marketing

## Ne pas confondre « design » et « style »

Le designer de produits ne se pose plus tant la question de faire des produits dits esthétiques, que des produits désirables et utilisables ; en somme, des produits « choisis » par l'utilisateur. C'est la différence entre un design d'image ou d'habillage et un design fonctionnel, au service de l'utilisateur. Il est important, à ce titre, de distinguer le mot « design » du « stylisme » qui pourrait alors se résumer à redessiner l'objet pour le rendre plus attrayant.

Le designer de produits, notamment en ce qui concerne le design industriel, tient compte de la mode, des « styles », des tendances (les pylônes EDF, par exemple, très fonctionnels, ont toutefois évolué en vingt ans). Mais il doit également contribuer à établir un meilleur dialogue entre les produits, les objets et les hommes.

*Ils le disent…*

> *Le design, c'est la meilleure manière pour être en même temps hors du temps et de son temps.*

Pierre Zimmer, journaliste, essayiste[1]

Sensible aux clients finaux et à ce qu'ils attendent de leurs produits, le designer se positionne comme un innovateur, centré sur les usages et le service, sur la valeur ajoutée des produits. Lorsqu'on parle de « design de produits », la conception implique dès lors une recherche sur les relations structurelles, fonctionnelles et formelles d'un objet. La réussite ou le succès du design de produits réside dans le juste équilibre entre les éléments techniques de ce produit, l'ergonomie et les aspects sociétaux qui induisent plaisir, émotion. Si la Cocotte-Minute

---

1. Pierre Zimmer, *Et l'intolérance, bordel !*, Éditions du Palio, 2008.

Seb s'est esthétisée au cours du temps, par exemple, elle n'était au début que le résultat d'une fonctionnalité : retenir la vapeur lors de la cuisson sous pression.

## Le design est partout

Quand on parle de design de produits, on pense très souvent au design décoratif et aux créations de designers médiatiques connus, tels Marc Newson ou Philippe Starck. Certes, le designer créateur peut, à l'instar d'un artiste, jouer sur le principe de la pièce unique ou de la série limitée. D'ailleurs, l'art et le design, autrefois antinomiques, ont aujourd'hui tendance à se confondre, et certaines pièces maîtresses – éditées en très peu d'exemplaires, voire en pièce unique –, imaginées par des designers réputés, sont considérées comme des œuvres d'art à part entière, s'arrachant à prix d'or. Ainsi, au printemps 2007, la commode « Pod of Drawers » de Marc Newson s'est vendue à New York au prix de 780 000 euros, et la chaise « Loop » de Ron Arad s'est enlevée à plus de 123 000 euros chez Artcurial Paris en novembre 2006.

### Ils le disent...

*Le design, c'est l'art de faire du beau et du fonctionnel dans le respect des contraintes "amont" (matières premières, process industriel, marketing) et "aval" (logistique, commercialisation, prix de vente, consommation).*

Jean-Philippe Gallet, journaliste

Rare exemplaire de la chaise longue « Loop Loom » de Ron Arad, en résille d'acier poli et acier poli miroir, vendu plus de 120 000 euros chez Artcurial.

Aujourd'hui, le design nous entoure. De l'espace domestique et domotique (lampe, canapé, mais aussi cafetière, ordinateur, etc.) à l'espace urbain (signalé-tique, banc public, train…), en passant par l'espace professionnel (bureau, mais aussi outils, machines agricoles, etc.), le design est partout. À l'instar de Monsieur Jourdain qui faisait de la prose sans le savoir, nous vivons dans le design sans en avoir vraiment conscience. Même dans l'univers de l'alimentaire, on parle désormais de design.

### Ils le disent…

*Le design de produits est la conception et le développement de ce qui est produit industriellement. C'est donc un processus de synthèse qui permet d'intégrer toutes les contraintes d'un client (stratégiques, écono-miques, technologiques, ergonomiques, esthétiques et environnemen-tales) au bénéfice de la marque et de la satisfaction du consommateur.*

Francis Bance, fondateur de l'agence Esprit de Formes,
ancien collaborateur de Raymond Loewy

Le Japon est le pionnier du design culinaire : chaque couleur, chaque forme y est symbole. La cérémonie du thé est un véritable rituel (visible à la Maison de la culture du Japon, à Paris). Le restaurant parisien Ben Kay y associe la ges-tuelle : il faut avoir fait l'expérience d'un dîner autour d'une table chauffante, où tous les sens sont sollicités, y compris la vue. Afin d'associer design et art culinaire, la ville de Nègrepelisse, dans le Tarn-et-Garonne, a créé un centre de création d'art et de design appliqués à l'alimen-tation : « La Cuisine. »

Exemple de design culinaire : à l'Auberge de Bardigues, la création de Ilan Waiche,
baptisée « Saturne de foie », représente la planète avec ses anneaux.

© Groupe Eyrolles

Pour
la
petite
histoire

Swatch : innovation et design

Wake Up !, Finger Nails, Orb, les aventures de Tintin ou encore GN701, YGZ101C, PWZ104, etc. Qu'y a-t-il de commun entre ces différents noms barbares ? Il s'agit d'appellations pour des modèles de la montre Swatch, apparue en 1983 et qui connaîtra un succès immédiat qui ne se dément toujours pas aujourd'hui. La recette de cette réussite ? Sa provocation positive qui a permis à l'industrie horlogère suisse, dévastée dans les années 1970 par l'avènement du quartz asiatique, de se redresser. Car Swatch, c'est l'histoire du mariage entre une innovation, la « Delirium Tremens » (un mouvement à quartz extrêmement mince) et une créativité débridée. Et, loin de se reposer sur ses lauriers, la Swatch, devenue objet-culte, ne cesse d'innover, tout en restant fidèle à son credo originel : une montre designée, de haute qualité et à bas prix. Un véritable accessoire de mode.

La Swatch GM165, les aventures de Tintin, 2004.

La Swatch PWZ101 Vegetables Set dessinée par Alfred Hofkunst, 1991.

# Les fonctions du design de produits

*« La forme ne découle pas de l'analyse d'une fonction, mais de l'analyse de toutes les fonctions. »*

Roger Tallon

## Fonction d'usage

Téléphoner, chauffer un aliment, se déplacer, se brosser les dents… Un objet, quel qu'il soit, est utile à quelque chose et ne peut être produit sans prendre en compte la notion de service que l'acheteur attend de son usage. Le design, en tant que processus, donne donc forme et sens au produit. L'image du produit, résultante du design, met en valeur ses fonctions, les exprime, et les rend compréhensibles. Le design établit un message visible et cohérent d'un produit. C'est ce que nous appelons la qualité d'usage ou la qualité des services rendus par un objet.

Les quatre vérités d'un produit bien designé :
– fonctionner correctement ;
– être facile à comprendre (qu'est-ce que c'est ?) ;
– être facile d'utilisation (comment ça marche ?) ;
– apporter un réel service aux utilisateurs (qu'est-ce que ça m'apporte ?).

Selon certains auteurs-ingénieurs, un objet fonctionnel est automatiquement beau. Le design de produits relève du design de communication, en ce sens qu'il traduit également la marque, son expression, sa mise en scène. L'entreprise Facom, à titre d'exemple, a travaillé sur l'ergonomie d'un tournevis esthétique, baptisé Protwist, afin d'améliorer la prise en mains et de réduire les troubles musculo-squelettiques de ses utilisateurs. Le produit « est » un produit Facom, on le reconnaît comme lié à la marque.

## Fonction de plaisir ou d'estime

Devant des produits dont les caractéristiques techniques sont équivalentes d'une marque à une autre, les consommateurs sont à la recherche de différences au-delà de la simple fonctionnalité.

Mini-cas

### Réfrigérateur Samsung Série J

L'esthétique et le design gagnent toutes les pièces de la maison, du salon à la salle de bains, en passant par la cuisine. Et pour cette dernière, qui demeure l'une des pièces les plus fréquemment utilisées du foyer, les consommateurs veulent des objets insufflant à la fois le style et la qualité. « *Les consommateurs actuels, de plus en plus demandeurs en matière de style, souhaitent des produits qui combinent un design "dernier cri" avec des super performances et fonctionnalités* », confirmait I.S. Kim, président de Samsung Electronics Europe, lors du lancement, en mai 2007, du réfrigérateur américain Samsung Série J, imaginé par le designer Jasper Morrison.

*Exit* le banal appareil ménager froid et strict ; l'esthétique et l'ergonomie sont devenues des attributs indispensables de l'objet utilitaire, dont le réfrigérateur, qui doit également « *offrir à ses utilisateurs une expérience émotionnelle* », selon les propres termes de Jasper Morrison. Le réfrigérateur Samsung Série J, baptisé également Side by Side, présente, avec son revêtement laqué blanc, sa porte plate parfaitement encastrée aux charnières invisibles, son double éclairage et les lignes épurées de son bar, un design lisse et soigné. L'ouverture des portes et du bar se fait par une simple pression de la main, qui donne le sentiment d'entrouvrir un écrin. Une attention toute particulière a été également portée à l'ergonomie intérieure du produit : une étagère en « Z » conçue pour maximiser la place disponible et le stockage des bouteilles, un double affichage plus lisible grâce à l'écran LED à éclairage blanc, et un plateau extractible idéal pour servir des viandes froides ou du fromage.

Convivialité et esthétisme
pour la cuisine.

Le processus de design de produits apporte du plaisir, du bien-être. Il s'établit un lien affectif entre l'utilisateur et le produit. On parle alors de « fonction d'estime ». Au-delà de raisons fonctionnelles, l'objet peut être choisi pour des raisons personnelles (un souvenir, un désir d'identification, le statut social, une couleur qu'on aime, une texture, le bruit que fait l'objet…), culturelles, voire émotionnelles. La fonction d'estime peut même être prioritaire par rapport à la fonction d'usage. Les produits de luxe illustrent bien la valeur d'estime : on les achète plus pour le statut social qu'ils représentent que pour leur fonctionnalité ou leur esthétique.

Une raison d'achat peut aussi être le sens communiqué par l'objet. « *Au-delà des fonctions, des formes, des styles, les objets produisent du sens et c'est en cela que j'utilise la métaphore de "l'âme"*, explique Brigitte Fitoussi, auteure de plusieurs ouvrages consacrés au design et à l'architecture. *S'ils restent inanimés, les objets affectifs ont ce quelque chose en plus dans l'expression, teinté d'humour et de poésie, qui leur accorde une "grâce perdue" par bon nombre d'objets quotidiens.* » Les objets ont souvent une âme ou, du moins pour la plupart, doivent pouvoir exprimer la personnalité du consommateur.

Giorgio Armani, allié avec Samsung Electronics pour la création d'un télé-phone mobile, explique comment les produits de grande consommation sont également porteurs de sens : « *Aujourd'hui, la mode s'est étendue jusqu'à englober notre style de vie, et pas seulement la façon dont nous nous habillons, mais aussi celle dont nous concevons l'intérieur de nos maisons, les hôtels où nous descendons, les voitures que nous conduisons et la technologie que nous achetons. En fait, nous exprimons notre personnalité, autant avec le mobile que nous choisissons ou avec les télévisions dont nous disposons dans notre salon qu'avec les chaussures ou les sacs que nous portons, ou les meubles que nous choisissons de placer dans nos foyers. Ce sont toutes des décisions de style de vie où le design et les performances sont les critères de choix.* » Cela vaut pour les produits destinés au grand public, mais aussi pour certains produits destinés aux professionnels.

# Les nouveaux enjeux du design de produits

« *Que serait la vie si nous n'avions pas le courage d'oser quoi que ce soit ?* »

Vincent Van Gogh

## *Le design de produits, levier de développement des entreprises*

*Exit* l'image plutôt cosmétique et esthétique, voire parfois de gadget, qu'attribuaient les entreprises au design dans les années 1980. Le but du design de produits n'est pas seulement de faire beau. Aujourd'hui, certaines entreprises ont compris que le design était un outil de développement stratégique jouant un rôle à part entière dans leur compétitivité et leur capacité d'innovation. Une récente étude britannique montre d'ailleurs que celles qui investissent dans le design sont deux fois plus innovantes que la moyenne. Les apports du design ? Des marges améliorées, des gains en parts de marché et une notoriété renforcée.

## Mastrad : une stratégie design gagnante

Une peau lisse, une silhouette de squale, des dents striées… Une description qui, à s'y tromper, serait celle d'un requin prédateur, alors qu'il s'agit en réalité des caractéristiques du célèbre Orka. L'Orka ? Oui, l'Orka, le fameux gant de cuisine en silicone qui s'est vendu à pas moins de 5 millions d'exemplaires. Et cela, pour le plus grand bonheur de la société Mastrad, entreprise de création et de distribution d'ustensiles de cuisine, qui, en 2001, a donné naissance à cet objet insolite, avec l'aide de son fondateur-inventeur Mathieu Lion et du designer Lucas Bignon. Et cette PME française n'en est pas à son premier coup d'essai. Elle s'était déjà fait remarquer pour son savon d'acier Deos, qui supprime des mains les odeurs persistantes (ail, poisson, eau de Javel…). Cet objet, médaillé au Salon des inventions de Genève en 1999 et au Concours Lépine en 1994, a également été exposé au Printemps Design, au Centre Pompidou et au Museum of Modern Art de New York. Des inventions qui ont permis à l'entreprise d'acquérir, en dix ans, une solide notoriété auprès du grand public et des distributeurs tant en France qu'à l'international avec une présence dans 50 pays. Mastrad, qui s'est vue par ailleurs attribuer le label « Gazelle 2005 » par le ministère des Petites et Moyennes Entreprises, titre distinguant les PME françaises les plus performantes, a aussi obtenu la quinzième place dans le palmarès *L'Entreprise* 2006 des entreprises indépendantes les plus performantes de France. La recette de ce bon élève tient à trois principaux ingrédients : l'innovation, l'ergonomie et le design. Mais attention, il ne s'agit pas d'un design « juste pour faire joli », mais d'un design fonctionnel. Mathieu Lion aime imaginer des produits pour rendre service avant tout. Le designer, à l'image de Lucas Bignon, doit ensuite faire en sorte que l'objet soit ergonomique, facile à fabriquer et plaisant à l'œil.

L'Orka : un gant révolutionnaire issu de l'innovation et du design.

Mini-cas

### Unither : comment se développer par l'innovation

Unither, grosse PME dont le siège est à Amiens, est présente sur six sites en France, dont Bordeaux dédié à la recherche et au développement. Créée en 1993 par reprise d'une usine, Unither se focalise sur les doses unitaires stériles (technologie dite « Blow Fill Seal », BFS), largement utilisées pour les collyres oculaires. L'entreprise propose plusieurs designs, plusieurs contenances, et devient aujourd'hui le leader du secteur avec plus de 1 000 000 000 unidoses produites chaque année.

Dès 1997, Unither s'ouvre à l'international. L'acquisition de Créapharm, en 2005, apporte d'autres solutions, notamment de présentation de produits (effervescents). En 2006, Unither lance Unistick, un packaging de type flow-pack permettant de présenter les produits de ses clients différemment, donc de prolonger leur durée de vie. Ces « solutions » (BFS, effervescent, Unistick) n'existeraient pas sans une mobilisation constante des personnels vers l'innovation. La campagne presse professionnelle 2008-2009 adopte un ton de communication qui résume cet esprit d'innovation :

*Ils le disent…*

*Le design, c'est conjuguer l'utile et l'agréable.*

Éric Goupil, président d'Unither

## Les différents objectifs du design en entreprise

Intégrer le design de produits en entreprise en faisant appel à des expertises extérieures est une démarche parfois courageuse, qui prouve toujours une bonne santé de l'entreprise.

Les principales fonctions du design de produits

| | |
|---|---|
| Innover et se démarquer | Le design est un processus de conception créatif qui oblige l'entreprise à rechercher de nouvelles idées, à anticiper. Il permet d'intégrer des fonctionnalités aux produits que les concurrents ne possèdent pas encore. |
| Optimiser ou réduire les coûts de fabrication | Le designer, lorsqu'il travaille avec les ingénieurs sur des concepts de nouveaux produits, essaie de trouver des solutions pouvant optimiser les coûts de fabrication. |
| Améliorer les gammes existantes | Le designer peut définir l'identité de la gamme ou de la marque et aider l'entreprise à s'adapter à la demande des différents marchés. Il permet, par exemple, de rendre le produit plus léger, plus compact, plus facile d'utilisation. |
| Informer le consommateur et l'utilisateur | Le design communique et informe le client sur la fonction du produit. |
| Porter les valeurs d'une marque | Le design est un indicateur de la vision et des valeurs de l'entreprise, de sa marque, de son positionnement. |
| Renforcer la notoriété et l'image de l'entreprise | L'entreprise prouvant une « design attitude » est perçue comme plus dynamique, plus moderne que ses concurrents, et c'est souvent le cas. |

## Le design intégré dans le processus d'innovation des entreprises

Dans un contexte où l'offre en produits et services est multiple, le designer devient un recours indispensable. Il peut être aidé en cela par un consultant chef de projet extérieur, ou intégré à l'entreprise.

Si les designers étaient autrefois consultés en phase finale de création, une fois développé le concept d'un nouveau produit, ce n'est plus le cas. De fait, on observe aujourd'hui une meilleure intégration du design dans les processus d'innovation. Toutefois, encore trop peu d'entreprises françaises comprennent l'intérêt d'intégrer les designers aux équipes projet, afin de leur permettre d'accompagner le produit tout au long de son parcours, de sa conception à sa fin de vie. Le calcul est mauvais, qui consiste à vouloir faire des économies sur cette démarche.

Le designer de produits n'est en effet pas un coût, mais un investissement lorsqu'il est intégré dans le processus industriel et placé au même niveau hiérarchique que l'ingénierie. L'enseigne Décathlon est pionnière en la matière : l'équipe design représente une entité à part entière. Ce sont surtout les entreprises de grande taille qui misent sur cette démarche et la communiquent pour mieux se différencier. Les petites et moyennes entreprises pensent souvent que le design n'est rien de plus qu'une sorte de valeur ajoutée, un « plus », qui a un réel coût et dont on fait appel en dernier ressort.

Certaines entreprises utilisent les designers de produits comme des « lanceurs d'idées ». La prospective entre en jeu : comment utilisera-t-on un téléphone portable demain ? Comment le nommera-t-on ? Quelles fonctions intégrera-t-il ?

# Les acteurs du design de produits

*« Recherchez dans le design le bon et le juste, et la beauté viendra d'elle-même. »*

Éric Gill, designer graphique, créateur de typographies et sculpteur

## Le designer de produits

Comme tout créateur, il est doté généralement d'une bonne culture générale, à la fois artistique et technologique, et d'un sens aigu de la curiosité. Il est ouvert sur le monde et sur les autres : les hommes, les cultures, la philosophie, les tendances, les nouveautés, les arts, les voyages… Écouter, dialoguer, partager, transmettre et rester modeste fait partie de ses qualités. C'est grâce à ces qualités qu'il appréhende la relation de l'utilisateur avec l'objet, cerne les intentions des entreprises et donne la bonne réponse à leurs problématiques. C'est aussi grâce à son esprit d'ouverture qu'il s'entoure de spécialistes et réunit des équipes autour d'une innovation créative. Bien entendu, la maîtrise du dessin est inhérente à ce métier. Il s'agit de traduire rapidement, par un croquis ou un schéma, un concept, une intention ou un parti pris. L'informatique et le multimédia viennent ensuite accompagner son acte créatif.

Le designer de produits comprend un contexte de projet et ses objectifs. Il sait intégrer les contraintes inhérentes à un produit (cahier des charges) et anticiper sur la faisabilité. Il sait organiser et hiérarchiser les contraintes du cahier des charges. Il doit comprendre le marché de référence, la clientèle ciblée, l'envie et la culture du dirigeant et de l'entreprise commanditaire. Il doit également savoir appréhender des caractéristiques techniques, évaluer un prix de revient, les besoins des consommateurs et les conditions d'utilisation. Il doit intégrer l'ergonomie et les matériaux dans sa démarche. C'est donc tout un ensemble complexe qui définit la fonction du designer de produits.

### Entretien avec Nicolas Reydel,
dirigeant de l'agence de design industriel Denovo

#### « Le designer industriel : ce généraliste ouvert au monde. »

Des durées de vie commerciale raccourcies et une concurrence accrue… Face à un tel contexte, les entreprises françaises, après avoir longtemps négligé le design, commencent à prendre conscience de l'importance de cette discipline. « *En France, les entreprises sont en effet venues tardivement au design, car elles pensaient à tort que les ingénieurs pouvaient s'en charger,* explique Nicolas Reydel. *Trop longtemps, le designer a été assimilé à un artiste. Or, en design industriel, l'esthétique n'est que la partie émergée de l'iceberg. Notre mission est de transformer notre créativité en produit réalisable commercialement. Certes, la forme demeure importante car c'est sans doute le premier critère de sélection, mais le designer au service de l'entreprise ne doit pas négliger le reste. C'est un métier complet et complexe. Le designer industriel est un généraliste présentant des connaissances techniques (comment employer les matériaux et avec quels outils ?), économiques (il a un budget à respecter) et écologiques (les problématiques de développement durable sont de plus en plus prises en compte dans les cahiers des charges). C'est pourquoi le designer, qu'il soit intégré ou pas à l'entreprise, doit intervenir en amont dans la réflexion du produit.* » Et en matière de design, des pans entiers de l'industrie restent à investir pour répondre à des besoins non satisfaits. Le secteur médical et celui dédié aux personnes âgées, sur lesquels intervient Denovo, en sont l'exemple parfait. Pourquoi un objet destiné aux personnes âgées

▶ ▶ ▶

▷ ▷ ▷

devrait-il être moins beau et forcément estampillé « vieux » ? L'exemple est donné avec Denovo. Le défi est de concevoir des objets adaptés aux seniors (esthétiques, simples d'utilisation, rendant service, rassurants), mais sans forcément leur rappeler leur âge. Il ne s'agit pas seulement d'enjoliver les objets, mais de les humaniser (un objet, même médical ou technologique, peut également présenter un brin de poésie), et de révolutionner les usages. Pour inventer ou réinventer les objets, Nicolas Reydel s'est entouré de designers aux compétences et nationalités multiculturelles. La curiosité et la diversité pour créer. Notre designer aime voir ses collaborateurs confronter leurs idées sur un même projet. « *C'est la mise en réseau de compétences, de cultures, de talents, de logiques et de connaissances (des techniques et des matériaux) divers qui produit les véritables innovations* », explique-t-il, fort critique face à la structure actuelle de l'enseignement du design en France. « *Cette dernière dispose de très peu de moyens et d'outils, et continue à former des designers avec une connaissance de l'industrie limitée.* » Or aujourd'hui, la mission de formation des écoles de design doit évoluer. Il ne s'agit plus seulement de former des créatifs, mais des professionnels de la création, des généralistes, ouverts aux technologies et au monde, capables de créer de la valeur par le design.

Lavabo hospitalier supprimant
les problèmes de légionelles
(bactéries) en chauffant l'eau
grâce à un chauffe-eau intégré.

Le Rollator permet
aux personnes âgées
de se déplacer
d'une façon optimum.

Les principaux points d'un cahier des charges :

- le coût de fabrication du produit ;
- la quantité ;
- la traduction de l'image de la marque, le style, la valeur perçue ;
- l'insertion ou non dans une gamme de produits existants ;
- les fonctions ;
- l'ergonomie ;
- les normes ;
- l'éco-conception et le recyclage ;
- les matériaux ;
- la production et le process industriel…

## Des acteurs divers et variés

Les professionnels du design de produits restent mal connus. En effet, le design de produits réside de plus en plus là où l'on fabrique les produits : c'est-à-dire non plus seulement en France ni même en Europe, mais en Asie. Alors qu'il y a encore dix ans, on pouvait craindre que la Chine copie le design européen, elle intègre désormais des designers formés en France.

Les designers de produits sont mal connus parce que le style, le design « de communication », l'a emporté sur ce que devrait être le design : un outil au service du bonheur de l'homme et du développement durable de la planète. On a vu se développer en Occident, à l'inverse, trop d'objets « over-designés » ou « bling-bling » : le paraître semble l'emporter sur l'être, mais le XXI$^e$ siècle remettra probablement le designer à son rang, celui de concevoir. Le designer de produits sera alors recherché, mais on aura dû attendre la fin du marketing des années 1960 pour le voir émerger, et disposer peut-être d'un statut, d'un « ordre », comme les architectes et les médecins.

Les designers de produits sont peu reconnus parce qu'il s'agit également d'un secteur d'activité extrêmement éclaté. Ils se partagent entre les agences plus ou moins grandes et spécialisées, les départements de design intégrés aux entreprises, lorsqu'ils ne sont pas eux-mêmes indépendants. Par ailleurs, ils

présentent des profils très différents les uns des autres. Si certains sont diplô-
més d'écoles de design ou sont issus d'écoles d'art ou d'architecture, d'autres
ont parfois une formation d'ingénieurs, voire marketing.

## Entretien avec Chérif,
### designer créateur indépendant

### « Se baser sur la fonctionnalité de l'objet tout en gardant sa propre écriture. »

Meuble Gazelle ou canapé Santa Fe… Chérif, designer créateur,
diplômé d'architecture intérieure de l'École des beaux-arts d'Alger et de
l'École supérieure des arts décoratifs de Paris, est incontestablement fas-
ciné par les courbes. Il suffit de se pencher sur son site internet pour
comprendre comment celles-ci l'attirent et l'inspirent. Ce sont d'ailleurs
ces courbes, ces traits de crayon noir posés vigoureusement sur des car-
nets de notes, qui en premier permettront à ce designer, passionné par
les arts primitifs, de donner naissance à des pièces uniques en bois, aux
formes animalières, dont certaines sont visibles dans son showroom sous
le Viaduc des arts, dans le 12$^e$ arrondissement de Paris. « *Ces créations
étaient davantage rattachées à l'expression artistique,* nous explique-t-il. *Le
graphisme donnait naissance à un objet dont la fonctionnalité se découvrait après
coup. La fonctionnalité était alors cachée derrière la forme.* » Au début des
années 1990, Chérif opère un virage : il s'investit dans la création de
meubles destinés à la fabrication en série. La raison ? « *La première guerre
du Golfe change la donne. Dans un contexte économique fragile, il devient difficile pour les designers de vivre en misant sur les seules pièces uniques.* » Reste
pour Chérif, qui aime se comparer à un cuisinier, jouant avec les ingrédients et le savoir-faire pour composer de nouvelles pièces, à trouver la
recette pour passer d'un mode de création à un autre sans perdre son
identité, son esprit. Il trouvera la réponse en Finlande en entamant une
recherche consacrée au designer Alvaar Aalto, à qui il rendra hommage
en 1993. « *C'est une histoire d'admiration pour ce designer qui m'a ouvert les
portes et m'a aidé à porter un autre regard sur le design,* relate Chérif. *C'est à
travers le travail de cet homme que j'ai compris comment donner naissance à des*

▷ ▷ ▷

▷ ▷ ▷

*objets réalisés avec des outils de production.* » Parmi les premiers fruits récoltés dans ce nouveau terreau apparaissent les couteaux « Toko ». Une forme dynamique pour un objet proche du silex primitif. Chérif collabore par ailleurs avec des éditeurs et dessine alors des objets liés à un process de production. Un exercice qui nécessite de prendre en compte un certain nombre de contraintes (répondre à une demande avec un cahier des charges et un budget bien définis). « *C'est un tout autre challenge, mais tout aussi passionnant. Il ne s'agit plus de partir du trait pour l'interpréter, mais de prendre la fonctionnalité comme point de départ et lui donner une forme,* souligne-t-il. *Je garde ma propre écriture, mais celle-ci doit se baser sur la fonctionnalité de l'objet à réaliser.* »

Mais pour ce designer très productif, le travail n'est jamais achevé, et c'est dans cet esprit qu'il dessine le restaurant Toi, fait de couleurs orangées et de courbes. Ses chaises longues, ses chauffeuses Esmeralda ou ses banquettes dessinées pour un espace privé en Arabie Saoudite, mélange subtil de modernité et de respect des traditions, émanent toutes d'une même réflexion : améliorer l'existant. « *Lorsque j'imagine des fauteuils, je n'impose aucunement une façon de s'asseoir, mais je m'efforce d'observer les attitudes et de trouver une réponse par le dessin et les courbes. Le design ne doit pas se résumer à dessiner pour dessiner, mais a pour mission d'apporter du confort. C'est aussi la clé pour que l'objet reste pérenne* », conclut-il.

Chérif : dessin préparatoire.

▷ ▷ ▷

▷ ▷ ▷

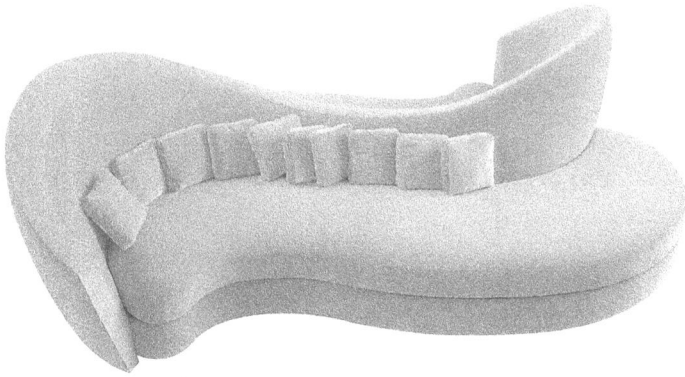

Réalisation du prototype du modèle « Santa Fe ».

Il n'est pas facile de savoir comment intégrer le design de produits en entreprise. Alain-Dominique Perrin, président de Cartier, suivait personnellement chaque produit au cours de sa conception, jusqu'à la maquette, avec le département de design proche de son bureau. Jean-Michel Grunberg, président du groupe de jouets, produits et services pour enfants Ludendo fait tester tous les produits qu'il commercialise. Certains se voient ainsi attribuer des « labels » qui figureront par exemple dans le catalogue de l'enseigne La Grande Récré.

Les entreprises peuvent aussi externaliser la fonction design en faisant appel à des consultants en design, à des designers ou à des agences de design de produits. C'est ce que font les entreprises qui l'intègrent, pour renouveler les idées.

## Méthode de développement

Le processus de création d'un produit est complexe et stratégique. Il englobe non seulement les éléments fonctionnels et techniques du produit, mais aussi les aspects esthétiques et économiques, les contraintes et les normes liées à la sécurité et à l'environnement. Enfin, il prend également en compte l'histoire, les valeurs et la culture de l'entreprise. Il s'inscrit donc dans un travail collectif.

Pour que le designer puisse intégrer de manière cohérente ces différents facteurs, il agit en interaction avec tous les acteurs de la chaîne du processus de développement, au sein de l'entreprise mais aussi en externe, en amont et en aval de la création.

Un designer crée un objet, en plusieurs étapes, du concept (ou de sa compréhension s'il n'en est pas l'auteur) à la recherche d'idées créatives et techniques, jusqu'au suivi des prototypes ou des séries. Ce travail doit faire émerger la solution la plus adéquate qui correspond aux exigences ou souhaits de l'entreprise : c'est la « recommandation » du designer, compromis entre plusieurs paramètres, qui répond au cahier des charges.

Voici une méthode de développement en cinq phases :

- phase 1 : audit, analyse. Détermination d'un cahier des charges marketing et fonctionnel ;
- phase 2 : recherche de concepts et axes de développement (ou « avant-projet » ;
- phase 3 : développement de la solution retenue (ou « projet ») ;
- phase 4 : mises au point ;
- phase 5 : prototypage et accompagnement de projet.

Selon les projets, le contenu de ces phases est très différent.

## 1. Phase d'audit et d'analyse. Cahier des charges

L'entreprise, le designer, le consultant ou le chef de projet, selon les cas, sont responsables des deux premières phases. En matière d'audit, on étudie la marque elle-même, ses valeurs, son positionnement et le positionnement du projet, ses concurrents, ses cibles en général et la cible du projet. Au niveau technique, on s'interroge sur les formes, les matériaux, les systèmes existants non seulement en France mais dans le monde (benchmarking), qu'on regroupe sous forme de *boards* ou de feuillets.

À cette étape, on travaille avec des experts et des consultants extérieurs.

L'analyse consiste ensuite à confronter les résultats de l'existant à la demande elle-même. Cette analyse permet de déterminer un cahier des charges comportant généralement deux volets :

- un cahier des charges marketing : marque, positionnement prix, cible, circuits de distribution, importance du levier « design » dans la communication ;
- un cahier des charges fonctionnel, qui résume ce qu'on attend du produit en termes de fonctionnalités, de services.

## 2. Recherche de concepts (avant-projet)

Sur la base du cahier des charges précédent, on recherche différents concepts et idées. Chaque concept est écrit, schématisé, illustré. Les chapitres de définition du concept sont très différents d'un projet à l'autre.

## 3. Développement de la solution retenue (projet)

Cette séquence consiste à développer la piste retenue, à préciser le projet définitif du produit futur (illustration et recherche formelle, 2 D et 3 D, cotes de principe permettant de préciser le volume, le système).

## 4. Mises au point

Cette avant-dernière phase consiste à finaliser et à mieux définir le produit sélectionné. Il s'agit de concrétiser le travail précédent par la mise au point des formes, des volumes, des matières et des couleurs. Plusieurs allers-retours ont lieu entre le designer et le chef de projet, en fonction des validations point par point des différentes parties prenantes dans l'entreprise : marque, ventes, bureau d'études, production (faisabilité), commercial (potentiel de vente, quantités attendues en fonction du design et de la pré-présentation aux commerciaux, aux filiales), communication (potentialité de l'objet à communiquer), gestion (respect des coûts), etc. Des maquettes non fonctionnelles sont en général réalisées à ce stade.

## 5. Prototypage et accompagnement de projet

Le designer peut accompagner la réalisation de maquettes fonctionnelles, de prototypes cotés pour la fabrication et la préproduction, en optimisant à nouveau les différents paramètres du processus : encombrement, fonctionnement, coût, etc.

Entretien avec Christophe Rebours,
fondateur d'In Process

## Ergonomie : une ressource pour les designers

Se baser sur la compréhension du comportement des usagers pour favoriser l'optimisation ou l'innovation des produits et des services adaptés aux usages que l'homme en fait, tel est l'objectif de l'agence In Process, issue de la culture du design industriel. Dans cette logique, le travail de l'ergonome représente un outil informatif d'aide à la décision. Explications de Christophe Rebours : « *L'ergonomie est une composante des sciences humaines et sociales ou des sciences cognitives. Globalement, ces expertises représentent un enjeu stratégique d'un point de vue méthodologique quand une entreprise veut s'engager dans un projet d'innovation. C'est très différent d'une approche conduite par la marque (ses valeurs et ses attributs).* » En clair, In Process propose un modèle différent du couple habituel marketing et designer. Il s'agit de transformer un savoir intuitif en un véritable outil d'investigation. « *Les designers ont toujours entretenu un certain regard sur l'usage des choses. L'ergonomie est une expertise scientifique de ce regard. C'est notre lien avec les ergonomes. Ce qui est important pour nous, c'est qu'il soit une ressource pour créer.* »

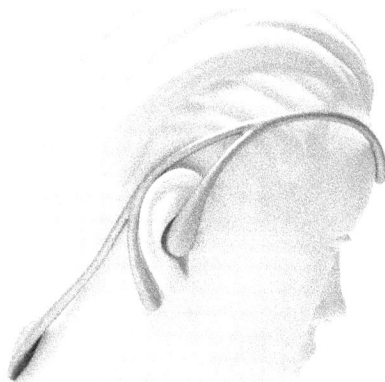

In Process a imaginé un design ergonomique pour le casque MXP4 de la société Musinaut. Sa spécificité : ses trois capteurs (derrière l'oreille et sur le front) orientent, à partir de trois zones de sensibilité neuro-physique spécifiques du cerveau, les choix de musique selon l'état psychologique et émotionnel de l'auditeur.

Mini-cas

### Dyson : le design doit s'intéresser à la fonction de l'objet

Dyson et design sont deux termes qui riment plutôt bien. Deux termes même indissociables pour ceux qui connaissent quelque peu la philosophie du designer et entrepreneur James Dyson. Ce dernier est bien entendu connu pour être l'inventeur éponyme de l'aspirateur cyclonique (sans sac). Mais il est également devenu, de par sa gestion de l'innovation, l'une des figures imposées de tous les ouvrages, conférences ou exposés sur l'innovation, au même titre que Steve Jobs. Ce qu'il est intéressant de rappeler, c'est la détermination (il aura fallu plus de quinze ans à Dyson pour imposer la technologie de l'aspirateur sans sac) et l'état d'esprit d'un homme et de toute une entreprise qui n'ont pas pour seul objectif de vendre les produits que le marché et les consommateurs souhaitent, mais de conce-

voir des produits innovants. Chercher à améliorer les produits existants, leurs fonctions, en décelant leurs points faibles avant de vouloir créer un marché, telle est la devise de Dyson. L'aspirateur cyclonique est d'ailleurs né d'une frustration : celle de James Dyson face à son propre aspirateur qui se bouchait rapidement, freinant le système d'aspiration. Pour Dyson, le design doit avant tout s'intéresser à la fonction de l'objet. C'est la fonction qui doit guider sa conception. La forme « suit » la fonction.

### Entretien avec Éric Vermelle, directeur marketing de LaCie

## *Quand le monde du designer rencontre le monde industriel*

Dès l'entrée au siège social, il règne comme un parfum de design chez LaCie : portraits de designers ayant collaboré pour la maison, livres de design pour faire patienter les visiteurs, canapés dessinés par les créateurs Bruno et Catherine Lefebvre, etc. Il faut dire qu'entre cette société française, spécialisée dans les solutions de stockage externes, et le design, c'est une histoire ancienne, qui remonte au début des années 1990, quand Philippe Spruch, le P-DG de la société (qui porte alors le nom de Électronique d2), décide de soigner l'aspect de ses nouvelles gammes

▶ ▶ ▶

◗◗◗

de produits. Et, quant à faire du design, autant frapper à la bonne porte : ce sera celle de Philippe Starck, qui prêtera son coup de crayon pour donner naissance au K1. Banco ! La petite entreprise française vend son boîtier comme des petits pains. Forte de son succès, elle rachète un concurrent américain, LaCie, dont elle adoptera le nom, et entre, un an plus tard, en Bourse. Depuis, la démarche design perdure et plusieurs grands designers (Ora-ïto, Sam Hecht, Karim Rashid, Neil Poulton, F. A. Porsche, etc.) ont planché sur les projets de la société. Au rythme de quatre innovations majeures par an, l'entreprise cumule les prix et distinctions, dont les Janus de l'Industrie. LaCie est résolument une entreprise design engagée. Elle travaille avec environ cinq designers, mais n'hésite pas à faire appel à de nouvelles personnalités pour chercher de nouvelles pistes. Et, *via* ces différentes collaborations, LaCie a acquis un véritable savoir-faire. Éric Vermelle nous explique son mode de fonctionnement. « *Nous essayons de laisser au designer, qui est un créatif, un espace de liberté en proposant des briefs pas trop figés, mais le spectre ne doit pas non plus être démesurément large pour répondre à certaines contraintes. C'est un jeu d'équilibre : oser casser quelques contraintes tout en respectant les points-clés du brief. Généralement, nous partons sur un brief de deux pages. Ce n'est pas très long, mais du concentré, sur nos attentes en termes de taille, caractéristiques techniques, performances, prix, etc.* » Il s'agit de travailler en parallèle l'esthétisme et les contraintes techniques. En fonction du produit à mettre au monde, LaCie invite un ou plusieurs designers à se pencher sur

Ora-ïto : GoldenDisk et Hub pour LaCie.

◗◗◗

◗◗◗

le projet. Mais, de par son expérience, l'entreprise sait plus ou moins à l'avance, selon ses attentes, à quelle porte frapper, même si cela devient de plus en plus difficile de trouver la perle rare. Et le mariage ne va pas toujours de soi. « *C'est aussi une histoire relationnelle et une affaire de caractères.* » Après cette phase de « recrutement » et d'adhésion au projet, le designer passe ensuite à la phase créative. « *Un bon concept doit alors pouvoir se résumer en quelques traits de crayon, bien que la plupart des designers travaillent désormais sur informatique. Il arrive parfois qu'il y ait des collaborations avortées, à cette étape, mais c'est très rare, car nous parvenons généralement à dialoguer et à nous faire comprendre aisément des designers.* » Après cette phase créative, qui reste sans doute la plus onéreuse, débute la modélisation en 3 D des pistes retenues. « *Le monde du designer et celui de l'industrie se confrontent. Il faut alors faire les bons choix, et certains éléments devront parfois être remis en cause si la technique ne trouve pas de solutions. Je dirais que c'est la phase des compromis, mais dans le bon sens du terme. Le designer et l'ingénieur tentent, à partir des contraintes, de trouver des solutions et de nouvelles idées. C'est une phase du processus assez longue, mais essentielle pour prendre dès le départ les bonnes pistes.* » Vient ensuite la phase de développement ; c'est l'intégration industrielle du produit. Mais qu'on ne s'y trompe pas, la mission du designer ne s'arrête pas là pour autant. « *Il reste encore actif et peut être amené à corriger certains problèmes. Le designer industriel est celui qui peut également trouver des solutions aux problèmes. C'est en cela que nous pouvons dire que le design peut contribuer à la réduction des coûts. Il s'agit encore de créativité, même si celle-ci n'est pas purement stylistique. Le bon designer industriel aime autant le style que trouver des solutions aux problèmes. On pourrait même dire que le designer industriel a de l'appétence pour les problèmes ; il aime gérer les contraintes et répondre à une problématique.* » Enfin, le design est aussi une affaire de courage. Ce n'est pas une science exacte, loin s'en faut. L'industriel et le designer qui l'accompagne acceptent de prendre des risques. « *Celui qui n'ose pas est voué à l'échec, avertit* Éric Vermelle. *Et ce n'est généralement pas le leader qui tire en premier, car, lui, a de l'avance. Sur des marchés fortement concurrencés, la prime va à celui qui saura surprendre et anticiper. Faire appel au design, c'est aussi admettre que l'on peut se tromper, c'est prendre le risque de perdre quelques milliers d'euros. Mais sans risque, il n'y a pas de réussite.* »

◗◗◗

# Le design à l'heure du développement durable

Au-delà du développement durable s'impose le design éthique, ensemble de règles de conduite. Devant les enjeux que représentent la préservation de la planète, l'organisation des sociétés et du monde, la nécessité de préserver une économie, il est urgent de rapprocher l'éthique du design. Le constat sur la conception d'objets (et d'espaces) est effarant. Au-delà du constat, nous devons rattraper en vingt-cinq ans ce que nous aurions dû faire au cours du demi-siècle dernier.

Aujourd'hui, le designer n'y trouve plus son compte : le marketing, la communication, les compromis industriels se sont développés au détriment de son éthique personnelle. Il ne souhaite plus, souvent, se compromettre dans des opérations qui placent le futile bien au-dessus de l'utile à préserver l'homme et sa planète. Il ne sait plus à quoi s'en tenir : le progrès a montré ses limites. Lui qui avait pour réflexe, au XX$^e$ siècle, d'inscrire sa pratique au cœur de la société, les contours actuels sont flous entre le réel et le virtuel, le local et le global. Il doit muter. Et l'éthique va être son principal vecteur de mutation, parce que c'est par lui, créateur des choses, que vont passer les créations qui, demain, doivent changer le monde. Il est renvoyé à ses responsabilités individuelles, et le temps ne va plus être à s'abriter derrière les conventions, les process existants et la vieille routine, mais à transformer le monde.

Le design éthique concerne la préservation de l'individu, de la collectivité et de son environnement. Sa finalité est de permettre la survie de l'espèce humaine en participant à son bonheur. Actuellement, la lexicologie se cherche et le design éthique hésite entre plusieurs termes qu'il inclut pourtant tous : l'éco-design, le bio-design, l'alter-design…

### Développement durable : la ligne de conduite de Dell

Depuis plusieurs années, Dell initie une politique en faveur du développement durable visant à minimiser l'impact des équipements informatiques sur l'environnement. Cette dernière se traduit par des actions permettant de faciliter le recyclage, mais aussi par le développement de produits plus propres. Leur conception prend notamment en compte : une capacité de recyclage optimale des composants, une diminution des pollutions potentielles induites par leur fabrication et leur transport, la réduction de la consommation d'énergie, la longévité des composants et une émission sonore plus basse. L'exemple est donné avec l'ordinateur de bureau professionnel OptiPlex 755, qui allie performance et développement durable. Configuré avec la technologie Intel Core 2 duo et un écran plat, cet appareil voit sa consommation baisser jusqu'à 70 % par rapport aux générations précédentes. Performances, design et respect de l'environnement peuvent faire bon ménage.

Chapitre 7

# Le design packaging

## Petite histoire du packaging

Les contenants remplissent d'abord une mission purement fonctionnelle. L'homme préhistorique, essentiellement nomade, utilise tous les emprunts qu'il peut faire à la nature pour contenir : il protège ses denrées alimentaires dans des feuilles, dans des outres de peau qu'il confectionne lui-même, ou des paniers. Taillés dans le bois, puis dans la pierre, les contenants ont ensuite été fabriqués en terre cuite. Certains sont fermés du sceau du fabricant, préfigurant ainsi la marque de fabrique. Avec la « révolution néolithique », les besoins naissants d'une population nombreuse et organisée ainsi que l'inventivité des artisans entraînent l'utilisation de nouveaux matériaux et ustensiles. Les échanges entre les populations du bassin méditerranéen induisent, par ailleurs, une interpénétration progressive des techniques d'emballages.

L'évolution des emballages suit également celle des matériaux. Outre la céramique et les progrès des techniques qui l'accompagnent, l'homme découvre et exploite d'autres matériaux pour les contenants. Ainsi, vers le premier millénaire, c'est l'apogée du bronze et l'invention de la métallurgie qui permettent la fabrication de nouveaux contenants, notamment de flacons. D'autres techniques entraînent un pas en avant comme la faïence, la porcelaine et le verre.

Le bois prend son importance sous l'Empire romain. Les fûts sont également utilisés, au Moyen Âge et à l'ère préindustrielle, pour le vinaigre, puis au XVII^e siècle pour le transport, entre autres, et à la conservation de certaines épices. Quant au fer-blanc, matériau de prédilection pour la fabrication des emballages métalliques, son invention date du XIII^e siècle. Colbert l'importa en France en 1650. C'est la Grande-Bretagne qui en fournit la quasi-totalité jusqu'à la fin du XIX^e siècle.

Mais « contenir », fonction primitive du packaging, ne suffit bientôt plus : il faut aussi assurer la préservation des aliments. Jusqu'au XIX^e siècle, le seul moyen véritablement efficace pour les conserver était la salaison. Un homme va révolutionner les techniques de conservation en inventant le principe de l'appertisation (procédé de stérilisation des aliments par la chaleur dans des récipients hermétiquement clos) : Nicolas Appert. L'industrie de la conserve ne tardera pas alors à prendre son essor. Les premières industries alimentaires, qui apparaissent au XIX^e siècle, vont exploiter à grande échelle les techniques modernes de conservation.

Outre l'évolution des techniques de conservation, l'histoire de l'emballage du XIX^e siècle à aujourd'hui est intimement liée à l'histoire et au développement des matériaux d'emballage, de la boîte en fer-blanc à la bouteille en PET.

Ces dernières années, les innovations s'accélèrent. Néanmoins, si les produits se multiplient, les industriels tentent aujourd'hui de réduire le poids des emballages et d'orienter leurs recherches vers des packagings écologiques : les réglementations les y obligent.

## L'apparition des marques et des marquages

Outre contenir, transporter et conserver les produits, le packaging revêt d'autres fonctions : celles d'informer sur le contenu, d'identifier le producteur et d'authentifier l'origine du produit.

Les fouilles archéologiques mettent en évidence que certains artisans, dans l'Antiquité, avaient déjà pour habitude de signer leur production en y apposant une marque distinctive. Les inscriptions portées sur les amphores, sous forme de timbres ou d'estampilles imprimés dans l'argile crue avant cuisson, font état de leur contenu et nous renseignent sur la provenance du produit. Les récoltants apposaient un signe d'identification sur leur contenant, le « marquaient ». Ces premières pratiques d'étiquetage peuvent être considérées comme l'origine de la marque, intimement liée depuis toujours aux produits.

Ces signes distinctifs se présentent d'abord sous des formes rudimentaires. Il pouvait s'agir d'un nom, d'initiales, du sigle du récoltant ou d'un dessin très simplifié, ancêtre des logotypes actuels. Au Moyen Âge, le régime des corporations impose aux artisans que leurs produits satisfassent à des critères de qualité définis par la profession. Un symbole, le sceau de la corporation, témoigne alors de la qualité du produit et garantit sa provenance et son authenticité. Vers la fin du XVI$^e$ siècle, les marchands commencent à placer des signes distinctifs à l'extérieur de leur échoppe. La marque (dessin symbolisant le produit) fait son apparition. Dès le XVII$^e$ siècle apparaissent les premiers produits manufacturés et conditionnés, à l'instar des premiers flacons d'eau de Cologne. C'est l'industrialisation et l'apparition des intermédiaires de distribution qui vont faire évoluer sensiblement les emballages et leur marquage.

## L'apparition des intermédiaires de distribution

Jusqu'au milieu du XIX$^e$ siècle, les activités artisanales et le petit commerce de proximité règnent sans partage. Il faut attendre la révolution industrielle et la seconde moitié du XX$^e$ siècle pour assister à un complet bouleversement de cette conception du commerce, héritée du Moyen Âge.

L'alimentation sort du terroir, et de nouveaux modes de distribution de produits, plus abondants et plus diversifiés, voient le jour. C'est dans ce contexte socio-économique que s'ouvre en 1852 le magasin le Bon Marché. La grande distribution fait ensuite ses premiers pas. Les supermarchés en libre-service se propagent considérablement en France dans les années 1960, suivis dès 1963 par les hypermarchés, avec l'ouverture en France du premier hypermarché Carrefour.

Les intermédiaires de distribution, de plus en plus nombreux, accordent davantage d'importance au marquage des emballages et à la fiabilité des contenants eux-mêmes. Néanmoins, au début de l'ère du self-service, le packaging, l'emballage apparaît surtout comme une protection et un support d'information pour le consommateur.

## Le marketing et le discours de la marque

Si les premières marques modernes apparaissent à la fin du XIXᵉ siècle, la marque n'est encore le fait que de quelques précurseurs et joue souvent un simple rôle de signature. Néanmoins, un changement s'opère peu à peu dans l'esprit des entreprises : le produit et son emballage peuvent être fonctionnels et esthétiques à la fois. Les visuels des produits de grande consommation sont imaginés par des artistes de renom comme Henri de Toulouse-Lautrec ou Leonetto Cappiello. Cette idée sera renforcée après la Seconde Guerre mondiale, notamment sous l'influence du pionnier du design, Raymond Loewy. Persuadé, en effet, que l'esthétisme du produit pouvait permettre de séduire le consommateur pour reconquérir un marché traumatisé par la crise de 1929, il théorisa l'image de marque : une marque est constituée d'un nom et d'un logotype qui racontent, sous une forme réduite, ce qu'est l'entreprise ou un produit.

C'est également après la Seconde Guerre mondiale, avec la formalisation du marketing-mix, que le packaging apparaît potentiellement comme un très fort vecteur de vente aux yeux des entreprises. L'exemple est donné avec le berlingot Dop qui, créé en 1952 par Roland de la Poype et dessiné par Vasarely, constitue une réelle avancée, en termes de packaging, pour l'époque.

Persavon et Lesieur ont longtemps appartenu à la même société (le symbole actuel de Lesieur est toujours un moule de savon de Marseille) : les arachides, venant d'Afrique et traitées à Marseille, donnaient un corps gras utilisé pour l'huile ou le savon. Aujourd'hui, on assiste à un retour de l'huile dans les bénéfices associés aux savons ou aux gels douche.

En France, dans les années 1950, on assiste à l'essor des techniques de marketing. Ces dernières répondent alors à une demande pressante des entreprises industrielles qui, face à une concurrence de plus en plus rude et à un manque accru de proximité avec les consommateurs, éprouvent le besoin de connaître le marché et leurs clients, de manière à imaginer des actions pour mieux agir sur eux.

C'est cet intérêt pour les outils du marketing et la prise de conscience de la valeur des marques qui amèneront les sociétés à se pencher sur leurs packagings comme objet projectif de la marque. Dès le début des années 1960, BN, par exemple, a bien compris que pour garder et gagner des parts de marché, ses efforts devaient se porter sur le renouvellement (le traditionnel pain et chocolat est remplacé par un goûter tout prêt), lié à des packagings intelligents, représentatifs de la marque : BN mise alors sur un emballage pratique, hygiénique et déjà nomade.

Dans les années 1970, le développement de la grande distribution et de la concurrence amène peu à peu les entreprises à utiliser la publicité et les différents moyens de promotion de la marque. La grande distribution croît dans les années 1980, entraînant un véritable foisonnement de l'offre. La prise en compte de la marque chez les producteurs et les distributeurs s'accentue. Plus que jamais, les entreprises doivent investir sur leurs marques pour exister et poursuivre leur développement, et le packaging est alors intégré comme un médiateur de la marque et du produit. Il ne se contente plus d'être fonctionnel et esthétique, mais doit porter la marque, lui donner du sens et la démarquer de la concurrence. Parallèlement, le design se déploie et s'institutionnalise dans les années 1970, avec l'apparition des agences de design de communication, telles que nous en connaissons encore aujourd'hui, qui mêlent réflexion stratégique et création.

*Ils le disent...*

*Le design (appliqué au packaging) est un élément prépondérant du marketing-mix, dans le sens où c'est lui qui "met en scène" le produit et qui, d'une certaine façon, conditionne aussi l'acte d'achat.*

Aymeric de la Fouchardière,
directeur marketing de Fromarsac (Groupe Bongrain)

# Packaging et design packaging : définitions

Définir le packaging n'est pas chose aisée. Le mot *packaging*, qui reste un terme assez récent, revêt de nombreuses subtilités de sens. Si c'est un nom commun, le packaging s'entend le plus souvent comme un objet fini : un packaging de thé renvoie à la boîte de thé elle-même. C'est pourquoi le packaging se confond souvent avec les termes d'emballage et de conditionnement. En anglais, ces deux termes se traduisent par *packaging,* le mot *design* signifiant « concevoir ». La langue française, quant à elle, distingue packaging, emballage et conditionnement.

## *L'emballage*

L'emballage (du francique *balla*, paquet) se rapporte soit à l'action d'emballer, soit à ce qu'il y a autour du produit (un carton d'emballage, du plastique…). Il peut être le contenant du produit (un tube de crème hydratante, une boîte de conserve, un pot de yaourt, etc.).

Un produit est lié à plusieurs types d'emballages :

▸ **l'emballage « primaire »** est en contact direct avec le produit (une bouteille de champagne, une bombe aérosol désodorisante, mais aussi le papier qui enveloppe un camembert) ;

▸ **l'emballage « secondaire »**, ou « suremballage », peut avoir deux fonctions :

1. rassembler plusieurs unités de consommation en une seule unité de vente (un « pack de regroupement » pour la bière…) ;

2. mettre en valeur l'emballage primaire : un parfum est conditionné dans un flacon, mais « surconditionné » dans un emballage secondaire : une boîte, un étui appelé en l'espèce « chemise » ;

▸ **l'emballage « tertiaire »**, appelé également « emballage logistique » (ou « de manutention »), permet de transporter plusieurs produits à la fois et de les regrouper pour le transport ou la palettisation. On parle alors de « caisse américaine » ou de « carton de regroupement ». Ils sont de plus en plus travaillés graphiquement, parce qu'ils sont parfois vus par les consommateurs, notamment en magasin discount.

Si un produit dispose de plusieurs emballages, chacun d'entre eux communique différemment : ainsi, les étiquettes de bouteilles de bière ou d'eau n'ont pas la même mission de communication que le pack de regroupement lui-même : elles sont statutaires, restent emblématiques du produit, alors que les suremballages communiquent le désir d'acheter, le plaisir de boire, l'effet désaltérant.

Communiquant, le suremballage peut également être fonctionnel et apporter un réel service au consommateur.

## Le conditionnement

Le conditionnement (du latin « *conditio* », situation) signifie étymologiquement « soumettre à des conditions », « traiter » ou « préparer ». Le terme est alors lié à la mise en industrialisation du produit, à la chaîne de conditionnement, à la façon dont le produit peut être emballé et avec quelles machines.

## Le design packaging

Le packaging, en tant que nom commun, évoque aussi un emballage, mais un emballage « communiquant », « publicitaire ». Outre la protection du produit et son ergonomie, le packaging revêt un rôle primordial : attirer et communiquer le produit et la marque.

De même que le mot *marketing* (market/ing où « *ing* » induit une action dynamique) désigne un processus permettant de mettre en œuvre des moyens pour lancer ou développer un produit, le packaging (package/ing), raccourci pour *design packaging*, désigne également une action, un processus permettant de rendre communiquant un emballage, de mettre à disposition du consommateur un produit en identifiant qui le fabrique (la marque de l'entreprise), la marque du produit, et ce qu'il contient (la désignation du produit).

Le packaging fait ainsi référence à un processus de développement et de décision qui va du concept d'un produit ou d'une gamme de produits à sa consommation (séparation de l'emballage, recyclage), en passant par l'achat sur le point de vente et sa présentation en linéaire. Ce processus fait donc intervenir plusieurs étapes qui toutes concourent à donner de la valeur à un produit en le rendant attractif et spécifique, tout en assurant une faisabilité industrielle.

L'expression *design packaging* signifie alors donner une forme, rechercher des matériaux et habiller graphiquement l'emballage d'un produit.

# Le design packaging dans le marketing-mix

Le design packaging est une technique de communication qui concourt au développement des ventes d'un produit, aux côtés des différentes actions de communication (publicité, actions de promotion ou d'animation sur le lieu de vente, etc.), que l'on rassemble classiquement sous le terme *mix-communication*.

Le design packaging s'inscrit donc analytiquement dans le mix-communication, qui lui-même s'inscrit dans le marketing-mix, désignant l'ensemble des dimensions du marketing (stratégie de marque, stratégie des prix, définition des produits, distribution, opérations de communication, etc.). Il est l'une des principales composantes et l'une des toutes premières étapes nécessaires à la mise en place d'une stratégie de communication et de marketing : il faut bien un packaging pour pouvoir communiquer sur un produit et en faire la promotion.

Le packaging est souvent le premier support d'une stratégie. Il est l'un des moyens les plus économiques en matière de communication, le premier média d'une marque.

# Le packaging, un enjeu stratégique pour les marques

## Support stratégique

Le packaging est devenu, en quelques années, le support stratégique « primitif » d'une marque : il fait souvent l'objet de la première application d'un nouveau positionnement de marque, de nouvelles valeurs. Face à la banalisation des produits, il prend toute son importance : il permet aux marques de se distinguer sur des marchés où les différences intrinsèques entre les produits sont de moins en moins perceptibles.

Les marchés du sucre et de l'eau sont à cet égard significatifs : il faut se différencier sur un marché « codé », où l'aspect physique du produit demeure, aux yeux du consommateur, globalement identique d'une marque à l'autre.

Entretien avec Marc de Forsanz,
directeur marketing de Saint-Louis Sucre

## « Créer, c'est quelque part refuser l'existant. »

Voici une innovation packaging qui ne sera pas passée inaperçue. Sur un marché aussi encombré que celui du sucre en poudre, Saint-Louis a su détoner en adoptant un contenant destiné à l'origine aux liquides, le Tetra Pak. Après le sachet et l'étui bec verseur, l'industriel a donc imaginé une troisième génération d'emballage qui, outre son pouvoir de différenciation, présente des qualités de protection du contenu. *Exit* les emballages de sucre fragiles et poreux en fin de vie. Étanche, cet emballage préserve le sucre de l'humidité et permet une meilleure conservation de son arôme. Enfin, son bec solide permet un versement précis en écartant le risque de voir tomber le bec verseur dans son yaourt. Une innovation packaging qui aura permis à la marque d'émerger. Explications de Marc de Forsanz : « *Dans les secteurs à croissance très faible, comme le sucre, nous avons entre nos mains deux solutions pour atteindre la rentabilité : optimiser les coûts ou innover pour se démarquer. Pour notre part, nous avons décidé d'actionner les deux leviers. Il ne faut pas oublier que l'innovation est non seulement un moyen de se différencier, mais aussi de motiver les personnes en interne.* » Encore faut-il avoir l'audace de créer ! Et le packaging du sucre en poudre Saint-Louis démontre que la création en général, et en packaging en particulier, dépend moins du secteur d'activité que de la culture même de l'entreprise et de ses dirigeants. « *Créer signifie quelque part refuser l'existant,* continue Marc de Forsanz. *S'il n'y a pas forcément de recette miracle pour innover et faire naître de nouveaux concepts, je dirais tout de même que la bonne alchimie est de savoir mélanger dans des équipes des esprits rebelles et des personnalités plus pointilleuses. Ces équipes doivent sans cesse faire preuve de curiosité et s'intéresser aux idées qui transparaissent dans d'autres secteurs.* » Une belle leçon de créativité.

Rendre son produit spécifique par le packaging est d'autant plus important que les marques de distributeurs investissent maintenant dans des conditionnements attractifs, où les habillages graphiques tentent de rivaliser avec les marques nationales.

### Vecteur d'image d'une marque

Outre son rôle différenciateur, le packaging véhicule également l'image de la marque. Sans packaging, le produit apparaîtrait neutre, inopérant. Il doit, dans la complexité des linéaires, non seulement attirer l'attention mais aussi communiquer la marque et expliciter le produit. Dépassant sa fonction de conditionnement, le packaging favorise l'acte d'achat, en portant un message en adéquation avec les promesses ou les bénéfices du produit. Le packaging a aussi pour mission d'assurer la reconnaissance du produit : c'est la fonction de « repérage » en linéaire.

Pour permettre de repérer, d'identifier au mieux, de comprendre un produit en linéaire, l'étude de la forme et de l'habillage graphique doit être pertinente. La forme est discriminante immédiatement par rapport à la concurrence, comme le « code couleur » majoritaire : la moutarde Amora se reconnaît grâce à son « *squeeze* » et sa couleur jaune, le sucre Daddy grâce à son code rose, et le champagne Krug a su créer son propre volume. Cela vaut évidemment pleinement pour les parfums, où marques, formes et couleurs sont au service et en cohérence avec un jus. L'ensemble des autres éléments visuels du packaging participe à son identité : les codes graphiques, les autres couleurs, la mise en pages des textes (la « structure » packaging, la forme de découpe des étiquettes, etc.).

# Le packaging et les consommateurs

### Le rôle du packaging dans la décision d'achat

Si certains consommateurs déclarent que le packaging, au même titre que la publicité, ne les influence pas dans leur intention d'achat, il apparaît néanmoins qu'ils veulent comprendre de plus en plus les produits qu'ils achètent, donc lisent davantage les packagings. Ce phénomène s'accentue depuis l'essor du bio au début du XXI^e siècle : certes, l'acte d'achat peut être compulsif, mais on veut comprendre ce qu'on achète.

Ainsi, selon une enquête de l'association Consommation, logement et cadre de vie (CLCV), 44 % des consommateurs estiment que l'emballage joue un rôle important dans leurs achats[1]. Une tendance confirmée par les résultats d'une enquête menée à l'initiative du salon Europack sur les attitudes et attentes des consommateurs, qui révèle que 43 % des consommateurs font très attention au packaging.

Packaging et attitude des consommateurs

| 46 % | des consommateurs déclarent que l'emballage est plutôt important |
|------|-----------------------------------------------------------------|
| 43 % | des consommateurs répondent qu'ils y font très attention |
| 12 % | des consommateurs déclarent qu'ils y font toujours attention |

Source : salon Europack, étude réalisée par MV2 Conseil sur un échantillon de 400 personnes, octobre 2005.

## Les nouvelles attentes des consommateurs

Les échecs en packaging s'expliquent très souvent par un manque de connaissance du consommateur et de ses attentes. Le tableau suivant résume les principales attentes des consommateurs en matière de packaging.

1. Enquête de l'association Consommation, logement et cadre de vie (CLCV), publiée en 2004 et réalisée au cours de l'année 2003, en métropole, sur les déclarations d'un panel de 800 consommateurs d'une moyenne d'âge de 43 ans.

Emballages et nouvelles attentes des consommateurs :
beau, pratique et écolo

| Nouvelles exigences | Explications |
|---|---|
| Refuser le mensonge | Face à un consommateur informé et avisé, les marques doivent éviter de surévaluer leurs produits et s'efforcer de faire coïncider la promesse produit avec sa réalité : on entre dans l'ère du packaging « no mensonge ». |
| Rassurer et informer | Dans un climat anxiogène, les consommateurs ont besoin de preuves de confiance (informations nutritionnelles, composition du produit, mode de consommation…). |
| Simplifier ou améliorer l'usage | Les consommateurs qui manquent de temps recherchent des solutions pratiques et faciles d'accès. |
| Emballer écologiquement | Un emballage jugé inutile est mal perçu. Les consommateurs apprécient de plus en plus les emballages minimalistes, respectueux de l'environnement donc recyclables. |
| Emballer économiquement | Les consommateurs, dont le pouvoir d'achat est en baisse depuis plusieurs années, refusent de payer de l'emballage, et le prix entre dans leurs arbitrages. S'ils sont prêts à payer plus cher un produit et son emballage, le service rendu ou le plaisir induit doit être à la hauteur de leurs espérances. |
| Séduire par l'esthétisme | Les consommateurs sont désormais sensibles aux esthétiques contemporaines. La culture s'est démocratisée. Ils apprécient les formes nouvelles et recherchent plaisir et esthétique sensorielle. |

Les évolutions sociodémographiques de ces vingt dernières années ont sensiblement modifié le profil type du consommateur. Les codes familiaux traditionnels sont dorénavant remplacés par de nouveaux schémas : célibataires, famille monoparentale, famille recomposée, hommes pacsés, enfants vivant seuls mais dépendant des parents, ou qui prennent le pouvoir dans la famille pour influencer ses achats, enfants qui quittent tardivement le cocon parental (syndrome Tanguy), etc.

Par ailleurs, les comportements d'achat ne sont plus aujourd'hui dictés par une logique simpliste. L'acte d'achat n'est pas toujours rationnel. Le consommateur est changeant, multiple, complexe, paradoxal. Un cadre supérieur peut aussi bien faire ses courses dans un point de vente hard discount (pour des bouteilles d'eau, des marques qu'il trouve ailleurs…), et dans une boutique d'épicerie fine, le même jour. On peut, dans la même semaine, être pris d'une envie d'acheter puis soudainement se positionner comme un non-consommateur en force. On peut militer pour l'environnement et acheter des machines expresso ou des produits suremballés. Le salon Pack & Gift (Paris, juin 2008) a mis en évidence qu'un packaging cadeau (une bouteille d'eau événementielle type Evian, un coffret de soins de fin d'année, etc.) ne produit pas forcément plus de déchets qu'un packaging classique.

Les designers packaging dépassent désormais la vision stéréotypée de la ménagère du siècle dernier pour s'intéresser aux évolutions des comportements et aux habitudes de consommation des utilisateurs, en prenant en compte non seulement le prescripteur, mais aussi l'acheteur du produit.

Les marques n'emploient plus les mêmes méthodes pour définir leurs cibles et leur positionnement packaging. Les industriels et les designers sont à l'écoute d'un consommateur qui a évolué, qui veut consommer autrement. C'est à eux de comprendre et d'intégrer ces nouveaux phénomènes pour être capables de concevoir les packagings de demain.

Après avoir cherché à séduire le plus grand nombre, en s'appuyant sur des tendances globales de consommation, les marques opèrent aujourd'hui une véritable révolution pour s'intéresser aux multifacettes des consommateurs. Qui décide d'un achat ? Qui achète ? Qui consomme ? Il semble qu'elles tardent à répondre, alors que la réactivité liée au développement packaging exige une réponse.

## Le consommateur, le packaging et le point de vente

Les consultants en design packaging, les responsables marketing, les chargés d'études restent parfois éloignés de la réalité du terrain, sans écouter les vendeurs ou les commerciaux de l'entreprise, qui sont en prise directe avec les consommateurs. Plutôt que de se faire une opinion par soi-même, certains ont tendance à trop écouter les résultats d'études aux conclusions parfois peu opérationnelles : les consommateurs ne créent que ce qu'ils connaissent. Seuls les designers, consultants ou créatifs inventent et démarquent les produits.

La réflexion packaging ne se fait pas dans un bureau, mais dans les magasins. On a aussi recours, avec intérêt, à l'observation du comportement des consommateurs, que nous appellerons « anthropologie commerciale ». L'observation *in vivo* ou *in situ* semble faire une entrée en force dans les dispositifs d'études packaging. S'immerger dans la réalité du consommateur est désormais devenu un passage obligé pour les responsables marketing de groupes alimentaires comme Danone, Nestlé, Kraft ou lessiviels comme Lever, Procter & Gamble. L'immersion des responsables marketing ou autres personnes chargées de concevoir les packagings a certes des vertus pédagogiques, mais encore faut-il ensuite posséder les bonnes clés d'analyse pour décoder et retranscrire les comportements.

Le consommateur est très sollicité. Si l'on perçoit plus de 20 000 signaux visuels par jour, le packaging y participe beaucoup : il est un signal à lui seul qui en renferme plusieurs. Lorsqu'un consommateur fait ses courses, il perçoit en moyenne 250 références par minute. Qu'est-ce qui fait qu'il va choisir l'une d'entre elles ? Quels sont les éléments, les différents critères qui vont déterminer son choix ?

Le consommateur s'avère aujourd'hui avisé et autonome par rapport aux discours des marques. Dans une économie qui le pousse au « toujours plus », il clame son indépendance. Il veut être libre face à son acte d'achat. Par ailleurs, la fidélité aux marques est toute relative, le succès des marques de distributeurs, elles-mêmes marques, le prouve. La seule notoriété d'une marque ne suffit plus à satisfaire des consommateurs experts qui aiment désormais comparer, jauger.

Aujourd'hui, c'est devant le rayon que tout se joue, caddie en mains. L'art et la manière de « packager » un produit sont donc essentiels, notamment dans la vente de produits en libre-service. De même que la « présence » de certains comédiens éclate dès leur entrée en scène, un packaging « existe » ou n'existe pas. C'est l'affaire d'un dosage subtil de plusieurs paramètres, qui prennent en compte le rôle du packaging sur le point de vente.

La logique de la découverte de l'identité d'un packaging est simple : d'abord en linéaire, où la couleur est le premier signe de reconnaissance. Vanish ne s'y trompe pas, qui est arrivé au milieu d'un marché encombré avec une dominante très marquée rose fuchsia. À l'inverse, Rivoire et Carret a disparu du linéaire des pâtes pendant quinze ans, un mauvais lifting ayant fait oublier ses couleurs bleu foncé, blanc et bleu clair (symbolique pourtant primaire des pâtes, le bleu signifiant l'eau de cuisson et le blanc le blé). Après le linéaire, on découvre le packaging dans son univers de référence (par exemple : le rayon des entremets) qui, s'il suit les codes, doit s'en démarquer par la forme générale, parfois par la couleur, puis par les deux ou trois marques ou titres qui précisent son identité, dont la marque institutionnelle, qui rassure. Ensuite vient l'achat éventuel, donc la prise en mains, avec certains éléments d'identité qu'on ne voit pas de loin, mais qui permettent aussi de déclencher l'achat : l'indication du nombre de calories, la transparence légère d'un contenant en plastique permettant de voir le niveau, une étiquette papier métallisée, les typographies utilisées, etc.

### Les quatre étapes d'achat d'un packaging ou le système RSAD : repérage, séduction, adhésion et décision

**R comme repérage** : en approche de rayon, à 10 mètres, le packaging se repère au milieu de ses concurrents. On distingue des masses colorées qui répondent généralement, en grande distribution, aux codes du linéaire lié à l'univers du produit. Exemple : le linéaire lait est blanc et celui de l'eau est bleu. Les formes servent également de repérage (les boîtes de conserve signifient le linéaire des produits appertisés). À 2 mètres, le consommateur comprend la segmentation du rayon qui l'aide à trouver son produit. Il reconnaît également le code propre à la marque (Chivas est argenté, O'Cedar met en avant son bonhomme de bois sur des packagings rouge, Veuve-Clicquot est orange…).

**S comme séduction** : toujours en approche du produit, à 2 mètres, le packaging séduit par sa personnalité, sa projection sensorielle.

**A comme adhésion** : au pied du linéaire, la lecture du facing, au-delà de l'image, convainc d'acheter (informations, allégations et prix).

**D comme décision d'achat** : pour les marques moins connues, ou des produits nouveaux, la prise en mains (image tactile réelle) permettant en outre la lecture d'autres informations (dos, côtés) emporte la décision. Les sens sont sollicités au maximum : la vue (déjà sollicitée précédemment), le toucher (contribution des matières, des matériaux, sensation de chaud, de froid), l'odorat (notamment pour les produits frais, les produits d'hygiène), l'ouïe (son que peut émettre un conditionnement lorsqu'il s'ouvre, appréhension d'une poudre lorsqu'on secoue le packaging).

Qu'il s'agisse des couleurs, des formes, des matières, des mots employés (le « branding »), rien n'est laissé au hasard. Ces éléments constituent un langage, compris par les consommateurs, consciemment ou inconsciemment. C'est pourquoi les responsables de création packaging ont tout intérêt à les prendre en compte dans leur conception. Néanmoins cette attitude, qui consiste à s'inspirer purement et simplement des codes du marché établis selon la nature des produits ou imposés par les marques dominantes, peut avoir pour conséquence une uniformisation visuelle de l'offre en magasin : les nouveaux consommateurs pratiquent de plus en plus la « rupture », la « disruption ».

## Nouveaux consommateurs et packagings de rupture

La plupart des produits d'une même famille adoptent généralement des codes uniformes de manière à être reconnus par le consommateur pressé et jugé parfois conservateur. Mais les nouveaux consommateurs adhèrent de plus en plus à une rupture dans les codes. Les cas d'école, en la matière, ne manquent pas. Au milieu des années 1980, Charal lançait avec succès l'Hebdopack, véritable révolution dans la conservation de la viande, alors que les attentes des consommateurs penchaient plus vers la nécessité de voir la viande. Cette innovation a permis d'asseoir la marque Charal et la pérennité de l'entreprise. Volvic, au moment où le code des eaux plates était bleu (vers 1990), a imposé un code vert pour ses montagnes, code lui-même réservé aux eaux gazeuses. Badoit, au moment où le code des eaux gazeuses et pétillantes était vert, a imposé un code rouge contre Perrier (vers 2000).

De nombreux acteurs du packaging pensent encore que seul un leader disposant d'un fort potentiel d'investissement en communication peut théoriquement s'offrir une rupture. En fait, la tendance depuis peu de temps est de créer un nouveau système de valeurs et de codes de formes ou de couleurs propres à une marque ou un produit, dans la mesure où le consommateur butine sur les marques, les essaie. L'ère du zapping marque/produit est désormais installée.

### Entretien avec Philippe Dumont,
P-DG de Nickel, cosmétiques pour homme

#### « De la rigueur dans le ludique. »

Des packagings et un ton décalés, humoristiques, mais toujours virils : voici comment on pourrait qualifier les produits cosmétiques dédiés à l'homme de la marque Nickel. L'initiative revient à Philippe Dumont,

▷ ▷ ▷

qui, après avoir créé en 1996 l'un des premiers instituts de beauté réservé aux hommes, imagine, sur sa lancée, des produits de beauté pour la gent masculine, en dépoussiérant ce marché qui, à cette époque, paraissait somme toute tristounet. « *Ils étaient tristes, voire pathétiques, avec des packagings noirs et gris,* rappelle Philippe Dumont. *Et les messages délivrés sur les packs étaient ceux de la terreur, avec des promesses miraculeuses et des discours beaucoup trop compliqués. Autant vous dire que cela ne marchait pas !* » Il s'agissait donc pour ce dernier de dédramatiser la consommation des cosmétiques pour homme en utilisant une communication simple, valorisante et ludique. D'où des noms amusants et évocateurs : « Lendemain de fête », « Poignées d'amour », « Super-clean », etc. « *Mais attention, il fallait trouver le bon équilibre entre créativité et crédibilité,* insiste Philippe Dumont. *Avec un ton aussi décalé, je recherchais une certaine rigueur dans la typographie, dans l'aspect visuel du produit. Or, la typographie et le graphisme restent souvent négligés et sous-évalués dans les packagings,* regrette-t-il. *Pas étonnant, puisque très peu de personnes, en marketing, ont une vraie culture graphique.* » Alors, lorsqu'on parle de créativité en termes de packaging, Philippe Dumont reste assez sceptique, montrant du doigt les grandes structures qui additionnent aux contraintes de volumes et de coûts la pression des actionnaires ainsi que les habitudes et routines, ennemies jurées de l'innovation. « *J'ai une approche très structuraliste de la créativité,* confie-t-il. *Il y a en effet des cases précises à remplir, des passages obligés : des tailles de contenants identifiables par les consommateurs ou des couleurs qui disent quelque chose de précis… Néanmoins, si le bleu signifie "hydratation", nous savons bien qu'il existe 17 000 palettes de bleu. Le tout est de savoir respecter les règles tout en gardant sa différence. Innover,* conclut-il, *c'est savoir faire preuve de créativité face à un exercice de style imposé.* »

Quelles sont les conditions pour pratiquer une rupture de code ? On a tout intérêt à réfléchir sur les points suivants :

- il est recommandé à un leader de conserver ses acquis d'image, construits généralement dans le temps, sauf à prendre une longueur d'avance. Un challenger a moins à perdre ;
- imposer un code coûte cher, même pour un challenger : il faut disposer de ressources en communication pour faire connaître le code. Si le code est bien élaboré, l'adhésion fera le reste ;
- pour une marque peu connue ou artisanale, le changement de code est conseillé, surtout si les produits sont originaux, authentiques, innovants. On préfère désormais des marques à image artisanale ou traditionnelle qui ont su imposer leur code (L'Occitane, Roger & Gallet, Anis de Flavigny) à des marques à image industrielle, pour un prix sensiblement équivalent.

Les briefs packaging rendent compte de la défiance liée à une création « en rupture » et reviennent souvent sur le fameux « pas de révolution mais une évolution ». C'est aux designers packaging, en général, d'explorer les pistes disruptives, en tenant toujours compte du noyau identitaire de la marque, de son code génétique, des repères orientant les acheteurs. C'est pourquoi, outre des axes de création « évolutifs », on propose généralement un axe « disruptif », projetant le produit et la marque dans un autre univers, ou leur donnant une longueur d'avance.

## Le packaging, une occasion de communication

Si le packaging est le premier média, il est aussi le premier ambassadeur de la marque. C'est sur le packaging, devenu zone de communication à part entière, que la marque s'exprime, prend la parole. Cette prise de parole, ce discours, s'effectue grâce à une alchimie, un savant équilibre entre de nombreux signes, non seulement des signes linguistiques (les marques, les mots, les phrases), mais aussi des signes iconiques (images, symboles, graphismes…).

Entretien avec Anne-Charlotte Barbaresco,
en charge de stratégie et de rédaction
au sein de l'agence Orangetango (Québec)

### « L'huile d'olive La Belle Excuse : pour le plaisir des yeux et de la bouche. »

Comment introduire une nouvelle huile sur un marché déjà fortement concurrencé ? Telle était la mission de l'agence québécoise Orangetango, chargée de créer le concept d'identité de l'huile d'olive La Belle Excuse, premier produit tout droit sorti de la maison Oliveraies Stavropoulos, une entreprise spécialisée dans l'importation et la distribution de produits de Grèce. « *Le défi était de concevoir une identité visuelle relevant des valeurs qualitatives, authentiques, artisanales et familiales tout en valorisant l'absence d'intermédiaire entre le choix de l'olive et la mise en bouteilles,* relate Anne-Charlotte Barbaresco. *La solution passe par la traduction de toutes ces valeurs à travers l'empreinte du doigt, en place et lieu de l'olive. Cette empreinte symbolise l'identité, le savoir-faire et la traçabilité. Elle évoque également la main qui travaille le fruit, l'olive, de la branche à nos bouches. C'est l'empreinte personnelle du producteur.* » Une image pertinente qui s'impose désormais comme la signature de la gamme. « *La finesse de cette identité visuelle est appuyée par la délicatesse de la signature textuelle* », ajoute Anne-Charlotte Barbaresco. Car La Belle Excuse, c'est aussi une belle histoire, celle de Michèle Ricard et d'Aristo Stavropoulos. L'huile d'olive La Belle Excuse, produite dans les propres oliveraies de la famille d'Aristo, en Grèce, n'était auparavant disponible que dans leurs deux restaurants de Joliette (Québec). Encouragé par les compliments de sa clientèle, avide de se procurer cette huile unique (toutes les excuses sont bonnes pour se l'offrir), Aristo se lance dans l'aventure et la commercialise. Pari gagné. La Belle Excuse se retrouve désormais dans les rayons de certaines chaînes d'alimentation, épiceries fines, boulangeries et boutiques spécialisées. Le volume de ventes est passé de 0 à 80 000 unités vendues en l'espace d'une année. L'agence Orangetango s'est non seulement chargée du plan créatif, mais s'est également engagée à accompagner la nouvelle marque sur un plan stratégique et sur sa mise en marché. Une

▷ ▷ ▷

▶ ▶ ▶

mission couronnée de succès, car en sus du lancement réussi et remarqué de La Belle Excuse (une cinquantaine de parutions dans les médias, toutes catégories confondues), le travail de l'agence s'est vu récompensé dans de nombreux concours de l'industrie des communications visuelles (Concours Graphex 2008, Concours Grafika 2008, Concours annuel Applied Arts Design & Advertising 2007, etc.), notamment pour le design de l'emballage. Cette belle histoire gustative et créative ne pouvait s'arrêter là. Après le franc succès de son produit, la marque a lancé une extension de sa gamme avec de nouveaux produits connexes à l'huile d'olive verte initiale. L'huile d'olive noire, les vinaigres, les vinaigrettes et les olives noires Kalamata tout droit venus de Grèce rejoignent ainsi la famille de La Belle Excuse pour le plaisir des yeux et de la bouche !

## Branding

Le packaging se doit d'être cohérent avec l'identité de la marque, tout en émettant un discours sur le produit même. Le packaging peut être considéré comme un objet signifiant, produisant du sens pour le consommateur. Au-delà de l'image, les mots sont alors essentiels. Le packaging fait appel au « branding », c'est-à-dire la gestion du système de marques sur un packaging et, au-delà, des allégations, des labels, des informations-clés pour encourager l'achat. Un packaging bien pensé en termes de signes raconte une histoire émise par un émetteur à un destinataire. Il met en situation un sujet, héros de l'histoire, qui agit d'une façon majeure sur le packaging et sa création, et un objet, enjeu de l'histoire (une valeur, un positionnement, etc.). L'émetteur (en général la marque), le récepteur (en général la cible signifiée par des mots, une forme, une couleur), le sujet (par exemple une désignation produit) et l'objet du discours (une allégation, une spécificité, etc.) appartiennent à la création packaging et sont en cohérence (*cf.* schéma ci-après).

Sujet de l'histoire
*(héros du discours)*

Énonciateur
*(émetteur)*                    **Packaging**                    Destinataire
*(récepteur)*

Objet de l'histoire
*(délivre des valeurs, des bénéfices…)*

Le discours narratif d'un packaging

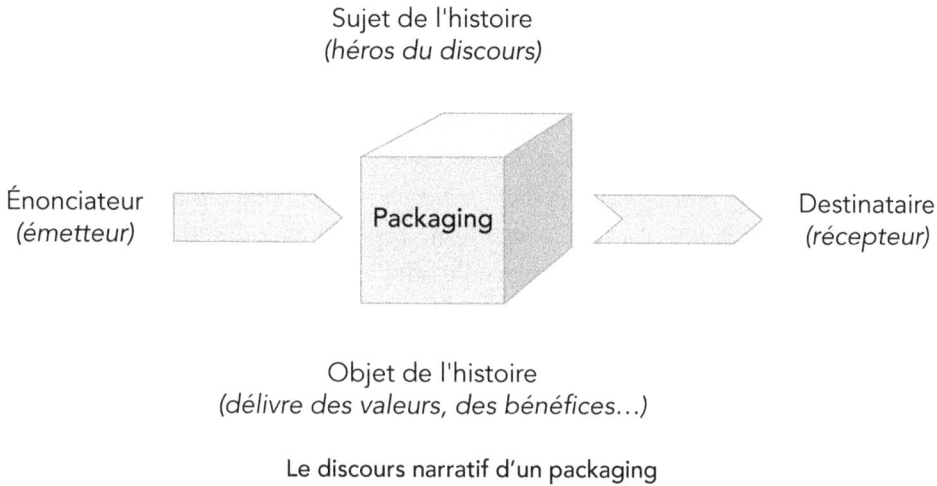

## Entretien avec Philippe Céré,
directeur de l'agence de conseil en design La Compagnie Trapèze

### *« L'expression produit reste la clé d'entrée pour la compréhension de l'offre. »*

Face à la problématique du développement durable, la tendance est vraisemblablement à la réduction des supports packaging. Parallèlement, les discours packaging se doivent d'évoluer face à trois nouvelles contraintes : l'accroissement des contraintes légales, la multiplicité du nombre de langues et l'enrichissement des discours plus-produits. L'affaire n'est donc pas simple ! Comment gérer plus de signes et de messages sur un support réduit ? C'est la question posée à Philippe Céré. *« Il y a un véritable problème quant à la cohabitation de ces différentes contraintes et surtout dans la hiérarchisation qui leur est accordée. Il est évident que réduire le nombre de signes sur un pack permet d'en clarifier l'expression et de renforcer son potentiel d'impact. »* Si les mentions légales sont incontournables et font partie intégrante du discours pack totalement intégré par le consommateur, Philippe Céré montre du doigt les discours santé (hygiène de vie, qualité produit, traçabilité, respect environnemental…) qui vampirisent une grande partie de l'espace expression. Autre frein à la

▶ ▶ ▶

>>>

clarification du discours : la multiplicité des langues. « *Dupliquer une grande partie du discours en quatre ou six langues, voire jusqu'à douze, en dos de pack, est incontestablement pénalisant pour l'expression packaging. L'ensemble devient confus et difficilement hiérarchisable. Certes, une volonté de packs multilingues reste indéniablement économique en termes de productivité, mais ceci représente un frein pour l'acte d'achat.* » Une réponse face à cette problématique de compréhension universelle des produits : l'utilisation de l'image. De manière générale, face à la multiplicité des offres, Philippe Céré préconise un discours pack clair et expressif de l'offre. « *L'exemple est donné avec les packs "brandés". Ces derniers sont souvent mieux identifiables en rayon. Au-delà des effets de gamme, c'est avant tout grâce à la simplification des discours : une entrée marque (métier), un discours produit (nature de l'offre), une traduction en images par un logotype et sa couleur, un visuel produit et son univers, le tout géré dans une structure transversale.* » Il est bien évident que cette approche repose sur une logique de développement de masse, et semble difficilement attribuable à des offres très spécifiques sur des marchés de « niche ». Néanmoins, quels que soient le produit et la marque, Philippe Céré est formel : l'expression produit reste la clé d'entrée pour la compréhension de l'offre. « *Le consommateur doit avant tout pouvoir identifier "son" produit. Cette reconnaissance est la seule condition d'un succès de réachat.* » Si la hiérarchisation d'un discours packaging paraît fortement dépendante du type de support concerné (le nombre de faces utilisables n'est pas le même d'un produit à l'autre), il est fondamental d'isoler les leviers d'expression les plus pertinents pour communiquer en facing l'« identité » de l'offre. « *Par ailleurs, poursuit Philippe Céré, au-delà d'une gestion logique des informations de type "facing = marque-discours produit, dos = descriptifs-allégations", il est conseillé de bien intégrer l'environnement retail des packs afin de ne pas sous-estimer les surfaces "pauvres" des contenants : côtés, dessus et dessous de packs.* » Enfin, la

WPro : les contraintes des packagings internationaux amènent parfois des textes abondants, en plusieurs langues.

>>>

▷▷▷

complémentarité texte/image demeure à l'ordre du jour. Néanmoins, cet équilibre varie selon les produits et leurs marchés. « *Sur certains marchés, la sophistication des offres est telle, que l'image seule ne peut suffire à son expression. Sur d'autres, la marque, le design ou tout simplement la simple esthétique sont la clé de vente du produit* », remarque Philippe Céré. Et ce dernier de conclure : « *Pour plagier Coluche, je dirais que le nombre de signes idéal est celui qui permet la meilleure compréhension du pack.* »

Le risque majeur en termes de gestion de signes, quels qu'ils soient, est le décrochage des consommateurs : non-reconnaissance de l'offre ou incompréhension. Il faut en tout cas respecter l'identité de la marque en place, veiller à la reconnaissance de l'identité packaging acquise, maintenir (voire renforcer) les promesses produits.

Puisque le branding est désormais associé à la création packaging, les agences de design ne se chargent plus seulement de produire les images des packagings, elles imaginent aussi les marques et les textes hiérarchisés. Ce travail de réflexion consiste concrètement :

▷ d'une part, à créer le système de noms : marques, dénominations, désignations à installer sur le packaging. Il s'agit d'organiser les marques existantes ou d'en chercher d'autres pour répondre au mieux au projet de packaging ;

▷ d'autre part, à expliquer le produit, à mettre en avant certaines fonctions encourageant l'achat, comme les « fonctions alerte » destinées à attirer l'attention sur un aspect particulier lié au produit.

Il n'est pas rare qu'à partir d'un problème de packaging, apparemment simple, la politique de marque de l'entreprise se trouve remise en cause. C'est pourquoi les consultants en packaging sont désormais directement liés à la politique de marque. Le branding est même devenu un véritable pôle dans les agences de design de communication. Le groupe de communication TBWA, par exemple, situe la recherche de nom à l'intérieur de son pôle design.

Dans la création d'un packaging destiné à être décliné, il convient de prendre en compte les éléments de déclinaison, c'est-à-dire les éléments graphiques immuables, permanents, qui assurent l'homogénéité d'image de la marque :

structure packaging, ambiance packaging, famille typographique, etc. On peut installer les facings des produits sous forme de matrice-produit de l'entreprise, ou « matrice visuelle ». Cette dernière consiste à installer sur un *board* la gamme des produits de la marque organisée par ligne, segment ou univers. Ainsi voit-on immédiatement les familles de produits et les éventuels déficits packaging : manque de repérage par le distributeur et le consommateur, positionnement prix mal respecté, même niveau graphique quel que soit le prix, mauvaise politique de marque, absence de marque-produit là où il y a des désignations et, inversement, incohérence dans les formats des packagings…

La matrice visuelle des packagings est comme un Meccano : changer une pièce, c'est changer tout le système dynamique constitué par les marques et les produits de l'entreprise. Nous recommandons, en règle générale, de ne pas commencer la séquence de création de design packaging tant que le branding n'est pas défini. En effet, un changement de marque en cours de création est préjudiciable au déroulement d'un projet. Si le nom de marque devient Kangourou alors qu'au départ il était Zorro, son design changera ! De la même façon, si l'on décide après coup de repositionner un produit en mettant en avant sur un packaging le terme « fraîcheur », alors l'ambiance graphique sera différente. On voit ici que le branding, tout comme le graphisme et la forme du packaging, est signifiant du projet. Il influe sur la création du packaging et réciproquement.

La lecture d'un système de marques s'opère ainsi : chaque packaging, lorsqu'on le décode, est porteur d'un système de marques plus ou moins compliqué. Il dépend de la structure de l'entreprise, du nombre de marques qu'elle gère, du degré d'innovation, du concept produit, etc. On distingue, par exemple, en simplifiant :

- la **marque mère** ou marque ombrelle (Danone), qui se trouve isolée dans son territoire graphique institutionnel (dans ce cas-là au dos du packaging) ;
- la **marque caution** (Lu), qui induit une relation de confiance avec le consommateur (réassurance) ;
- la **marque produit** (Le Petit Écolier), qui sert à repérer le produit.

Le système de marque peut être enrichi par des signes d'appoint (alertes nutritionnelles, label écologique). Il est vivant, il évolue en permanence.

## L'alerte, porteuse de discours

L'alerte, en packaging, est un repère visuel fort qui alerte le consommateur sur une particularité d'un produit, un « plus-produit ». Elle aide fortement à la vente d'un produit, du moins au premier achat. Y penser, c'est aussi s'assurer que le produit a quelque chose à dire, à mettre en avant.

Il est toujours préférable, pour une alerte, de déterminer un texte court, mémorisable, associé à un signe qui donne le sens au discours (pictogramme, couleur…). Certaines alertes précisent une évidence produit. Par exemple, une marque de lessive indiquait, il y a quelques années, « sans phosphates » rendant suspect le concurrent qui rétorqua : « Sans phosphates depuis toujours » ; l'alerte est la fonction « guerrière » du packaging.

Exemples de fonctions alerte sur un packaging

| Type de fonction alerte | Cosmétiques | Alimentaire |
|---|---|---|
| Allégations ou promesses | « Aide à retrouver son énergie » | « Sans sucres ajoutés » |
| | « Hypoallergénique » | « Riche en fibres » |
| | « Encore plus d'hydratation » | « Encore plus léger » |
| Labels | | Label Rouge, AB, VBF, CQ… |
| Alertes additives | « Élu produit de l'année » | « Vu à la télé » |
| | | « Élu produit de l'année » |
| | | « Reconnu saveur de l'année » |
| Promotionnel | « Gratuit : essayez le contour des yeux » | « 25 cl en plus ! » |

Certaines marques livrent en effet un combat acharné au travers des alertes, qu'il faut souvent gérer en anticipant la réponse du concurrent.

Les consommateurs, à la recherche de produits de qualité, s'avèrent par conséquent attentifs aux labels et autres signes. Néanmoins, la surenchère des allégations nutritionnelles entraîne aujourd'hui une confusion des repères des consommateurs. Ceux-ci butent sur les étiquettes, tableaux et autres informations qu'ils comprennent mal : 23 % des foyers français déclarent comprendre ces informations complètement, mais pas moins de 71 % ne les déchiffrent qu'en partie et 6 %, pas du tout[1]. Par ailleurs, les labels et autres signes destinés à rassurer les consommateurs sont parfois apposés de manière abusive sur les emballages. Ces signaux de qualité, parfois non officiels, sont devenus des instruments de marketing omniprésents. C'est pourquoi les consommateurs se tournent davantage vers les labels anciens et reconnus (AB, CQ, Label Rouge…) ou encore vers les produits alimentaires faisant figurer la mention « appellation d'origine contrôlée », certifiés par des organismes compétents (Institut national des appellations d'origine ou organismes certificateurs agréés par le ministère de l'Agriculture), suite à une vérification de critères fixés dans un cahier des charges très complet.

## La structure packaging, clarificatrice du discours

La structure packaging est la « mise en pages » d'un packaging. Elle organise, clarifie et ventile les marques, les informations.

### Le facing

Le schéma classique d'organisation d'un facing, de la face avant d'un packaging, comprend plusieurs zones qui déterminent la structure packaging :

- les marques en présence (marque de l'entreprise, en ombrelle ou en caution ; marque du produit ou désignation du produit), sous forme de logotype ;

- la ou les fonctions alerte, qui indiquent immédiatement un usage particulier, un service, une caractéristique produit comme encouragement à l'achat. Le « plus-produit » peut être présenté sous la forme d'un pictogramme ;

- les bénéfices immédiats pour le consommateur ;

- la zone des éléments visuels ;

- éventuellement, les zones promotionnelles ou relationnelles.

---

1. Enquête ACNielsen sur la perception des informations nutritionnelles sur les packs, dont des extraits ont été publiés dans le magazine *LSA*, n° 1918, 2005.

La structure packaging sépare souvent les marques ombrelle ou caution du reste de l'information. Elle facilite la lecture en amenant le regard à se poser chronologiquement sur les éléments hiérarchisés. Par exemple : marque produit, marque caution, désignation, alerte, etc. Le consommateur doit parvenir, grâce à la structure graphique, à comprendre au mieux les informations délivrées sur la face avant du packaging. Il faut donc procéder à une hiérarchisation de l'ensemble des messages que la marque veut communiquer. Cette structure doit être spécifique à la marque. Certaines marques parviennent à se démarquer par une structure graphique forte (Häagen-Dazs, Marlboro, Fleury Michon, Charal). Juridiquement, certaines structures packaging sont déposées.

Trop de messages tue le message : inutile de vouloir multiplier les signes. C'est le conseil de Lars Wallentin, du groupe Nestlé, qui engage à porter « *une attention particulière au visage que le produit présente au consommateur. Le secret consiste à ne fournir que les informations essentielles. Pour les barres de chocolat, par exemple, le procédé est poussé à l'extrême : Mars ne communique que la marque, les autres informations étant véhiculées par les médias* »[1].

### Le dos du packaging, les côtés, le pourtour

Si le facing alerte, le dos explique, fait comprendre. Les pressions réglementaires et l'intérêt croissant que porte le consommateur à l'information sur les produits amènent à multiplier les surfaces de communication. Autrefois parent pauvre, le dos des packagings est ainsi de mieux en mieux exploité, en tant que véritable espace d'expression.

Les dos ou les côtés reprennent souvent un système de marque simplifié ou réduit pour maintenir une bonne identification. Ils précisent les compléments d'information comme, par exemple : ingrédients, composition nutritionnelle, labels, informations légales obligatoires, utilisation (recettes, occasion de consommer…), autres produits de la gamme. Le traitement graphique suit généralement le schéma utilisé en facing : même structure, même image, même ambiance.

---

1. Lars Wallentin, « Comment le packaging communique avec le consommateur », article publié le 27 août 2002, en consultation sur le site internet www.admirabledesign.com.

Les marques jouent sur l'interactivité en se servant du dos et des côtés des emballages. Il s'agit d'instaurer le dialogue et de créer un vrai lien entre la marque et le consommateur.

## Agrandir l'espace de communication packaging

Pour agrandir l'espace de communication sur les produits, les designers cherchent de nouvelles solutions, comme prendre la parole en utilisant les surfaces intérieures des emballages. C'est le cas, notamment, de Danone qui, pour promouvoir sa marque Activia, n'a pas hésité à investir l'intérieur du pot de yaourt : « *Vous le constatez par vous-même, même si Bio s'appelle désormais Activia, la recette n'a pas changé !* »

Autre solution : l'étiquette-livret qui, tout en restant discrète, permet de disposer d'un espace d'expression accru sur l'emballage pour informer le consommateur, pour communiquer et créer un lien avec lui. Ce dernier peut ainsi trouver des recettes (à l'instar des sauces Maggi), des informations sur le produit ou l'ensemble des produits de la marque, découvrir un échantillon ou participer à un jeu concours.

Certaines entreprises utilisent Internet pour poursuivre le dialogue : le web devient la « septième face » du packaging, qui remplit alors une fonction de « pont », guidant le consommateur vers un site internet de la marque. Plus qu'un support commercial et promotionnel autour du produit, dont le consommateur, adulte, se lasse, Internet peut être utilisé comme un média permettant de se différencier en créant un dialogue juste et fort de sens. C'est ce que l'on appellera le « packaging relationnel ». Il s'agit désormais d'abandonner un message de masse pour utiliser un discours one-to-one.

Le packaging, véritable « pierre de gué », permet alors à la marque de créer un lien affectif, et si possible durable, avec le consommateur. Il peut s'agir d'une invitation à rejoindre le club des aficionados de la marque ou de fédérer les consommateurs autour de centres d'intérêt communs (forums ou conseils diététiques pour des produits amincissants, activités ou concours ludiques pour des produits destinés aux enfants, conseils ou avis d'experts pour des produits dédiés au bricolage, etc.).

Il ne s'agit pas là de s'appuyer uniquement sur une opération *one shot* : la marque doit s'efforcer d'offrir un langage et un contenu pertinents et cohérents avec sa cible, de proposer de véritables services à valeur ajoutée. Outre l'installation d'un système relationnel durable qui permet de renforcer l'image de marque, le packaging relationnel, outil interactif, permet d'enrichir sa connaissance du consommateur *via* une remontée d'informations qualitatives. L'industriel peut en effet, à travers son site internet, interroger les consommateurs sur les produits existants, tester la réceptivité d'un nouveau produit ou identifier des besoins. Ce système va prochainement s'appliquer à des domaines les plus divers : si vous êtes dans votre jardin en train de planter des tomates, on peut imaginer qu'à partir de votre « téléphone » portable, vous visualisiez sur un site internet dédié (jeplantemestomates.com), dont l'adresse figure sur le packaging, la façon de faire. Système à extrapoler au remplacement d'un pneu, à la façon de sortir d'un bunker au golf, de poser un masque de beauté, de réaliser une recette de cuisine, de jouer à un jeu de société, etc. La course aux sites génériques déposés par les marques et figurant sur les packagings ne fait que commencer.

## Quand créer ou changer de packaging ?

Face à des consommateurs qui changent régulièrement leurs habitudes de consommation, le packaging doit souvent évoluer. Les chiffres parlent d'eux-mêmes : 30 % des innovations ne « s'installent » pas et sont retirées du marché en moins d'un an, selon une enquête TNS Secodip, ce qui incite à l'innovation perpétuelle. Mais s'il est possible de changer un film publicitaire, l'évolution d'un packaging, dépositaire de la pérennité graphique des marques et de l'image produit, demande certaines précautions. Ainsi, la marque de pâtes Rivoire et Carret, en 1993, opérant un changement radical de son image packaging, perdit des parts de marché, probablement à cause du changement de packaging[1].

---

1. Jean-Noël Kapferer, *Les Marques, capital de l'entreprise : créer et développer des marques fortes*, Éditions d'Organisation, 1991.

### Kellogg's Corn Flakes : changer en simplifiant

Quoi de plus simple qu'un pétale de céréale ? Et pourtant, les références de ce marché rivalisent de décors, d'illustrations produit et d'allégations qui encombrent les emballages. À contre-pied de ce trop-plein de discours et de signes, l'agence Blackandgold a revisité le mythique paquet de Kellogg's Corn Flakes en misant sur un graphisme épuré et un vrai discours de marque face aux multiples *me too* du segment. Le coq, icône ancrée dans l'imaginaire des consommateurs, a été rajeuni, et la cuillère pleine de céréales a été remplacée par trois pétales. C'est le choix de la qualité plutôt que la quantité. Sur un fond blanc, la marque s'installe à l'horizontale dans une typographie simplissime. L'économie des signes est ici une posture pour s'affirmer comme une grande marque.

Avant

Après

Création : Blackandgold.

À moins d'un repositionnement radical, où l'on peut modifier l'image d'une marque au travers d'un packaging, faire évoluer un packaging dans le temps ne s'improvise pas, mais requiert une gestion « chirurgicale » de tous les éléments qui le composent.

L'élaboration d'un packaging intervient lorsque :

- **il faut créer un nouveau concept de produit** : il s'agit alors de créer un concept de packaging associé, c'est-à-dire défendre un point de vue sur la marque et le produit, le traduire en volume et en habillage graphique ;

- **il faut ajouter une référence** dans la même « ligne graphique » que les produits précédents : il s'agit alors d'une « déclinaison » ;

- **il faut « actualiser le packaging »** : vieillissement, apparition d'un concurrent, prise de « distance d'image » par rapport à la concurrence de l'ensemble des marques nationales et de distributeurs… ;

- **le système de marque a changé** : évolution graphique de la marque institutionnelle, changement de marque suite à un changement de mains de l'entreprise, simplification du système de dénomination… ;

- **le positionnement produit a changé** : repositionnement du produit : mise en avant de nouvelles allégations, par exemple nutritionnelles pour les produits alimentaires, etc. Exemple pour un fromage ou un plat cuisiné : passage d'un positionnement « goût » à un positionnement « bénéfice nutritionnel » ;

- **les concurrents viennent de revoir leur image** (marques nationales ou marques de distributeurs) en brouillant les codes. À ce sujet, il est conseillé de maintenir une veille concurrentielle sur ses packagings ;

- **le système de conditionnement a évolué**. Exemple : passage d'une étiquette papier à un *sleever*[1]. Les évolutions des systèmes de conditionnement peuvent être le résultat d'une avancée technologique des matériaux ou des techniques d'emballage, souvent elle-même dictée par différents besoins :
  - optimiser la conservation du produit ;
  - simplifier son utilisation, ou répondre à une attente ou à une évolution comportementale des consommateurs ;
  - réduire les coûts d'emballage ;
  - répondre aux réglementations en vigueur ou aux contraintes environnementales ;

- **un code d'emballage nouveau est apparu.** Exemples : le leader peut avoir adopté un nouveau matériau, tout le segment passe en une couleur… ;

- **le packaging suit une politique internationale** : il faut alors harmoniser les packagings d'un pays, d'un continent, ou œuvrer au niveau mondial.

---

1. *Sleeve* ou manchon : film thermorétractable, identifiant le produit.

# Les critères d'évaluation d'un packaging

Quels que soient les objectifs d'une création ou d'une refonte d'un packaging, il est recommandé de penser et d'évaluer son packaging en fonction d'un certain nombre de critères. Outre les contraintes économiques (recherche du meilleur rapport qualité/prix), techniques, légales et esthétiques, les personnes responsables de l'élaboration du packaging doivent travailler selon les différentes fonctions qu'il remplit.

## Critères fonctionnels ou techniques

- Respect de l'environnement, préservation de la santé et de la planète ;

- Protection et conservation du produit (stabilité, hermétisme…) ;

- Commodité d'utilisation (bouchon pratique, sachet refermable, bec verseur, « anti-glouglou », etc.) ;

- Bonne information (marques, désignation produit, etc.) ;

- Bonne surface graphique d'expression ;

- Dispose d'éléments de mémorisation : forme, couleur, structure, ambiance.

## Critères stratégiques

- Dispose d'aspérités de reconnaissance immédiate, tant par la forme que par le graphisme (marques, alertes, signes de reconnaissance…) ;

- Défend le territoire de communication et les valeurs de la marque qu'il soutient par rapport à ses concurrents ;

- Respecte les codes du circuit de distribution pour lequel il est créé ;

- Communique le positionnement prix demandé ;

- S'adresse à la cible demandée ;

- Délivre de vrais bénéfices consommateur, directement sur le facing ou indirectement sur le dos du packaging en renvoyant à une notice ou un site internet ;

- Organise l'information, la hiérarchise.

## *Critères de comportement en linéaire*

▶ Attire dans un premier temps (impact visuel), séduit dans un deuxième temps (ambiance packaging), emporte l'adhésion dans un troisième temps (crédibilité) ;

▶ Délivre immédiatement l'ensemble des informations demandées (lisibilité, repérage des fonctions alerte…) ;

▶ Participe à un bon effet de masse linéaire ;

▶ S'inscrit dans « l'air du temps » ;

▶ Impose ses propres codes de communication (si la marque est leader et si, en termes d'investissement en communication, elle peut le soutenir).

# Développer un packaging : méthodologie

Les briefs remis aux agences le démontrent : les entreprises attendent parfois que le packaging explique ce qu'elles n'arrivent pas à délivrer avec un film publicitaire. C'est que le packaging est éminemment porteur d'attentes : il « cristallise », le premier, une stratégie d'entreprise, de marque ou de produit.

Le rôle du consultant en design est alors important pour arriver au plus près de cet idéal. L'analyse tient en quelques points, comme par exemple :

▶ analyse des packagings concurrents, détermination des codes de forme ou des codes graphiques du marché (ou « codes d'emballage ») ;

▶ analyse des points forts et des points faibles des packagings actuels ;

▶ positionnement graphique du packaging en fonction de la cible, du positionnement prix, etc. (travail par *concept boards*) ;

▶ analyse du degré de rupture possible ;

▶ branding et wording (ou « copy-packaging ») : quel système de marques, quels textes à installer en facing, sur les côtés, au dos ;

▶ hiérarchisation de lecture, hiérarchisation d'entrée ;

▶ création des fonctions alerte et des diverses allégations ;

▶ anticipation des axes de création, en les nommant, en les hiérarchisant en général du packaging le plus conservateur au plus décalé du secteur.

Par ailleurs, un bon designer reprendra ces informations nées de l'analyse, les relaiera et les sublimera en création. Alors que le consultant raisonne en termes stratégiques, en termes de signes, qu'il hésite à faire prendre à son client des « risques d'image » trop grands, le designer est moins conservateur : il travaille par intuition, parfois par rupture et, souvent, à condition que l'entreprise prenne le risque, réussit à imposer un packaging dans un univers généralement encombré. Pour développer un packaging en minimisant les risques, pour que l'équilibre entre réflexion en amont et création se trouve réalisé, nous conseillons de suivre la méthodologie suivante.

Développer un packaging, c'est suivre une méthodologie parfois rigoureuse. Nous en suggérons ici une. Cependant, chaque cas est particulier. Elle est donc à moduler en fonction des projets confiés à l'agence. Elle se divise généralement en six séquences, appelées aussi « phases » :

- séquence 1 : audit visuel, analyse, réflexion ;
- séquence 2 : conception, axes de création ;
- séquence 3 : création ;
- séquence 4 : mise au point des référents ;
- séquence 5 : application de l'image à l'ensemble de la ligne ;
- séquence 6 : exécution.

## 1. L'audit visuel, l'analyse, la réflexion

En général, il s'agit d'analyser les performances des packagings actuels de l'entreprise et de ses concurrents. L'analyse est conduite sur plusieurs registres et avec des outils divers, en travaillant avec plusieurs compétences dans l'agence ou avec plusieurs expertises. On peut presque systématiquement utiliser ici une présentation de l'analyse sous forme d'une analyse SWOT : quels sont les points de force et de faiblesse vis-à-vis de la concurrence, quelles sont les menaces liées au packaging, quelles sont les opportunités. L'analyse peut se poursuivre en utilisant tout ou partie des outils suivants.

## L'analyse de la marque

Elle est nécessaire dans le cas où le packaging utilise une marque produit à logotyper ou déjà logotypée :

- valeurs et positionnement de la marque institutionnelle, de la marque produits : il s'agit ici de la prise de connaissance d'un document existant ou de l'étude du positionnement des valeurs des marques en question ;

- adéquation de l'identité des marques avec leurs valeurs exprimées dans le brief ;

- détermination des mots-clés hiérarchisés à exprimer au travers du packaging ;

- étude du nom (signification, contenu, adéquation aux territoires induits, etc.) et recommandation (sous-tend-il, potentiellement, les objectifs du packaging ?) ;

- étude de l'identité visuelle du nom si le nom a déjà été logotypé (typographie, symbole…) ;

- approche (analyse complète, aperçu, avis) sémiologique de la marque (signes et sens) ;

- etc.

## L'organisation générale de la gamme

Il s'agit ici de comprendre comment sont organisés tous les produits de l'entreprise. On installe sur des *boards* les facings de chaque produit, agencés selon l'offre telle qu'elle est vendue ou perçue par les consommateurs. L'agence peut réorganiser visuellement la gamme, en général simplifier l'offre pour la rendre plus claire, en tenant compte des enjeux, notamment la part des ventes dans chaque segment (souvent, cet aspect n'est pas abordé, pour ne s'en tenir qu'à un aspect visuel du projet).

L'angle de vue pour comprendre une gamme peut alors changer : pour une gamme de tisanes, on a parfois intérêt à mettre en avant la promesse (circulation) ou le bénéfice (jambes légères), plus que le nom de la plante elle-même que seuls les consommateurs « bio » connaissent.

### L'analyse des signes, de la compréhension et de l'agrément du packaging

Il s'agit ici d'étudier, en soi, le concept graphique, le graphisme actuel et ses différents signes (formes, symboles, ambiance, typographie, couleurs, organisation graphique, projections inconscientes…) émis par le packaging. Le consultant, s'il ne l'est pas lui-même, peut être aidé par un sémiologue.

Il ne s'agit pas, ici, de confondre sémiologie et codes du marché : la couleur bleue, par exemple, est le code d'un produit laitier frais au rayon frais. Mais elle peut avoir une tout autre signification sur le marché des cosmétiques, par exemple. L'analyse conclura sur les points d'ancrage et les points d'amélioration du packaging : ce qu'on peut changer ou non et, surtout, vers quelle direction aller ou évoluer.

### L'impact sur le lieu d'achat

Cette vérification indique l'impact en linéaire par simulation informatique. On juxtapose sur un écran plusieurs packagings identiques pour juger de l'effet de masse. On peut y juxtaposer le reste de la gamme, à côté de la concurrence, en suivant éventuellement un plan d'implantation merchandising. Cette juxtaposition fait prendre conscience des alertes utilisées et de la dynamique de répétition. L'alerte, on l'a vu, est constituée d'un point fort (un signe, un mot, un éclaté) sur chaque packaging. Certains packagings, esthétiques et dont l'impact est *a priori* fort, sont inefficaces en dynamique de répétition : côte à côte, de loin, le linéaire est figé. La dynamique de répétition est liée à l'aspect visuel de plusieurs packagings mis côte à côte.

### L'attribution

On détermine ensuite le degré d'attribution (spécificité, originalité) en utilisant parfois la restitution par cache : il s'agit de cacher une partie du packaging et de voir si l'on comprend de quel produit il s'agit (restitution de la marque, de la nature du produit, etc.). Ce petit test, pratique, permet de savoir si la marque (ou le packaging) est bien associée à une ambiance, un système visuel contribuant à l'identité du produit, comme c'est le cas, par exemple, pour Chanel ou Lipton Ice Tea.

## La hiérarchisation des éléments graphiques

Elle est nécessaire dans le cas d'un packaging existant. Avant toute création, il revient au consultant en packaging de déterminer ce qu'on écrit sur le packaging :

- Quel est le rôle du facing ? Du dos et des côtés ? Comment l'information se ventile-t-elle en l'état présent ?

- Ne parle-t-on pas trop sur le facing ? Le packaging « tourne »-t-il bien : a-t-on envie de le retourner, de le lire ?

- Le packaging « glisse »-t-il bien : en quoi le système de lecture amène-t-il un lien et un renvoi de la marque ombrelle vers la marque produit, puis vers la désignation ? L'alerte renvoie-t-elle à une indication permettant de comprendre immédiatement le produit ?

On analyse donc ici la hiérarchisation des éléments graphiques, texte et visuels, et, en particulier, le système de dénomination, le branding et la structure packaging : qu'est-ce qui fonctionne ? Y a-t-il des incohérences ?

## L'analyse de la concurrence

Elle s'opère sur les mêmes critères que ci-dessus. On analyse les packagings de la concurrence en termes de :

- compréhension immédiate ;

- inscription dans un univers codé ;

- signes, compréhension ;

- agrément ;

- spécificité, originalité ;

- hiérarchisation graphique ;

- etc.

À cette étape, on dégage, s'ils existent, les constituants des codes packaging associés à l'univers concerné (couleurs, formes, signes…). On relève ce qui semble bien ou mal fonctionner chez les autres.

## 2. Le branding, les orientations, la plate-forme de création

L'analyse ci-dessus est synthétisée en un bilan spécifique, concluant sur les orientations à prendre en matière de packaging. Cette analyse est parfois présentée au client de l'agence en amont des orientations packaging et de la création.

Le branding, également présenté, étudie à cette étape le système de marques, l'« architecture de marques », les mots à trouver pour communiquer au mieux, en contrepoint du graphisme, les objectifs du projet packaging.

Mini-cas

### Tartilégumes, un branding étudié

Tartilégumes, une marque CHR de D'Aucy, délivre des informations complexes hiérarchisées et associées à une ambiance packaging qui mêle illustration (contenu, mouvement) et prise de vue (cible). La typographie de la marque produit, généreuse, rappelle également le tartinage.

Création : Philippe Céré.

Le branding peut être très vendeur. Par exemple, dire « avec du calcium », peut être moins juste et moins vendeur que dire « exceptionnellement riche en calcium » (Talians de Danone Eaux). Écrire « aux pêches » est moins poétique et moins gourmand que « aux pêches du Roussillon ». Et pour une eau de toilette, « à la lavande » est plus rude et moins tendance qu'« aux extraits d'huile essentielle de lavande de Provence ».

La détermination de l'alerte doit être rigoureuse : qu'est-ce qui attire vers le produit ? Une allégation santé (« avec du ginseng ») ? Un résultat (« moins 10 kg en 10 jours ») ? Un concept de communication globale qu'on peut appréhender avec des mots et qui sera ensuite discuté et traduit en création graphique (la tache de Skip) ? Une alerte peut être un mot, un signe, un pictogramme… et est généralement liée à une spécificité du produit.

La hiérarchisation d'entrée des éléments (par quoi « rentre »-t-on dans le packaging : la marque de la société ? La marque du produit ? La désignation du produit ?) peut faire l'objet de plusieurs allers-retours avec le client. Ces étapes branding et wording sont le résultat d'une bonne analyse en amont et demandent désormais autant de temps que la création elle-même.

À l'issue de l'analyse précédente, le client valide alors la plate-forme de création qui permettra le passage à la séquence suivante. Cette plate-forme, destinée à être commentée aux créatifs, est l'équivalent de la copy-strategy pour une campagne publicitaire. En une page, elle intègre :

- **le contexte utile à la création**. Il n'est pas besoin ici de reprendre tout l'historique de la société ou toutes les annexes ;
- **la matrice-produit** (comment s'articulent les packagings entre eux, par gamme, ligne, univers, caractéristiques, etc.) ;
- **les objectifs généraux de l'agence** (par exemple, le repositionnement d'un produit vers le haut de gamme) ;
- **les objectifs de la première présentation** (par quoi commence-t-on ? Des *concept boards* ? Des maquettes ?) ;
- **des informations sur la marque de l'entreprise et sur la marque produit** (par exemple, les valeurs de Kellogg's, les valeurs de Choco Pops) ;
- **les concurrents en présence**, les codes qui s'en dégagent ;
- **le branding/wording du packaging référent** à étudier ;
- **les axes de création entrevus** (par exemple, un axe « naturalité », un axe « gourmandise », etc.) ;
- **les principes de création** arrêtés et immuables ;
- **les réunions internes et la date de présentation au client.**

Un bon designer s'en tiendra à cette plate-forme. Un excellent designer la dépassera.

### 3. La conception, le balayage créatif

Les conclusions précédentes détermineront plusieurs registres de création. Par exemple, pour une ligne de gel douche, on pourra imaginer un axe « efficacité », un axe « bénéfice », un axe « aromatique », un axe « beauté », etc.

Nous supposons une méthodologie liée à un conditionnement existant. Cependant, on insérera ici une séquence de travail liée au développement d'un système de conditionnement, sur la base d'un cahier des charges spécifique (qui rejoint le chapitre « Le design de produits »), si l'on juge que c'est justement le système de conditionnement qui assure l'identité du packaging, et si le client valide cette demande. Ce qui fait l'identité d'un produit, c'est en effet autant (si ce n'est plus) le contenant que l'habillage graphique (la bouteille Coca-Cola, Cocoon, Canderel, Canard WC…). C'est évidemment le cas des parfums (la bouteille carrée Chanel, l'originalité du flacon Lolita Lempika). En flaconnage, il existe des catalogues de « standards » permettant, à un moindre coût de développement, d'assurer une identité produit minimum.

Les solutions créatives liées à l'habillage graphique pourront être illustrées sous forme de *concept boards*, et classées par axes de création, du plus proche du packaging actuel au plus éloigné.

On peut proposer plusieurs solutions par axe qui seront argumentées. Il est d'usage de présenter des pistes « conservatrices », puis « dans le brief » et, enfin, « novatrices », en projetant le packaging tel qu'on le voit dans dix ans. Dans tous les cas, la réflexion créative doit permettre au client d'avancer sur sa marque, d'anticiper, de nourrir un point de vue. Il existe de nombreuses agences de design mais peu qui, une fois le travail terminé, aient vraiment fait avancer le client dans sa réflexion, dans la vision qu'il porte sur sa marque.

Le prestataire packaging travaille à cette étape sur la base d'un ou plusieurs « packagings référents » déterminés : une gamme de produits est fédérée par des signes communs. Elle comporte plusieurs lignes, et chaque ligne a ses propres caractéristiques graphiques. Il s'agit, par exemple, de choisir le packaging « tête de ligne » pour deux lignes, lesquelles permettront de comprendre l'image de la gamme et les différences d'image entre chaque ligne. Par exemple, pour une marque de légumes, on choisira le packaging des petits pois en conserve et le packaging des légumes cuisinés au rayon frais. Cette séquence anticipe les principes de déclinaison de gamme, les côtés et les dos (ou pourtours) pour trouver les solutions les plus intéressantes.

Le graphisme de la marque-produit, dans la mesure où elle peut faire l'objet d'applications séparées (argumentaires, PLV, ambiance point de vente, signature d'annonce, etc.), sera traité séparément.

Les solutions les plus intéressantes peuvent être proposées par l'agence à un échantillon d'une dizaine de personnes appartenant à la cible, pour amélioration (cette étape n'ayant pas valeur de test). Ces solutions feront également l'objet de tests optiques classiques comme, par exemple, la réduction (qu'est-ce que je continue à percevoir du packaging de loin ?), la persistance d'ambiance (quelle ambiance se dégage du packaging que je pourrais reprendre sur d'autres supports de communication ?). Ces tests s'effectuent en comparaison avec la concurrence mais aussi avec le packaging existant, s'il y a lieu.

Parmi les solutions travaillées, le prestataire propose toujours une ou plusieurs recommandations très argumentées. L'idée est souvent de donner à son interlocuteur les moyens de « vendre » en interne sa recommandation. Les arguments font parfois l'objet d'une note laissée au client avec les maquettes.

Si toute cette phase est réalisée sur ordinateur, l'informatique ne remplace pas l'idée. Il est surprenant de constater que, parfois, certains designers « foncent » sur leur ordinateur, en lisant à peine le brief ou la plate-forme de création. Comme le demandait Philippe Michel, ancien président de BBDO Europe : « *C'est quoi l'idée ?* » En effet, on perd plus de temps (et d'argent) à se précipiter en création dans toutes les directions, qu'en ayant décidé préalablement de se concentrer sur les axes auxquels on croit le plus. C'est déjà le rôle de la plate-forme de création. Par ailleurs, le designer appartient à une équipe. Il ne doit pas craindre de confronter ses points de vue en réunion interne. C'est là une des valeurs ajoutées du travail en réseau ou d'une agence de design : faire des *roughs* sommaires d'intention, en discuter avec des collaborateurs, lesquels enrichiront la réflexion qui n'en sera que plus pertinente.

## 4. Les mises au point créatives

Une fois une à trois solutions retenues, intégrant les principes de toutes les faces, le prestataire finalise la création au niveau :

▷ du travail de logotypage et de typographie (marques, appellations, symboles…) ;

▷ des textes (gestion des encombrements, des mises en pages, du choix des typographies d'accompagnement…) ;

▷ des illustrations éventuelles (consultation de *books* et choix d'un illustrateur extérieur, illustrations simples intégrées, etc.) ;

▷ des prises de vue éventuelles (recherche et choix d'un photographe) ;

▷ des plages relationnelles, c'est-à-dire fournissant un service au consommateur, pour utiliser le packaging en tant que média (promotion, renvoi à un site internet, informations nutritionnelles, renvoi à une boutique, informations-service : comment consommer, comment ouvrir, recette…), etc.

Ce travail s'effectue sous forme de maquettes finalisées informatiques. Les illustrations et les photos liées à ces maquettes finalisées seront réalisées soit en interne, soit par l'illustrateur ou le photographe retenu pour l'ensemble du projet, approuvé par le client sur recommandation du prestataire.

## 5. Le programme de déclinaison

Sur la base d'une maquette finalisée complète (textes, couleurs, mise en pages et visuels définitifs) et des principes de déclinaison présentés précédemment, le prestataire travaille l'ensemble des variétés et des références. On remarque qu'il y a plusieurs types de déclinaison pour un packaging référent de gamme :

▷ la déclinaison des référents des autres lignes de produits d'une gamme ;

▷ la déclinaison des différentes variétés ou paramètres d'une même ligne de produits ;

▷ la déclinaison des différents formats ou des différentes présentations pour un même contenu.

Un « produit » (une « référence ») est constitué de la variété associée à un conditionnement : la même eau de toilette, donc la même variété, pourra être présentée sous forme de plusieurs types de systèmes (flacon, vaporisateur) ou contenance. Mais le concept graphique restera le même. On appelle ici « référence » ce qui correspond à un même code-barres.

Créer une nouvelle variété ou un autre format à partir d'un référent est donc un travail de déclinaison fond/couleurs/illustrations/photos, qui conserve le même concept packaging et les mêmes éléments, réarrangés. La déclinaison des références aura pu être appréhendée dans la séquence précédente sous forme d'une « matrice de déclinaison », visualisant les paramètres – par exemple la couleur (ou le couple de couleurs) – associés à chacune des références. Il y a alors lieu d'établir des priorités avec le client pour appliquer un « programme de déclinaison packaging ». Les déclinaisons simples (changement de format, changement d'un élément simple comme le poids, la contenance, la couleur de fond…) peuvent s'opérer directement en exécution. On parle alors « d'exécution créative ».

## 6. L'exécution

Cette séquence a pour objectif de produire les éléments d'impression que le client remet à l'imprimeur. L'exécution est généralement réalisée par le prestataire pour des raisons de facilité (tous les éléments sont déjà en mémoire dans ses ordinateurs, la confidentialité est induite, etc.) ou parfois sous-traitée à un partenaire extérieur avec lequel l'agence a l'habitude de travailler. Le client peut être alors directement mis en contact avec la cellule d'exécution de l'agence.

L'exécution comprend, pour chaque référence :

▶ les prises de vue et illustrations définitives ;

▶ les exécutions dites spéciales (dessin des graphismes de marques, de pictogrammes…) ;

▶ l'indication précise des couleurs voulues par le designer ;

▶ la mise sur CD ;

▶ une sortie couleur.

## 7. Focus : la charte graphique

Dans certains cas (packaging international, changement d'agence, etc.), l'agence qui a créé les premiers packagings (branding, structure, ambiance, esprit des visuels, etc.) n'est pas forcément celle qui les déclinera. D'où la nécessité d'une charte graphique packaging, qui normalise les déclinaisons graphiques. Comme pour un logotype, elle fait l'objet d'un synopsis (détermination des têtes de chapitres et anticipation sur le contenu que le client valide), puis d'un développement plus ou moins compliqué selon les cas.

Cette charte est matérialisée par un CD et est remise avec un tirage papier. Elle peut être mise en ligne et accessible grâce à un code. Elle précise les conditions d'utilisation et la façon de construire n'importe quel autre packaging d'une gamme.

Mini-cas

### Milupack : un packaging qui remplit son rôle

Un meilleur contenant doit accompagner le contenu. Après avoir fait évoluer le contenu de ses laits en 2006, avec le lancement de laits à sa marque, qui renforcent le système immunitaire des bébés, Milupa, expert des laits infantiles, s'est attaché en 2007 à créer un nouveau packaging, pour sa gamme vendue en grandes surfaces. Son nom : Milupack. Une innovation qui remplit parfaitement les différents rôles que doit tenir un packaging :

– protéger le contenu ;

– se démarquer face à la concurrence ;

– capter l'attention du consommateur ;

– véhiculer son image et celle du produit ;

– rendre service au consommateur.

Tout d'abord, Milupack, fabriqué à partir d'un matériau léger et résistant, permet de conserver le lait (à l'abri de la lumière, de la chaleur et des rayons UV), et offre une parfaite étanchéité, tout en restant solide. Dans un linéaire aussi encombré que celui des laits infantiles, son design innovant rectangulaire se démarque face aux contenants façon « pot de peinture » de ce marché.

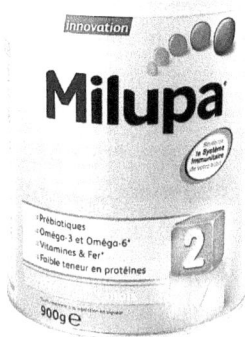

Avant

Après

Avec un facing plat et une boîte plus grande, il permet d'attirer l'œil du consommateur et de véhiculer parfaitement l'ensemble des messages du produit et de la marque.

Enfin, Milupack rend service et accompagne les mamans pour toujours plus de protection. Cet emballage est hygiénique, grâce à un système de fixation de la mesurette dans le couvercle : plus besoin de mettre les mains dans la poudre pour la chercher ! Il est précis : grâce à son araseur intégré, la mesurette est remplie dans les justes proportions. Enfin, il est ergonomique et fonctionnel : avec son format rectangulaire et son couvercle intégré, la boîte est facile à manipuler et à ranger.

# Innover... à tout prix

Innover est devenu essentiel pour des entreprises voulant tirer leurs marques vers le haut, préserver leurs marges, se démarquer, et contrer le hard discount. Un tiers des ventes de produits de grande consommation se réalise avec des produits qui n'existaient pas trois ans plus tôt. Les exigences des consommateurs, toujours plus fortes, et la nécessité toujours présente des entreprises de susciter de nouveaux besoins et envies les poussent inexorablement à innover *via* l'emballage. Pour se démarquer sur des marchés saturés, il faut créer des packagings imaginatifs et originaux. C'est le cas, par exemple, des cafés Wolfgang Punk, aux États-Unis, qui sont conditionnés dans un gobelet en plastique autochauffant. Il suffit d'appuyer sur un bouton pour que le café se chauffe à 62°C en six minutes, et reste chaud pendant au moins trente minutes. Autre exemple : celui du système Lipup, breveté par la société française Lipup, qui permet aux industriels de la boisson d'incorporer une paille télescopique dans les canettes. À l'ouverture de la canette, la paille apparaît. Innovations vraiment utiles ou gadgets éphémères ?

Si la praticité est plébiscitée par les consommateurs, ceux-ci ne veulent cependant pas payer pour un service qu'ils ne jugent pas utile ou dont le bénéfice n'est pas toujours à la hauteur de leurs espérances. Ainsi, si des packagings comme le Nutella Snack & Drink, un packaging « tout-en-un » (pâte à tartiner avec une boisson et des biscuits qui auraient permis à la marque de gagner 4,4 points de part de marché en huit mois), ou comme plus récemment le « gâteau au fromage blanc » de Rians (gâteau centré sur le savoir-faire de la marque, conditionné en moule aluminium lui-même inséré dans un emballage plastique imitant le moule) se révèlent de véritables succès, beaucoup d'autres innovations n'intéressent pas.

Les « flops » (taux d'échecs estimé entre 50 et 60 %) s'expliquent en grande partie par le lancement de produits qui ne répondent pas à de vrais besoins. Les consommateurs sont avides d'offres plus ciblées qui correspondent mieux à leurs goûts et à leur style de vie. Un produit ou un service doit pouvoir répondre à une attente, mais aussi être pratique et facile d'utilisation, ne pas coûter trop cher et arriver au bon moment. C'est pourquoi observer les usages s'avère primordial pour générer des innovations packagings pertinentes.

De nombreux freins existent à l'innovation, et tout d'abord en interne : la pression des objectifs financiers engendre un raccourcissement des cycles d'innovation, une diminution des risques et des moyens alloués[1], ce qui explique un appauvrissement du processus d'innovation au cours de ces dernières années. Sans compter, parfois, l'emprise hiérarchique et le mode de décision qui conduisent malheureusement, en Occident, à aseptiser des concepts initialement inventifs. Par ailleurs, en amont, l'invention se heurte souvent à des réticences de fabrication, de logistique et de distribution (mise en linéaires), dues autant à une résistance au changement qu'à des aspects budgétaires. Enfin, en aval, l'innovation induit généralement des investissements importants en communication (soutien publicitaire et explications suffisantes auprès des consommateurs pour qu'ils adhèrent), mais doit néanmoins assurer un prix acceptable par les consommateurs.

La bonne gestion d'un projet d'innovation packaging demande par conséquent l'implication de nombreuses équipes de l'entreprise dans l'atteinte des objectifs. Créer un conditionnement performant requiert une alchimie de compétences, ainsi qu'une veille concurrentielle mais aussi technologique.

Le packaging a bel et bien son rôle à jouer en matière d'innovation : les consommateurs aiment essayer, tester les nouveautés. Un packaging adapté à l'usage qu'en fait le client et à ses attentes en matière d'emballage s'impose naturellement comme le meilleur outil de fidélisation.

## Les tendances du packaging

### Le packaging service

L'emballage doit être au service du consommateur et exprimer clairement les bénéfices du produit. Le développement du nomadisme, la déstructuration des repas, les nouvelles structures familiales, la recherche du gain de temps, les nouvelles valeurs de convivialité incitent les consommateurs à se tourner vers des packagings adaptés à la circonstance de consommation. Le packaging doit

---

1. Source : étude TNS Sofres et *Les Échos*, à l'occasion des premières assises du marketing, novembre 2004.

répondre aux nouvelles habitudes de consommation, et les marketeurs ont pour mission d'être plus créatifs et réactifs que jamais, en suivant les tendances du moment, notamment en inventant des produits pratiques et rapides à élaborer.

La recherche avancée dans le domaine du conditionnement, notamment alimentaire, amène les fabricants d'emballages et les industriels à avoir recours à des matériaux et des procédés de plus en plus performants, permettant de donner naissance à des emballages non seulement plus faciles à porter, à stocker et à utiliser, mais aussi à des conditionnements capables de préserver le goût et la qualité des produits.

## Le packaging sensoriel

Face à un monde de plus en plus normalisé et aseptisé, le consommateur est avide d'expériences sensorielles qui lui permettent de se sentir exister et lui procurent, de surcroît, de véritables instants de plaisir. Les « aventures sensitives » ramènent à un sentiment réconfortant de réalité. C'est pourquoi l'acte d'achat se veut désormais émotionnel, et, au-delà des qualités intrinsèques du produit, la simple vue ou prise en mains de son emballage peut influencer la décision d'achat.

Le design sensoriel des packagings a tout d'abord naturellement concerné le secteur du luxe, puis a gagné les produits de grande consommation. C'est Jacques Vabre qui a commercialisé, le premier, un paquet de café mou et mat, créé par le designer Michel Calibani, agréable au toucher, chaud et moelleux, à l'inverse des emballages sous vide brillants et glacés, désormais désuets.

Le packaging sollicite aujourd'hui les cinq sens des consommateurs – ouïe, odorat, vue, goût et toucher – afin d'éveiller leur désir et d'assurer leur fidélité. Conférer à un emballage un pouvoir émotionnel pour réenchanter la consommation des produits, tel est le credo des marketeurs.

## La transparence du packaging

Le besoin d'authenticité, traduit jadis par des positionnements liés à la tradition comme le papier kraft, s'exprime aujourd'hui par des emballages qui jouent la carte du minimalisme graphique et de la transparence qui laisse voir le contenu.

La transparence est associée à la vérité, l'authenticité, la simplicité et la naturalité. La transparence met la beauté d'un produit, sa gustativité, à la portée du consommateur. Les marques, que ce soit pour des produits de luxe, de grande consommation ou des produits plus techniques, veulent ainsi donner directement accès au produit et créer de la proximité.

## Le packaging minimaliste

Sobre et minimaliste, le packaging peut être simple avec un visuel très qualitatif, presque poétique, qui invite au plaisir. C'est le parti pris des produits du rayon épicerie fine de la chaîne de produits surgelés Picard. Il s'agit d'aller à l'encontre du verbiage publicitaire en misant sur des packagings sobres mais très soignés, avec des photos proches de celles des magazines.

## Le packaging décalé (ou disruptif)

Du maquillage dans des tubes de peinture (Chanel), un gel douche dans une canette de soda (Fa), des détergents qui s'apparentent à des produits cosmétiques (Rituals)… De nombreux produits n'hésitent pas à pratiquer le détournement de codes réservés normalement à d'autres univers. Il s'agit de jouer sur l'originalité et le plaisir pour amuser, se démarquer et maintenir des parts de marché. Sortir des sentiers battus permet également à certaines marques de conquérir une nouvelle clientèle. Mais être décalé ne dispense pas d'offrir une véritable valeur ajoutée à son packaging et de rester utile et pertinent.

## Veuve-Clicquot : luxe, décalage et utilité

La fameuse étiquette jaune qui habille les bouteilles de champagne Veuve-Clicquot Ponsardin depuis le XIXe siècle, alors qu'à l'époque le blanc et le doré sont de rigueur, montre déjà l'audace de la marque en termes de packaging. Mais depuis 2000, la filiale du groupe LVMH s'est engagée dans une véritable stratégie packaging créative. Non pas en faisant évoluer la bouteille, qui est déjà un acquis, mais en l'habillant d'emballages secondaires, à la fois beaux et intelligents. Veuve-Clicquot marque ainsi une longueur d'avance en termes d'innovation packaging, dans un univers des vins et spiritueux qui jusqu'à aujourd'hui était assez frileux en termes de créativité. Parmi les nombreuses créations de la marque : une boîte qui se déploie pour révéler un seau à champagne (Ice Box en 2000), un seau à peinture qui fait également office de seau à glace (Paint Box en 2002), une combinaison en néoprène (Ice Jacket en 2004), une mallette isotherme qui permet de transporter une bouteille et deux flûtes (Clicquot Traveller en 2005), un écrin high-tech pour mettre en valeur les millésimes (la Cellar Box créée par le designer argentin Pablo Reinoso), ou encore, pour Veuve-Clicquot Rosé, Globalight, une réinterprétation du rafraîchissoir à champagne imaginée par le designer Karim Rashid. Si la marque possède un studio intégré générant les projets packaging, elle aime également faire appel à de grands designers et artistes qui apportent une sensibilité, une vision extérieure intéressante. Veuve-Clicquot essaie en général de pérenniser ses relations avec les artistes sur plusieurs années, afin qu'ils deviennent de vrais « amis de la Maison », sachant inventer en préservant l'ADN de la marque. Par ailleurs, l'objectif de Veuve-Clicquot n'est pas simplement de surprendre, mais de créer de vrais concepts et d'apporter au consommateur une véritable valeur ajoutée. C'est le challenge que se lance la marque depuis des années : concevoir des emballages secondaires qui concilient décalage, haut de gamme et utilité.

La Cellar Box, créée par le designer Pablo Reinoso, est un emballage secondaire high-tech conçu pour mettre en valeur les millésimes de la marque Veuve-Clicquot.

## Le packaging conteur de légende

Certaines marques revisitent les produits mythiques. Ce phénomène baptisé « newstalgia » plonge le consommateur dans son enfance et permet aux marques, en gardant leur héritage, de renforcer leur légende et de retrouver leur âme, sur un marché où les offres tendent à s'homogénéiser (réédition de la grue Meccano pour le centenaire de la marque). Certaines marques plus récentes tentent de se créer une légende. C'est le cas, à titre d'exemple, de l'eau Quézac. L'idée est d'innover en partant du passé, qu'il soit réel ou imaginaire, et en le mettant au goût du jour.

## Le packaging événementiel

Evian qui se marie avec la marque Christian Lacroix, une bouteille de Suze habillée par Castelbajac, le champagne Mumm couché dans un coffret en forme de galet, un bidon d'Ariel habillé par une créatrice de mode, une bouteille en verre givré pour l'eau Wattwiller, La Boîte Boisson qui organise un concours national pour événementialiser la boîte métal… Les grandes marques utilisent dorénavant le « packaging événementiel » en séries limitées pour répondre à un besoin d'unicité, susciter une prise de parole et créer un moment fort dans l'année. Ces packagings sont l'occasion de nourrir une ou plusieurs dimensions de la marque. Ils peuvent être décalés et créatifs, tout en la respectant.

Il est probable qu'à l'avenir, plusieurs moments forts seront créés, impliquant alors plusieurs packagings différents. En effet, la logistique se sophistiquant, on peut imaginer de construire de véritables « campagnes de packaging », du moins pour les produits à rotation rapide (rayon frais).

La limonade Lorina et le sel La Baleine, deux packagings événementiels dans des univers encore inattendus il y a quelques années. Exposition Collector, P'Référence.

### Entretien avec Fabrice Peltier,
président de P'Référence, fondateur de la Design Pack Gallery à Paris

## L'exposition des packagings Collector

Fabrice Peltier a réuni en une sorte d'exposition itinérante plusieurs packagings « collector ». De ce nouveau support qui s'inscrit désormais dans la stratégie marketing de nombreuses marques de grande consommation, il fait ici une analyse.

« *Nous distinguons dans cette exposition des grands thèmes d'inspiration graphique :*

– *l'histoire de la marque, rappelée* via *la reprise d'éléments ou de codes graphiques du passé ;*

▶ ▶ ▶

▷▷▷

– *le renforcement du positionnement du produit, exprimé grâce à un décor signifiant ;*

– *l'affirmation du caractère du produit, souligné par une ambiance figurative ;*

– *les codes graphiques de la marque, réinterprétés de façon créative ;*

– *les jeux de couleurs et de matières, utilisés comme seuls éléments de décor ;*

– *la transparence, adoptée pour mettre en scène l'emballage primaire et le dévoiler subtilement ;*

– *la sophistication, réalisée pour magnifier l'emballage en adoptant le plus souvent un style épuré ;*

– *le luxe, matérialisé par le choix de matériaux nobles et inattendus ;*

– *la décoration, créée pour faire de l'emballage un objet ornemental ;*

– *le "cobranding", utilisé pour associer son image à une autre ;*

– *la bande dessinée, empruntée pour réaliser des décors transgénérationnels ;*

– *les créateurs de mode, choisis pour donner une touche créative à la marque ;*

– *les étudiants, sollicités par le biais de concours pour redonner une jeunesse éternelle au produit ;*

– *les jeunes graphistes, sollicités pour oser des décors décalés ;*

– *les artistes, invités à marquer le packaging de leur empreinte singulière ;*

– *le détournement artistique, réalisé pour faire à la manière de…*

*Le style graphique est toujours associé à un type d'emballage particulier qui, lui aussi, contribue à apporter une grande part d'originalité au "collector".*

*Pour ce qui est de la forme, nous distinguons six grandes familles :*

– *Les décors événementiels développés sur la base des packagings standard. Ce sont les plus faciles à réaliser. Leur principe est simple. Il consiste en un simple "rhabillage" graphique de l'emballage primaire.*

– *Les produits et les packagings réalisés en très grands formats, voire géants. Il s'agit d'une forme de magnificence de la marque et de son offre. Tout est démultiplié pour combler de bonheur les clients conquis, fidèles à la marque, et pour se signaler à des nouvelles recrues.*

▷▷▷

⊳⊳⊳

- *Les "Barbie-packagings". C'est une pratique de couture sur mesure qui consiste à habiller les emballages comme des poupées.*

- *Les suremballages qui contiennent les packagings standard en les masquant totalement ou en partie. C'est la formule la plus communément utilisée dans l'univers des vins et spiritueux. L'emballage "collector" est un coffret, un écrin de très belle facture.*

- *Les emballages spécifiques et les suremballages spécifiques conçus de toutes pièces. Ce sont, bien entendu, ceux qui demandent le plus de créativité, mais aussi le plus de courage pour les marques car ils sont longs et coûteux à réaliser.*

- *Les emballages réutilisables. Ce sont les plus écologiques, puisqu'ils sont conçus pour avoir une seconde vie, voire une vie principale, leur statut d'emballage n'étant que provisoire.*

*Les créations de packaging "collector" sont souvent remarquables. Elles font, en général, date dans l'histoire de la marque. Elles renforcent sensiblement son image qualitative et peuvent devenir de véritables figures emblématiques. »*

# L'avenir du packaging

## Le packaging et l'internationalisation des marques

Le phénomène d'internationalisation des marques n'est pas nouveau. Les exemples de marques mondiales ne manquent pas, quels qu'en soient les secteurs : Coca-Cola, Bic, Scotch, Renault, Heineken, McDonald's, Carrefour, Cartier, Swatch, Evian, Danone... Ces marques ont réussi à s'imposer mondialement en créant un consensus dans la vision et dans les valeurs de leur marque.

Si l'heure est vraisemblablement à la standardisation des produits, la gestion des marques à l'international, et plus particulièrement l'internationalisation du packaging, est loin d'être évidente. Les entreprises se retrouvent fréquemment prises entre les injonctions d'une politique packaging globale et celles de l'adaptation aux conditions et spécificités locales : la culture et les modes de consommation des produits, les différences linguistiques, la concurrence locale, la réglementation packaging et les différences juridiques, le conditionnement, la taille, les codes graphiques, la signification des couleurs, les signes typographiques, etc. concourent souvent à niveler le packaging « par le bas », en utilisant les plus petits dénominateurs communs aux différentes cultures.

Mais même à une stratégie de marque internationale globale, qui induit un positionnement identique et une homogénéité des composantes du marketing-mix, dont le packaging, un nouveau concept s'impose parfois. En tout cas, une adaptation, même mineure, presque toujours. C'est tout le paradoxe : respecter les impératifs de la globalisation des marques, tout en sachant s'adapter à certaines spécificités locales. C'est le *think globally, act locally* lancé à leurs filiales par plusieurs multinationales américaines dans les années 1990, après avoir constaté que les packagings de leurs marques souffraient d'une image mal comprise par les autres marchés, dont la France. Au packaging « tout global » s'est substitué le packaging « glocal » (contraction de global et local), qui désigne un compromis entre une image globale et les impératifs locaux. Pour éviter de lancer un produit inadapté localement et pour savoir dans quelles proportions adapter leurs packagings aux conditions locales, les entreprises se doivent d'analyser notamment la culture des pays ciblés et leur expression packaging.

À l'opposé d'une stratégie packaging internationale globale, certaines entreprises adoptent une stratégie essentiellement locale : on parle alors de stratégie de packaging multilocal. Chaque concept graphique peut être différent. Cette stratégie semble en fait la plus adaptée : il ne coûte souvent rien, en packaging, de disposer de plusieurs images différentes de pays en pays, contrairement à une communication TV. Les retours sur ventes ont tendance à le prouver, dont les niveaux couvrent largement le coût de packagings multilocaux (recherche, impression, production, marketing, communication…).

Entretien avec Cécilia Tassin,
directrice de la stratégie, agence Blackandgold

### Le brumisateur Evian : un packaging haut de gamme qui joue sur l'ancrage national

Si le contenu ne change pas, le contenant peut permettre de repositionner un produit. C'est le cas du brumisateur d'eau minérale Evian. Traditionnellement vendu comme un produit destiné aux bébés ou aux femmes pour se rafraîchir, son utilisation comme produit de soin était très peu mise en avant par le packaging, qui était davantage un copié-collé des bouteilles d'eau minérale. C'était donc la mission de l'agence Blackandgold que de rendre ce produit plus glamour et plus féminin. La forme du flacon et son décor parlent d'eux-mêmes et invitent à nicher le brumisateur dans son sac à main. Et pour ce produit destiné à l'international par excellence, l'agence de design n'a pas hésité à jouer la carte de l'ancrage national, avec l'image des montagnes françaises, desquelles s'échappent, comme par magie, de petites perles d'eau. « *Miser sur le plus petit dénominateur commun pour internationaliser un produit n'est pas toujours pertinent,* explique Cécilia Tassin. *Bien au contraire, l'accent mis sur l'origine du produit peut être très apprécié à l'étranger, le tout est de rester décodable.* »

## Le packaging citoyen : respecter l'homme et l'environnement

L'évolution des modes de vie, de la démographie et de nos habitudes de consommation nous amène à utiliser de plus en plus d'emballages qui deviennent des déchets. En trente ans, notre production de déchets ménagers a ainsi été multipliée par deux. Rien qu'en France, nous utilisons près de 100 milliards d'emballages par an (presque cinq par jour et par personne), soit en moyenne 84 kg annuels par Français.

Les causes d'augmentation de la production d'emballages[1]

| Les principales explications de l'augmentation des produits emballés | Les conséquences |
| --- | --- |
| Croissance de la population et augmentation du nombre des ménages. | Augmentation de la consommation des produits emballés. |
| Augmentation des personnes vivant seules (doublement depuis 30 ans), diminution de la taille des ménages et individualisation de la consommation. | Accroissement des portions individuelles et des petits emballages. |
| Réduction du temps consacré à la préparation des repas. | Augmentation de la consommation des produits « tout prêts », préemballés, achetés en libre-service. |

Face à cette augmentation du nombre d'emballages (*cf.* tableau ci-dessus), la problématique environnementale entre aujourd'hui en jeu dans l'esprit des professionnels de l'emballage, d'autant que les consommateurs se préoccupent désormais de la gestion des déchets d'emballages (un Français sur deux) et prennent en compte les considérations environnementales lors de l'achat d'un produit (35 % en 2005)[2]. Les pratiques des consommateurs en matière de gestion des déchets d'emballages ne sont pas toujours cohérentes avec leurs souhaits. Mais ces mêmes consommateurs citent la biodégradabilité, la recyclabilité des matériaux ou encore la diminution et la réduction de la taille des emballages comme les principales améliorations qui pourraient être apportées aux emballages.[3]

1. Source : Conseil national de l'emballage, « Être ou ne pas être emballé ».
2. Étude consommateurs réalisée par GlobeScan pour Tetra Pak auprès de 500 personnes représentatives de la population française, juin 2005.
3. Selon une étude sur les attentes des consommateurs pour les emballages, réalisée par le cabinet MV2 pour le compte d'Exposium et présentée au salon Europack, début octobre 2005.

Emballages, environnement et préoccupations des consommateurs[1]

| Améliorations souhaitées sur les emballages | |
|---|---|
| Biodégradabilité | 97 % |
| Recyclabilité | 96 % |
| Diminution de leur poids | 89 % |
| Réduction de la taille | 90 % |
| Emploi d'écorecharges | 82 % |
| Élimination des suremballages | 82 % |

Les acteurs du packaging sont conscients des enjeux que représente l'éco-conception : si la population française augmente, le tonnage des déchets d'emballages, paradoxalement, se stabilise. Designers, marketeurs et consultants favorisent non seulement les économies de consommables, mais aussi la biodégradabilité et le recyclage des matériaux. Si la consommation de produits a augmenté de 11 % entre 1997 et 2003, le nombre d'emballages a également progressé de 11 %, alors que les tonnages d'emballages ont baissé de 3 % sur la même période[2].

L'éco-conception d'un emballage implique une action sur plusieurs leviers :

- le choix des matières premières ou de l'amélioration de l'emballage dès la conception ;

- l'appréhension de la consommation énergétique durant la phase de production : la distribution et le transport, la gestion de fin de vie (recyclage, réutilisation, compostage…) ;

- la communication du résultat sur le packaging lui-même, ce qui est souvent trop peu le cas.

Les designers responsables, tant en produit qu'en graphisme, intègrent désormais les paramètres liés à l'éco-conception, ce que l'on nomme maintenant l'éco-design. À la recherche du meilleur compromis, le concepteur s'efforce

---

1.  Source : MV2/Exposium (Europack).
2.  « Mieux produire et mieux consommer. La prévention des déchets d'emballages », étude réalisée par le Conseil national de l'emballage, l'ADEME (Agence de l'environnement et de la maîtrise de l'énergie), et les sociétés Adelphe et Éco-emballages.

de procéder par sélection et combinaison de plusieurs solutions. Une approche qui nécessite en amont une étroite collaboration entre les différents acteurs de la chaîne.

Les exemples de bons élèves ne manquent pas. Ainsi, chez Procter & Gamble, qui joue l'éco-efficacité, la modification du design du flacon Ace, par exemple, avec un allègement du flacon de 62 à 52 grammes, a permis de faire une économie de 114,5 tonnes/an de matériau, de gagner 20 % du volume de transport (augmentation du nombre de produits par palette de 576 à 720 UVC), et d'économiser 100 camions par an. De la même façon, la marque Cristalline indiquait clairement sur ses bouteilles, en 2008, une poursuite de la réduction de l'emballage : finesse du contenant, réduction de la hauteur du bouchon.

Le consommateur doit comprendre que l'emballage n'est pas qu'un simple déchet inutile, mais une véritable matière première à recycler. Les industriels doivent imaginer des solutions créatives et communiquer pédagogiquement sur les emballages afin d'induire la gestuelle de jeter intelligemment les emballages en fonction des contraintes du tri sélectif. Il suffit de citer Evian qui a réussi à marquer les esprits en communiquant sur sa bouteille compactable qui, par son design, implique une nouvelle gestuelle de jeter.

## Le cyberpackaging

Après quelques années de mise à l'épreuve, le commerce électronique confirme son rôle-clé au cœur de la consommation. Même s'il s'agit le plus souvent d'achats de produits culturels ou technologiques, le web semble s'imposer comme circuit de distribution à part entière, complémentaire des autres points de vente traditionnels. Néanmoins, la cyberdistribution présente des mécanismes de mise en relation avec le produit (recherche, découverte et choix du produit) différents de ceux du commerce traditionnel. Par conséquent, il convient de se demander si les structures packaging, les formes, les couleurs, le branding, imaginés pour les linéaires, valent aussi pour l'e-commerce.

*Via* Internet, les produits ne peuvent pas être touchés, ni pris en mains. Il n'y a pas non plus l'ambiance d'achat d'un magasin, le bruit. C'est pourquoi sur un site d'e-commerce, la présentation visuelle du produit est prépondérante. *Exit* les petits visuels de packaging, et place à une mise en valeur du produit interactive et qualitative.

Dans un univers virtuel, l'internaute a davantage besoin de repères. Mettre en avant la marque de manière qualitative peut, par conséquent, le rassurer. Il ne s'agit pas de tomber dans une présentation racoleuse, mais de travailler sur les signes essentiels de la marque en mettant en avant la forme et la couleur, les attributs esthétiques et les codes du packaging. Cela est d'autant plus simple que l'e-commerce favorise une plus grande liberté d'expression qu'un point de vente traditionnel. Une présentation à l'écran peut permettre de découvrir le produit sous plusieurs angles. Les descriptifs des produits, les modes d'emploi ou conseils d'utilisation peuvent être présentés de façon interactive et ludique par le biais, par exemple, d'images ou de petits films vidéo. L'internaute est généralement à la quête d'informations, et la présentation du produit doit lui permettre de répondre à ses questions et l'aider dans son choix et sa sélection de produits, en vue d'un achat directement en ligne ou en report dans un point de vente classique.

Contrairement aux magasins, c'est davantage le webconsommateur qui choisit d'aller à la rencontre des marques et des produits. C'est une relation positivée et non subie. C'est pourquoi les marques doivent dans ce contexte prendre la parole efficacement pour créer l'impact et renforcer leurs liens avec le consommateur.

# Chapitre 8

# L'architecture commerciale

*« Enfant, j'ai réaménagé ma chambre. En la vidant. »*

Andrée Putman[1], designer

## Petite histoire de l'architecture commerciale

### Les prémices de l'architecture commerciale

L'architecture dite « commerciale » relève d'un type de design particulier : le design d'environnement, c'est-à-dire la manière d'agencer un espace en lui donnant du sens, en fonction d'un cahier des charges. Le design d'environnement est ici mis au service d'une enseigne (Monoprix, Carrefour, Eram, Lancel), il est donc alors lié à l'histoire de la distribution et des points de vente.

Peut-on dire que l'architecture commerciale, l'architecture de commerce, existe depuis que l'homme fait du commerce et effectue des échanges ? Pas vraiment. Certes, les hommes ont toujours pratiqué l'échange et le troc, assurant ainsi la circulation des marchandises, mais il n'existe pas vraiment jusqu'au XVIIIe siècle de réflexion proprement dite autour de l'aménagement des lieux de vente : l'architecture commerciale n'a guère été traitée par les

---

1. Europe 1, émission de Frédéric Taddéi « Regarde les hommes changer », 23 janvier 2008.

historiens de l'architecture, qui se sont davantage penchés sur l'aménagement des points de vente à partir du XIX$^e$ siècle.

Jadis, les fonctions de distribution étaient généralement assumées par les producteurs eux-mêmes. La rencontre vendeur/acheteur s'effectue alors dans les foires et marchés, lieux par excellence de commerce, où les distributeurs et producteurs se confondent. Il s'agit d'une diffusion locale des produits. Les échoppes apparaissent, sans toutefois que les marchands réfléchissent vraiment à l'aménagement intérieur de leurs boutiques. L'agencement des espaces de vente se fait alors en fonction des produits et des contraintes de l'espace. La marchandise est le plus souvent stockée dans l'arrière-boutique, et c'est surtout l'argumentation du vendeur qui permet de mettre en avant les produits et de les vendre. Les commerçants fixent leurs prix « à la tête du client ».

La révolution industrielle engagée à la fin du XVIII$^e$ siècle, qui se poursuit durant tout le XIX$^e$ siècle, marque un tournant dans l'histoire de la distribution. Néanmoins, dès le XVIII$^e$ siècle, les aides à la vente, dont le design, transforment la boutique en salon de réception. Simultanément se dessine une nouvelle façon de visiter : le « shopping » est né. L'activité commerciale contribue de façon essentielle à façonner l'image du quartier. Luxueuse, la boutique projette une image valorisante de la ville ; délabrée ou fermée, elle renvoie à la déchéance d'un quartier. D'où l'importance de la conception spatiale des lieux de commerce. Faute d'un urbanisme bien pensé, l'urbanité dépérit.

### Entretien avec Sophie Descat,
**maître de conférences en histoire moderne à l'université de Brest**

## La boutique et l'architecture des commerces à Paris au XVIII$^e$ siècle

*« On parle peu d'architecture commerciale pour les périodes qui précèdent le XIX$^e$ siècle, que l'on considère souvent comme "le" siècle des grandes innovations en la matière,* souligne justement Sophie Descat[1]. *Pourtant, le problème*

▷ ▷ ▷

---

1. Sophie Descat, auteure de nombreux ouvrages, a notamment publié un article, dans l'exemplaire de décembre 2002 de la revue *Histoire urbaine*, consacré au commerce de détail et à l'embellissement à Paris et à Londres dans la seconde moitié du XVIII$^e$ siècle.

⟫⟫⟫

*délicat de la gestion des aires de chalandise a fait l'objet, dès la seconde moitié du XVIIIᵉ siècle, de questionnements et de programmes originaux. »* En effet, à partir du XVIIIᵉ siècle l'architecture commerciale commence à se diversifier et devient de plus en plus visible dans l'espace urbain. Cela est vrai pour Londres, mais également pour Paris, où le développement du commerce de détail et celui du luxe expliquent la naissance de la boutique architecturée et soigneusement aménagée. Conscients de la nécessité de lier « l'essor boutiquier » à des projets d'aménagement urbain, des architectes urbanistes comme Pierre-Louis Moreau ou George Dance le Jeune réfléchissent aux possibilités de concilier boutique et embellissement. Une démarche proche de ce que l'on nomme aujourd'hui l'« urbanisme commercial ». *« Pierre-Louis Moreau a eu l'occasion, dans le cadre de sa fonction officielle, de réfléchir plusieurs fois à la question du commerce de détail et de son organisation en milieu urbain,* raconte Sophie Descat. *Il est, entre autres, préoccupé par tout ce qui touche au problème de la boutique et son insertion dans la ville, dont la capitale, qui doit, pour les administrations de l'époque, retrouver un "visage poli". Ce dernier mènera des réflexions sur l'entourage spécifique de la boutique et se montrera un fervent défenseur du trottoir dans les quartiers commerciaux. Moreau a ainsi porté un intérêt tout particulier à un motif urbain inséparable de la boutique,* poursuit notre historienne, *et que l'on associe généralement au XIXᵉ siècle : le passage couvert. »* L'architecte proposera ainsi un premier projet dans le quartier des Halles, suivi par d'autres propositions comme celle du passage Conty. *« Ces exemples d'aménagement rationalisé de boutiques en milieu urbain montrent l'importance acquise par le "spectacle" commercial dans les grandes métropoles de la seconde moitié du XVIIIᵉ siècle »,* conclut Sophie Descat.

## La révolution industrielle et la naissance des temples de la consommation

Durant le Second Empire (1852-1870), Napoléon III accélère la révolution industrielle en France. Paris, qui connaît alors un fort dynamisme démographique et une véritable mutation urbaine, se dote de nouveaux modes de transports avec la construction de gares et de chemins de fer, facilitant ainsi la circulation des marchandises. L'ensemble de ces changements stimule l'activité commerciale et intensifie l'éclosion de la bourgeoisie. Des entrepreneurs et visionnaires, pour la plupart issus du milieu de la boutique, tels Aristide Boucicaut, Ernest Cognacq, Alfred-Hippolyte Chauchard ou Théophile Bader, introduisent de nouvelles formes de commerce. C'est la naissance des grands magasins qui doivent répondre à la vaste demande de la capitale en pleine effervescence.

Le premier d'entre eux est le Bon Marché fondé en 1852 par Aristide Boucicaut. Son exemple est largement suivi à Paris : le Bazar de l'Hôtel de Ville (1856), le Printemps (1865), la Belle Jardinière (1866), la Samaritaine (1869), et plus tard les Galeries Lafayette (1893). Les hommes qui dirigent ces grands magasins sont marqués par les nouvelles techniques de vente héritées notamment du commerce des nouveautés. Ils instaurent les bases du commerce de masse : entrée libre, exposition des marchandises, affichage des prix, organisation du magasin en rayons spécialisés, soldes… La spécificité de ces établissements réside dans le lien nouveau qu'ils instaurent entre les marchands et les clients. L'espace intérieur des grands magasins est organisé de façon à laisser aux clients une liberté de circulation dans les rayons. Ces magasins doivent créer une atmosphère de fascination incitant à l'achat.

L'achat doit devenir un plaisir, c'est le début du « shopping ». Émile Zola, dans son roman *Au bonheur des dames*, évoque l'architecture intérieure de ces magasins et l'atmosphère qui y règne.

**Pour la petite histoire**

### *Au bonheur des dames* et les cathédrales du commerce moderne

*« L'architecte, par hasard intelligent, un jeune homme amoureux des temps nouveaux, ne s'était servi de la pierre que pour les sous-sols et les piles d'angle, puis avait monté toute l'ossature en fer, des colonnes supportant des poutres et des solives. Les voûtins des planchers, les cloisons des distributions intérieures, étaient en brique. Partout on avait gagné de l'espace, l'air et la lumière rentraient librement, le public circulait à l'aise, sous le jet hardi des fermes à longue portée. C'était la cathédrale du commerce moderne, solide et légère, faite pour un peuple de clientes…*

*Mouret avait l'unique passion de vaincre la femme. Il la voulait mettre dans sa maison, il lui avait bâti ce temple, pour l'y tenir à sa merci. C'était toute sa tactique, la griser d'attentions galantes et trafiquer de ses désirs, exploiter sa fièvre…*

*Mais où Mouret se révélait comme un maître sans rival, c'était dans l'aménagement intérieur des magasins. Il posait en loi que pas un coin du Bonheur des dames ne devait rester désert ; partout, il exigeait du bruit, de la foule, de la vie ; car la vie, disait-il, attire la vie, enfante et pullule. »*[1]

L'architecture extérieure et intérieure des grands magasins apparaît moderne et luxueuse. Les grands magasins deviennent de véritables enjeux architecturaux que se disputent les grands maîtres d'œuvre tels Binet, Jourdain ou Boileau – notons que ce dernier est, avec Gustave Eiffel, un pionnier dans l'utilisation du fer et du verre.

Pour la petite histoire

## L'architecture du Bon Marché

En 1868, Boucicaut envisage une reconstruction globale du Bon Marché, fondé seize ans plus tôt. En effet, après la démolition de l'hospice des Petits Ménages, l'entrepreneur, dont le magasin se situe à l'angle de la rue de Sèvres et de la rue du Bac, dans le 7ᵉ arrondissement de Paris, peut jouir désormais de la totalité du pâté de maison. Les travaux débutent en 1869. La construction de cet édifice plus vaste est confiée à Eiffel et Boileau. L'architecture de ce lieu de vente se caractérise par une armature de fins piliers de fer, une verrière et des lucarnes pour laisser passer la lumière naturelle, de larges baies vitrées pour exposer les articles, etc. La construction du Bon Marché, d'une superficie au sol de 528 000 m², s'achève en 1887.

Vue générale aérienne
du Bon Marché en 1880.

---

1. Émile Zola, *Au bonheur des dames*, Gallimard, 1999.

## Les années 1930 : une nouvelle forme de commerce

La crise des années 1930 oblige à reconsidérer le concept de grand magasin et à s'adapter à une nouvelle situation socio-économique mondiale. Un contexte qui donne naissance à de nouvelles formes de commerce tels les magasins populaires (Uniprix, Monoprix, Priminime, etc.). Il s'agit de proposer des produits d'usage courant à des prix bas pour une clientèle plus modeste. C'est à cette époque que débute l'épopée de Monoprix. La Seconde Guerre mondiale stoppe l'évolution du commerce. Il faut alors attendre l'époque des Trente Glorieuses pour que la machine se remette véritablement en route.

## La société de consommation et l'évolution de l'architecture commerciale

Dans les années 1950, le petit commerce de détail indépendant représente encore près de 65 % des échanges. Couvrir les besoins de la population est prioritaire. L'apparition du marketing, à la fin des années 1950, marque le passage à une société de consommation que les années 1960 développent avec le système économique fordien, qui fait son apparition en France. En 1963, seuls 35 % des Français possèdent une automobile et 40 % une machine à laver. Un marché immense pour les entreprises de distribution ! Dans ce contexte, il s'agit de proposer aux consommateurs le plus grand nombre de produits manufacturés, tout en associant un service lié à l'enseigne.

La création des enseignes de la grande distribution, dans les années 1960, marque l'abandon de la vente assistée pour le libre-service. Le face-à-face vendeur/acheteur se substitue alors à celui du consommateur/marchandise, puis consommateur/marque. Ce rapport se renforcera plus tard avec la communication des marques au travers de médias puissants comme la télévision ou la radio : le produit est prévendu par la communication de la marque.

## Les années 1970 : passer de l'architecture d'ambiance à l'architecture commerciale

L'architecture commerciale a longtemps été le parent pauvre du design. D'ailleurs, avant les années 1970, le terme n'était pas vraiment utilisé. On parlait plus simplement d'architecture d'ambiance. Il aura fallu attendre les années 1970 pour qu'elle gagne ses lettres de noblesse, à l'époque de la multiplication des grandes surfaces et de la concurrence entre les enseignes.

Deux types de prestataires se sont alors mis à s'intéresser à l'architecture des commerces : d'une part, ceux issus de la publicité et de la communication et, d'autre part, ceux issus de l'architecture non commerciale. Les premiers, comme les agences Carré Noir ou Dragon Rouge, historiquement axées sur l'identité visuelle et le packaging, ont vite compris l'intérêt d'une architecture communicante. Un magasin se lit comme un magazine ; il est un repère et dispose d'une image propre, d'une forte identité, comme les restaurants Courtepaille ou les boutiques Visual. Les seconds sont architectes de formation, sans esprit communicant.

Aujourd'hui cohabitent dans une équipe de développement d'architecture commerciale architectes, stratèges en marques, merchandisers : il s'agit d'une équipe pluridisciplinaire.

## L'architecture commerciale aujourd'hui

On assiste, depuis plus de dix ans, à une prise de conscience générale de l'importance de l'aménagement des boutiques quels que soient la taille et le secteur d'activité du point de vente. Aujourd'hui, les nouveaux concepts d'architecture commerciale deviennent un sujet prioritaire pour une enseigne. La presse généraliste, la presse économique, et même la presse de mode s'intéressent aux nouveaux concepts de boutiques. L'architecture commerciale a même sa presse spécialisée et de nombreux magazines qui se font les échos des nouvelles tendances et nouveaux concepts (*Concepts et tendances*, *Sites commerciaux*, *LSA*, *Points de vente*, *Marketing magazine*, *Commerce magazine*, etc.). Et le sujet ne risque pas de s'épuiser, car les évolutions de l'urbanisme commercial font actuellement cohabiter une multitude de magasins avec des formats variés (mégastores, magasins de périphérie ou de centre commercial, boutiques de centre-ville), et des designs aussi différents les uns que les autres.

Des prix viennent également récompenser l'imagination des commerçants, des distributeurs et des agences, tels les Janus du Commerce ou Les Enseignes d'Or, créées par Alain Boutigny, directeur de l'hebdomadaire *La Correspondance de l'enseigne* et Gérard Caron, fondateur de l'agence de design Carré Noir. Outre l'engouement général pour le design, d'autres raisons poussent enseignes et commerçants à disposer d'espaces commerciaux étudiés, quelle que soit leur taille.

## Se démarquer face à une concurrence de plus en plus accrue

Dans un contexte de forte concurrence, les stratégies de différenciation par les prix ne sont plus suffisantes pour différencier les distributeurs les uns des autres. Cela est d'autant plus vrai que le phénomène d'internationalisation a entraîné l'apparition de nouveaux entrants qui ont compris l'importance d'un positionnement et d'un concept attractif. On se souvient du concept de l'enseigne Le Poivrier (le sandwich revisité, une offre nouvelle, un magasin gris et épuré). Les centres commerciaux, et désormais certains centres-villes, poussent les enseignes à être audacieuses en matière d'architecture commerciale, comme Ludendo Village, à Marne-la-Vallée, qui réunit plusieurs enseignes du même groupe : La Grande Récré, B comme Bébé, Lire & Grandir.

## Rester proche des consommateurs de plus en plus gâtés et exigeants

Les besoins primaires des consommateurs sont désormais satisfaits pour une très grande majorité d'entre eux. Ils sont choyés, voire blasés, et de plus en plus exigeants. Ils demandent des concepts de magasins plus conviviaux (*cf.* p. 228) et souhaitent retrouver des magasins à taille humaine, avec une offre simplifiée et riche en services. L'hypermarché à la française perd peu à peu de son aura, au profit d'un modèle de magasin plus proche des consommateurs. « Moins de références mais plus de "*convenience*"[1] » serait la nouvelle devise.

## Justifier le déplacement sur le point de vente face à l'essor du e-commerce

À la pléthore d'enseignes qui s'offrent aux consommateurs, s'ajoute aujourd'hui l'essor du e-commerce, qui élargit les supports et canaux d'achat. L'explosion, actuellement bien réelle, du commerce en ligne amène les distributeurs, quelle que soit leur taille, à se pencher avec la plus grande attention sur une question cruciale : comment faire que le point de vente reste un lien porteur de sens entre un commerçant, ses produits et ses clients ? Il faut aujourd'hui justifier le déplacement sur le point de vente.

---

1. Terme anglais signifiant « commodité, confort, avantage ».

### Architecture commerciale, moteur du dynamisme urbain

Outre les centres commerciaux qui poussent les enseignes à être audacieuses en matière d'architecture commerciale, de nombreuses villes ont décidé, ces dernières années, d'engager une véritable démarche de réflexion et d'action autour des points de vente, considérés comme des locomotives économiques pour les centres urbains. La vitalité des commerces est indissociable d'une politique urbaine de redynamisation et de changement. De ce fait, les collectivités et les chambres de commerce jouent un rôle important dans le fonctionnement des commerces et leur développement : les intérêts sont mutuels, leurs images sont de plus en plus liées l'une à l'autre.

Certaines villes vont même jusqu'à mettre en place des missions de sensibilisation auprès des commerçants et des prix récompensant la qualité architecturale des commerces, comme autrefois « la plus belle boutique fleurie ». C'est le cas, par exemple, à Marseille, Lyon, Saint-Étienne et Strasbourg, qui ont décidé d'engager une véritable démarche de réflexion et d'action destinée à revaloriser les points de vente en les modernisant.

# Architecture commerciale : définitions

Le mot « architecture » vient de deux noms grecs qui signifient : « chef, principe » et « couvreur, charpente, construction ». Il désigne l'art de concevoir et de réaliser des édifices.

L'architecture est un design, une forme de design (nous pourrions appeler l'architecture commerciale « design de commerce » ou « design de point de vente »). Elle réunit en effet la fonction et l'esthétique, ce qui la distingue des autres arts plastiques comme la peinture ou la sculpture. Par extension, l'architecture de commerce est un art qui ne s'intéresse qu'aux espaces commerciaux, aux lieux de vente.

Il faudra attendre les années 1970 pour que le terme d'architecture commerciale voie le jour. En effet, avant les années 1970, l'accent était davantage mis sur la décoration intérieure de la boutique ou du magasin, qui n'avait alors aucun lien avec la stratégie d'entreprise du commerçant, du distributeur. Le terme s'installe définitivement en France à la fin des années 1980, porté par des agences nouvelles. L'architecture commerciale relève du **design d'environnement**, lequel touche principalement l'aménagement de l'espace. Il concerne le travail de conception de l'environnement spatial de l'homme, qu'il s'agisse de lieux publics ou privés (bureaux, lieux de vente, hôtels, habitat privé, musées, stands d'expositions, etc.) au travers de :

» l'environnement naturel ou urbain ;

» l'espace événementiel ;

» l'architecture d'intérieur.

L'architecte d'environnement a pour objectif de concevoir l'espace et de l'aménager en fonction de sa raison d'être. Il s'efforce de façonner les lieux de vie sur la base d'un cahier des charges fonctionnel, comme un designer de produits. D'ailleurs, de nombreux architectes dessinent et vivent de la vente de mobilier ; ils sont donc aussi designers de produits. Au-delà des aspects esthétiques, ils s'attaquent aux aspects pratiques, en imaginant comment l'homme évoluera dans ces espaces de vie.

L'architecture commerciale relève aussi de l'architecture d'intérieur, qui fait elle-même partie de l'architecture d'environnement ou d'espace. Elle a pour but de créer un univers commercial cohérent avec l'image de l'entreprise, du commerçant et de la marque, mais aussi avec la nature et le prix des produits commercialisés et le profil des clients ciblés, son positionnement. Ces éléments déterminent l'ambiance, la présentation des produits, le choix des matériaux, des couleurs et de l'éclairage, etc. C'est dans ce cadre que nous parlerons de concept de point de vente, lequel est le fruit d'une réflexion stratégique qui édicte des principes.

# L'architecture commerciale, un enjeu stratégique pour les distributeurs

*« Le design, ce n'est pas seulement dessiner un objet, c'est un élément essentiel de la stratégie de l'entreprise. »*

Éric Ranjard, président-directeur général de la Ségécé
et président du Conseil national des centres commerciaux

*« L'important, c'est l'emplacement. »*

André Gaumont, fondateur de Marc Orian,
ancien administrateur de Rosny 2

## Augmenter sa clientèle et son chiffre d'affaires

L'architecture commerciale a plusieurs rôles, et en premier lieu celui d'aider le distributeur à stimuler ses ventes et à générer du chiffre d'affaires.

Sans être le gage de toute réussite commerciale, le design d'un point de vente est l'un des critères les plus influents dans l'acte d'achat. Il permet non seulement de créer une ambiance unique, mais aussi de rentabiliser l'espace de vente et de mettre en avant de manière cohérente la philosophie de l'enseigne et l'ensemble de l'offre. Certains designers et distributeurs n'hésitent pas à parler de croissance à deux chiffres après un concept architectural réussi. Ainsi, la CCI de Lyon, qui organise tous les ans le Grand Prix Design points de vente, a-t-elle mesuré l'impact de l'aménagement d'un point de vente : sur les 113 commerçants ayant participé à ce concours, 80 % déclarent que leur chiffre d'affaires a « considérablement augmenté » suite aux travaux. On constaterait même, en général, une hausse moyenne du chiffre d'affaires de 10 à 20 %, voire 30 %, après le réaménagement d'un lieu de vente. Ainsi, le bijoutier Maty, qui a repensé le concept de ses boutiques en 2006, a-t-il enregistré une progression de son chiffre d'affaires de 24 % pour son espace situé dans un centre commercial de Lyon, et une augmentation de 31 % pour son point de vente dans le centre-ville de Besançon.

En sus de l'augmentation de leur chiffre d'affaires, les commerçants (et cela quel que soit le type de point de vente) notent plus particulièrement un impact significatif sur le profil et le nombre de clients, après avoir repensé leur concept architectural. Un design de commerce bien pensé permettrait non seulement d'attirer une nouvelle clientèle, mais aussi de fidéliser la clientèle existante. De nombreux commerçants remarquent également un changement dans l'attitude de leur clientèle, suite à un réaménagement de leur point de vente : le beau susciterait le respect, de la même façon qu'il est connu que, dans les villes, les quartiers bien architecturés sont moins tagués que les autres. Quant à l'attitude du personnel de magasin (vendeurs, caissiers…), un lieu de vente agréable et intelligemment imaginé accroît sa motivation et ses performances. Enfin, l'autre impact positif du design sur les commerces est l'augmentation logique de la valeur du fonds de commerce.

### Entretien avec Véronique Dubessy,
gérante, depuis 2001, du Smoke Shop, bureau de tabac à Lyon

#### *« Rompre avec l'image vieillotte des bureaux de tabac. »*

Qui a dit que l'architecture commerciale n'était réservée qu'aux grandes enseignes ? Le Smoke Shop, bureau de tabac implanté dans le centre commercial La Part Dieu à Lyon, est bien la preuve que les commerçants indépendants peuvent aussi investir dans le design de leur boutique. Face à un marché, celui du tabac, qui a subi plusieurs crises ces dernières années, Véronique Dubessy a décidé en 2006 de faire appel à un architecte d'intérieur (Hervé Moreau du cabinet éponyme) pour rénover sa boutique. Sa mission : rompre avec l'image vieillotte des bureaux de tabac et imaginer un design singulier pour cette boutique qui, dans le centre commercial, avoisine des enseignes nationales connues dont l'attractivité, dans cette zone de chalandise, provient pour beaucoup du design. Il s'agissait également d'améliorer la fluidité de la circulation dans la boutique et de réussir à faire entrer davantage de clients. L'idée d'Hervé Moreau : capter l'œil des fumeurs et les attirer à l'intérieur du tabac, grâce à un travail de courbes sur le plafond (une grande vague blanche), qui semble visuellement agrandir l'espace. L'impact est également

▷ ▷ ▷

▶ ▶ ▶

généré par les couleurs (rouge, blanc et violet) et les différentes sources de lumière rendant le lieu beaucoup plus agréable. Autre détail singulier : le graphisme spécifique et repérable du nom Smoke Shop inscrit sur le mur de fond de la boutique. Pour corriger l'ergonomie du point de vente et améliorer le principe de circulation, le Smoke Shop dispose d'un long comptoir jusqu'à la caisse avec, derrière lui, de petites astuces pour faciliter le stockage et la distribution des cigarettes.

L'ensemble doit apparaître beau et pratique, tant du côté du visiteur que du vendeur. Résultat de ce lifting : cette boutique de 28 m², tout en longueur, est passée d'un local étroit et sombre à un espace de vente clair, agréable, original et cohérent. S'il est difficile de mesurer réellement l'impact du nouveau concept en termes de chiffre d'affaires, le design du point de vente, et notamment celui des caves à cigares et des vitrines ovales en Inox dépoli, a permis de développer les ventes de produits de plus haut de gamme, davantage générateurs de marges. L'activité cigares aurait ainsi enregistré une augmentation d'environ 20 % de son chiffre d'affaires.

Esthétisme et cohérence pour le lifting du bureau de tabac « Smoke Shop » à Lyon, récompensé, en 2007, par le Grand Prix Design points de vente, créé en 2004 par la chambre de commerce et d'industrie de Lyon.

## Se différencier de la concurrence

Le design de point de vente est un aspect du mix d'enseigne qui permet une forte différenciation. Dans un contexte où les produits et les services doivent se démarquer pour mieux vendre, les distributeurs réfléchissent désormais à des concepts de magasin pertinents, cohérents par rapport à l'enseigne et à sa culture, spécifiques, offrant des aspérités nouvelles grâce à l'innovation. Par exemple, le « temps » devient un luxe et une tendance de fond, « retrouver le temps d'acheter », le « plaisir d'être conseillé », etc.

## Communiquer sur sa marque

L'architecture commerciale fait maintenant partie de la stratégie des enseignes. L'attractivité d'un magasin compte au moins autant que sa politique tarifaire ou ses relations avec ses clients. Cela est d'autant plus vrai, depuis que les moyens de communication habituels sont remis en cause. Le point de vente, au même titre que les autres supports de communication, est le drapeau des codes identitaires de la marque. Il accède aujourd'hui au statut de média. Il véhicule d'abord les valeurs d'un groupe, d'une enseigne. Il déploie un positionnement. On parle de magasin-média : outre l'architecture elle-même, l'animation du point de vente est importante. Par exemple, chaque mois, l'animation des magasins Nicolas est différente en suivant le même principe depuis 1992 : une affiche de couleur différente en vitrine pour marquer l'idée de changement et de dynamisme, un thème différent (« Tiens, c'est le printemps ! », « Les petites récoltes », « Champagne ! »...), une signalétique de magasin (kakémonos, affichettes) conduisant à l'offre produit (repérée parfois par un étiquetage événementiel reprenant le thème). Au-delà du design, un dispositif de communication lié à la dérive du trafic, c'est-à-dire au fait de faire en sorte que le public vienne dans les magasins, est parfois mis en place : marketing direct, brochures sur rue... Avec environ 200 cavistes sur Paris, Nicolas dispose ainsi de 200 panneaux publicitaires gratuits.

Certaines marques n'ont d'ailleurs que le seul point de vente comme moyen de communication. C'est le cas notamment de la marque espagnole Zara, pourtant numéro trois mondial de la distribution en prêt-à-porter, qui n'investit qu'à peine 0,3 % de son chiffre d'affaires pour ses campagnes de communication. Son principal média est ses points de vente qui proposent un renouvellement permanent des collections. Le groupe investit principalement dans les implantations – des endroits stratégiques – et l'aménagement de ses points de vente.

Aujourd'hui, les médias traditionnels peinent (radio, télévision, cinéma, presse, affichage, etc.) et certains canaux, grands gagnants de la réallocation des moyens de communication, semblent sortir leur épingle du jeu. Avec Internet, le point de vente apparaît comme un média d'avenir,[1] ce dont ne doute plus aucun annonceur. Ainsi, 43 % d'entre eux disent qu'ils l'utiliseront davantage à l'avenir.[2]

---

Aujourd'hui, 78 % des directeurs marketing ou de communication considèrent que le point de vente joue un rôle « important » pour la notoriété des marques, et 55 % le jugent « très important ».[3]

À NOTER

---

Conscientes de l'impact du point de vente, certaines marques ont développé de véritables magasins amiraux : les « *flagship stores* », qui font vivre la marque et tentent de l'associer à un univers spécifique de cible. Les exemples de *flagship stores* sont de plus en plus nombreux, comme celui de Sony Ericsson qui a vu le jour, en novembre 2006, en plein cœur de Londres, sur Kensington Street, ou d'Häagen-Dazs sur les Champs-Élysées, qui a été conçu comme la vitrine du savoir-faire du glacier. Il ne s'agit pas là forcément de vendre, mais de porter les valeurs de la marque, de la faire vivre. Ils agissent comme des étendards pour la marque.

Crédit photo : Luc Boégly.

**Le magasin *flagship* Häagen-Dazs.**

---

1. *Cf.* article de Cathy Leitus, « La communication à 360° vue par les annonceurs », paru dans *Stratégies*, n°1499, novembre 2006.
2. Enquête sur les questions qui engagent l'avenir auprès de 919 professionnels européens de la communication, dont 70 % d'annonceurs, Institut Ipsos pour *Stratégies*, 2006.
3. Enquête 2006 de TNS Sofres, partenaire de l'édition 2006 des Phénix de l'UDA, consistant à mettre en avant les perceptions qu'ont les annonceurs (232 directeurs marketing et/ou communication interrogés) des évolutions en cours et à venir de la communication.

### Faire connaître son offre

Bien évidemment, le point de vente permet aux distributeurs et commerçants de mettre en avant leur savoir-faire et l'ensemble de leurs produits. Mais si faire connaître son offre *via* son point de vente paraît bien évident pour les produits de consommation, cela vaut maintenant pour les services, comme la téléphonie fixe et mobile, l'Internet et la photographie numérique. Face à des offres immatérielles, les marques ont besoin de créer un lien physique avec les utilisateurs pour les accompagner dans la découverte, l'adoption et l'utilisation des nouveaux usages. Ainsi, en 2004, Samsung a ouvert une boutique de près de 1 000 m$^2$ en plein Manhattan, ne vendant rien. Il s'agissait juste d'inviter les consommateurs à essayer des produits. Magasin ou showroom ? En tout cas, « *31 % de ceux qui ont visité la Samsung Expérience ont acheté un poste de télévision haute définition de la marque dans l'année qui a suivi* », rapporte le *New York Times*. Mieux, certaines marques vont même jusqu'à imaginer des points de vente éphémères pour mettre en avant leur entreprise et leur savoir-faire. C'est le cas de Nutella, Swatch et Bonne Maman. Cette dernière, pour faire connaître l'ensemble de sa gamme et créer un lien affectif, a mis en place pour moins d'un mois, un *concept store* éphémère baptisé « Autour du Pot », rue des Abbesses à Paris.

# L'architecture commerciale
# et les nouveaux consommateurs

« *Ce n'est pas le bâtiment le plus important, c'est l'homme qui vit dedans.* »

Charlotte Perriand, architecte d'intérieur 1903-1999

### Des points de vente centrés sur le client

Le point de vente ne doit pas répondre à la seule logique de la distribution, mais doit également être envisagé pour le client. Face à l'émergence d'autres formes de distribution comme l'e-commerce, il doit rester un vecteur de lien et de sens entre la marque et son client en sachant coller à ses nouvelles attentes. Et faire seulement valoir des arguments de produits et de prix n'a plus cours puisque aujourd'hui les offres se ressemblent. Le consommateur a le choix, et les concepts de magasins voulant imposer leur loi se retrouvent vite dépassés face au *shopper* surinformé. L'avenir est aux points de vente centrés sur le client, ou sur tout simplement l'humain, avec le développement du design social et durable.

## Des magasins hyperspécialisés pour répondre au « J'achète, donc je suis ! »

La consommation revêt aujourd'hui une dimension identitaire. En effet, l'identité se définit de plus en plus par un mode de vie : dis-moi ce que tu consommes et comment tu le consommes, je te dirai qui tu es, qui tu veux devenir. Consommer se conjugue au verbe être.

Nous sommes dans l'ère du « J'achète, donc je suis ! », et les points de vente répondent à la subjectivité de leurs clients, ce qui explique la multiplication des magasins hyperspécialisés. L'approche communautaire est ainsi explicite dans le nouveau concept Quiksilver qui entend faire du magasin le point de ralliement des fans des sports de glisse. Autre exemple : le point de vente Attractive, qui s'affiche comme une enseigne d'articles de sport dédiée aux femmes, propose en plus une ligne de soins, un magazine et des parcours sportifs.

## Des espaces de vente aux espaces de services

L'achat doit également procurer du plaisir. Selon l'une des dernières études de l'Observateur Cetelem, les consommateurs renouent avec l'« achat plaisir » et considèrent que l'ambiance et le cadre agréables d'un point de vente sont importants à 58 % (contre 38 % en 1999).

Avec le boom du commerce en ligne (19 millions de cyberacheteurs en France au deuxième trimestre 2007) et la multiplication des points de vente, le comportement des consommateurs et leur « expérientiel » d'achat ont évolué. Ils sont plus expérimentés, plus avisés, et ont aujourd'hui le choix des produits et des circuits. Ils entendent bénéficier non seulement des meilleurs prix, mais également d'une information exhaustive et de nombreux services et avantages.

Le consommateur ne veut plus de contraintes, comme l'attente aux caisses. La jouissance immédiate (bon rapport qualité/prix, praticité et convivialité de l'offre et du point de vente, justesse du conseil…) doit être supérieure à la contrainte. C'est ce qui a guidé les Marques Repères de E. Leclerc à leur lancement. Ils souhaitent, en somme, que les distributeurs fassent preuve de prévenance à leur égard. Dans son ouvrage, *Le Blues du consommateur*[1], Georges Chétochine va même jusqu'à parler des frustrations des consommateurs ; face à des consommateurs parfaitement équipés, même parfois suréquipés, les distributeurs doivent davantage répondre aux frustrations qu'aux besoins. Si l'achat a longtemps répondu à la satisfaction de besoins de base, il vise maintenant des objectifs plus complexes. Outre l'assortiment et les prix pratiqués, les points de vente doivent présenter d'autres attributs comme la proximité avec le client, les services rendus et l'ambiance.

Acheter pour acheter ne suffit plus. Les distributeurs doivent donc réfléchir à des lieux de consommation qui soient aussi des lieux de services réels. Pour que leurs magasins deviennent aussi de véritables lieux de vie, ils n'hésitent pas à y intégrer des espaces café ou restaurant (Monoprix, rue de Vaugirard à Paris), des espaces détente (Nature & Découvertes), et pour les enfants des espaces animation (Ludendo Village), des garderies (Ikea ou Leroy Merlin), des coins pour jouer (pharmacies).

Aire de jeux chez le créateur et distributeur de vêtements pour enfants Orchestra.

---

1. Georges Chétochine, *Le Blues du consommateur : connaître et décoder les comportements de l'« Homo-cliens »,* Éditions d'Organisation, 2005.

La notion de service n'est pas uniquement le fait des grandes chaînes. Certains petits commerçants ont également compris qu'il fallait aller plus loin que la vente/achat. Quel que soit le produit ou service vendu, et dans des proportions différentes, les points de vente affichent désormais une même ambition : élargir leur territoire d'origine pour s'immiscer dans l'univers des services.

## Faire vivre une expérience

L'achat se révèle être toujours la première raison d'entrer dans une boutique. Mais au-delà, et compte tenu de la baisse, en France, du pouvoir d'achat, la boutique devient aussi un but de visite sans achats, pour se promener, pour voir et mieux comparer les offres. La boutique est donc une « expérience », comme un restaurant. Elle a procuré du plaisir ou non.

Au-delà de cette quête du « toujours plus » de services, le consommateur est à la recherche de concepts inédits lui permettant de cumuler les activités, voire les plaisirs ou les découvertes. « *Le comportement d'achat est en train de changer,* explique ainsi Enrico Colla, professeur à Négocia[1]. *Le consommateur est passé d'une approche cognitive à une relation plus affective aux produits et services. Ce changement de comportement nécessite une adaptation des commerces, qui doivent susciter le réenchantement par la théâtralisation, la fantaisie, l'esthétique, le caractère ludique… pour séduire le consommateur et donc vendre ! »*

Pas étonnant, dès lors, qu'éclosent des concepts de commerces deux en un, qui mélangent les genres. Et, là encore, les petites enseignes font également preuve d'imagination et de créativité. Ainsi le Beauty Bar, implanté à Marseille, à deux pas du Vieux-Port, depuis 2001, a parié sur une diversification de l'activité du salon de coiffure. Ce site atypique à la déco très contemporaine (tons acidulés, murs en béton et acier et mobilier design) permet non seulement à une clientèle branchée de se faire coiffer, mais aussi d'admirer des expositions d'artistes, d'écouter des DJ's mixer, de se relaxer avec un massage shiatsu ou de déguster un apéritif.

---

1. Colloque à Négocia : « Enseignes en scène, nouveaux concepts : quel concept pour demain ? », 30 mars 2006.

Les distributeurs ne se limitent plus à vendre des produits ou services, ils amé-liorent le cadre de vente. L'émotion devient l'un des moteurs essentiels de la consommation. Près de 60 % des décisions d'achat seraient dues à l'émotion.

Dans ce contexte, l'architecture des points de vente et leur aménagement intérieur doivent faire en sorte que la visite du consommateur constitue elle-même une expérience, lui procure des émotions susceptibles d'augmenter sa probabilité d'achat ou, du moins, de créer un lien affectif avec la marque. Les individus doivent vivre une expérience de consommation intéressante. Le magasin devient un lieu d'expérimentation, de découverte. Le shopping devient une balade divertissante. On parle alors de marketing expérientiel ou de *retailtainment* (faire du point de vente un lieu d'amusement autant qu'un lieu d'achat).

Mini-cas

### Le bar de glace Ice Kube

Voici un cas pour le moins atypique d'un lieu où les visiteurs peuvent vivre une expérience unique et marquante, dans une atmosphère pour le moins glaciale : le bar de glace « Ice Kube by Grey Goose ». Situé dans l'hôtel design « Kube Rooms and Bars », à Paris (d'autres versions existent également à Stockholm, Londres et Milan), ce lieu entièrement de glace (vingt tonnes au total) invite les clients, les « Kubers », à déguster quatre cocktails inédits à base de vodka Grey Goose, dans une température sibérienne (-12° C). Afin que les clients puissent s'aventurer dans la partie glaciaire du Kube sans pour autant se métamorphoser en statues de glace, à l'instar du « Ice Man », un mannequin de glace accoudé au bar, Puma s'est associé à The Ice Kube by Grey Goose pour habiller les participants de parkas, gants, bonnets de la marque.

Le bar de glace « Ice Kube by Grey Goose » à Paris
invite les clients à déguster des cocktails à base de vodka.

Sans aller aussi loin que le bar de glace, l'univers de vente se décline aujourd'hui comme une scène de théâtre. La notion de « réenchantement de la consommation » devient primordiale.

# Comprendre ce qu'est un concept de point de vente

## Ne pas confondre création de concept et « coup » décoratif

Il ne se passe pas une semaine sans qu'on annonce l'ouverture d'un nouveau concept de magasin. Or, la simple originalité ou beauté d'un lieu de vente ne suffit pas à assurer son succès. Imaginer un nouveau concept pour son point de vente ne se résume pas à habiller des mètres carrés – surtout qu'un nouveau concept se rentabilise en sept, voire dix ans –, ou à faire un simple coup décoratif. À force de vouloir faire toujours mieux que leurs concurrents, les enseignes en font parfois trop. Les solutions et les possibilités architecturales sont nombreuses. Mais pour fonctionner, elles ont tout intérêt à s'inscrire dans une démarche cohérente. Une grande partie d'un mauvais fonctionnement d'une équipe autour d'un projet vient de la confusion entre concept et idée. Le concept est unique, les idées pour le traduire peuvent être multiples.

Les distributeurs et les designers doivent impérativement apporter du sens à leurs concepts de commerce. Et le terme même de concept, au sens général, induit cette notion de sens, d'« idée ». En effet, un concept d'architecture commerciale, on l'a vu, est la définition des caractères spécifiques d'un magasin par rapport à un objectif ciblé. L'idée en est une représentation possible, c'est la traduction visuelle d'un concept. Par exemple, si l'une des valeurs de la marque d'enseigne est le dynamisme, le mouvement, cette valeur peut être inscrite dans le concept. Cependant, il y a mille idées possibles pour traduire ce mouvement : sol qui bouge, meubles qui roulent, lustres qui se balancent, écrans plasma qui diffusent des images très mobiles... Ainsi, le concept Oxbow, par Carré Noir, traduit l'idée de mouvement par une « vague de surf » accompagnant le client de l'entrée jusqu'au fond du magasin. Plus le concept sera assis, plus l'idée sera forte. Le concept doit tenir en un mot ou en une seule phrase. C'est le fruit d'une réflexion et le point de départ d'une démarche structurée.

Entretien avec Jean-Pierre Lefebvre,
président et cofondateur de l'agence de design AKDV

### « Donner du sens aux concepts architecturaux. »

Parvenir encore à séduire un consommateur volatil, tel est le mot d'ordre de toutes les enseignes. Ce qui justifie la montée en gamme des points de vente quels qu'ils soient (grandes surfaces, grandes enseignes ou petits commerçants, franchisés ou non, etc.) et quels que soient les marchés auxquels ils appartiennent. Dans ce contexte, l'architecture commerciale est plus que jamais sur les devants de la scène. « *Néanmoins, il existe plusieurs façons d'entrevoir et de faire de l'architecture commerciale,* observe Jean-Pierre Lefebvre. *Certains points de vente misent sur l'embellissement des lieux – ils font purement et simplement du " beau " – sans apporter de signification supplémentaire à ce travail ; tandis que d'autres tentent, via le design de commerce, d'injecter du sens, c'est ce que l'on appelle créer un concept de point de vente. Dans ce deuxième cas, l'esthétisme et le confort sont bel et bien présents, mais ils doivent être au service d'une marque et d'une offre. Quand un client entre dans un magasin, il doit immédiatement rentrer dans l'univers de la marque, et le produit doit parvenir à se vendre tout seul.* » Pour cela, les agences de design, accompagnées du service marketing des marques, doivent mener une réflexion globale non seulement sur l'identité de la marque, mais également sur l'expérience client. Une véritable dissection s'opère. La réussite d'un concept repose sur plusieurs critères, et les agences de design doivent savoir jouer avec la multitude des langages sensibles qui s'offrent à elles (volumes, matériaux, couleurs, lumières, parfums, sons, etc.). L'image identitaire de l'enseigne passe irrémédiablement par l'utilisation subtile et l'équilibre entre ces différents ingrédients. « *Il faut éviter d'être trop bavard,* conseille

Création : AKDV et Prinzdesign.

Comtesse du Barry : au-delà de la déco,
un vrai concept qui marche.

▷ ▷ ▷

▶ ▶ ▶

Jean-Pierre Lefebvre, *car nous assistons aujourd'hui à une surenchère de mots et d'images. Notre travail sur la création de concepts de points de vente consiste à trouver pour chaque enseigne la réponse à une équation à multiples inconnues. Une démarche complexe, mais passionnante.* »

## À chacun son scénario

Un concept architectural amène avant tout un univers unique, un environnement et une ambiance propres à une marque et aux produits qu'elle commercialise. Agencer son point de vente signifie donc d'abord rechercher une personnalité possible, rendre un lieu unique. Il s'agit de traduire visuellement le positionnement du commerçant, ses valeurs par l'architecture intérieure. Mais quel que soit le scénario choisi, le point de vente ne doit pas s'éloigner de sa fonction première : vendre.

## Une démarche globale

La création d'un concept s'intègre dans une démarche globale prenant en compte non seulement l'identité de l'enseigne, mais aussi la nature de son marché, celle de ses produits, les publics ciblés, la concurrence, etc. La considération de ces différents points permettra au distributeur de choisir avec cohérence les divers éléments (*cf.* chapitre 8) qui constitueront son concept de magasin (présentation des produits, signalétique, mobilier, circulation, éclairage, couleurs, etc.). Imaginer un concept de commerce, c'est donc marier les singularités d'un commerçant ou distributeur aux particularités d'un marché donné.

## Quel concept pour quelle enseigne ?

Le concept doit d'abord être légitime : il doit correspondre à la marque d'enseigne, à l'offre et au positionnement. Néanmoins, aujourd'hui, les distributeurs jouent parfois la rupture avec les codes et misent sur l'audace. Dans ce cas, le message d'ensemble doit pourtant rester lisible et immédiatement compréhensible. Happy, le fleuriste *low cost*, est une enseigne qui s'amuse à brouiller les cartes. Ce dernier a choisi des points de vente très éloignés des codes caractéristiques des points de vente du hard discount. Avec des couleurs proches de Dolce & Gabbana et un graphisme rapide et simple, Happy a réussi le pari de vendre des fleurs à bas prix dans un environnement esthétique, presque plus statutaire que les fleuristes habituels.

## Des lieux et des enseignes

S'il existe des fondamentaux architecturaux pour une enseigne, il n'existe cependant pas un concept architectural unique pour tous les magasins : on assiste aujourd'hui à un éventail de concepts de points de vente pour un seul et même distributeur selon le lieu d'implantation. C'est le cas des points de vente du réseau d'opticiens ACV, dont l'agencement varie selon leur localisation : les formules « luxe » et « classique », conçues pour les rues commerçantes ou piétonnières de centre-ville, proposent ainsi, avec leurs couleurs chaudes, une ambiance feutrée et intime, exprimant des valeurs haut de gamme. Tandis que la seconde formule, destinée aux centres commerciaux, propose un concept plus ouvert, offrant un cheminement dans le point de vente et des linéaires d'exposition.

Si une boutique de centre-ville n'est forcément pas la même qu'un magasin de centre commercial ou de périphérie, les enseignes tentent néanmoins pour chaque type de localisation de garder une base commune, un état d'esprit, une signature propre à la marque.

### Entretien avec Pierre Lucia,
architecte commercial d'Orchestra, créateur et distributeur de vêtements et chaussures dédiés aux enfants

### Du centre-ville à la périphérie : conserver l'état d'esprit de la marque

« *Une enseigne peut concevoir le plus beau concept de magasin sans que celui-ci soit pour autant économiquement rentable*, assure Pierre Lucia. *Si le design d'un point de vente reste primordial, un bon concept est d'abord un concept rentable et qui répond à sa clientèle, car notre objectif reste avant tout de vendre des vêtements. Or, si les centres commerciaux se positionnent comme des lieux intéressants en termes de trafic, ils n'en restent pas moins onéreux en termes de loyers et de charges.* » Cela explique en partie pourquoi après avoir ouvert

▶ ▶ ▶

▶▶▶

de petites surfaces en centre-ville, puis des surfaces moyennes en centre commercial, Orchestra a dorénavant choisi la périphérie comme l'un de ses axes prioritaires de développement en France. La périphérie offre des possibilités intéressantes : coût modéré et grandes surfaces. Les enseignes traditionnellement implantées en centre-ville ou en centre commercial ont bien compris le potentiel de la périphérie et ne manquent pas d'investir ces lieux en adaptant leur concept. La périphérie, qui était synonyme de grandes boîtes métalliques, de prix bas et d'absence de confort, tend ainsi à évoluer. « *Outre un excellent retour sur investissement et une très bonne rentabilité, ces surfaces de vente comprises entre 400 et 650 m$^2$ permettent d'exprimer et de retranscrire parfaitement le concept de base d'Orchestra et sa philosophie commune à tous ses points de vente : un espace pratique pour les parents et féerique pour les enfants* », explique Pierre Lucia. Dans cet esprit, le caractère ludique demeure omniprésent dans l'architecture et

l'aménagement de ce nouveau concept (couleurs vives, décoration féerique, aire de jeux…). L'objectif de l'enseigne reste intact : proposer de multiples services pour rendre les achats agréables. Ce point de vente plus spacieux permet non seulement de présenter l'éventail complet des collections Orchestra, mais aussi d'accueillir entre autres un espace nurserie (table à langer, chauffe-biberon…), un espace détente pour les parents, un espace de jeux pour les enfants. La surface étendue de l'aire de jeux, point fort de l'enseigne, permet ainsi à Orchestra d'organiser des anniversaires sur les points de vente.

Orchestra a adapté son concept à la périphérie sans le dénaturer et sans tomber dans le travers du discount.

▶▶▶

▶▶▶

*« Il s'agit d'adapter notre concept à ce nouveau format et à cette localisation sans le dénaturer et sans tomber dans le travers du discount. Le "service" et la "magie" restent les mots-clés de notre concept »*, conclut Pierre Lucia.

## Les concepts et leur évolution dans le temps

Le cycle de renouvellement des espaces de vente est de plus en plus rapide. Ainsi, dans l'univers de la mode, on estime qu'un concept de point de vente a une durée de vie de trois à cinq ans.

Inutile de préciser que la refonte d'un magasin coûte très cher à une enseigne. Il est conseillé de ne pas laisser vieillir son espace de vente, mais de se positionner dans une démarche de renouvellement permanent, par exemple, pour les boutiques de mode, en amenant des « *packages merchandising* » de collection : l'architecture se fonde alors avec le merchandising, et les départements « *visual merchandising* » s'appuient sur une architecture plus pérenne pour apporter, en permanence, des nouveautés.

L'idée, dès le départ, est donc de veiller à intégrer des éléments variables et évolutifs : zones de collections, d'animation, mobilier ou systèmes d'accrochage. Quoi qu'il en soit, le point de vente doit trouver dans son concept marchand l'équilibre entre les éléments intemporels et éphémères.

### Entretien avec Olivier Zavaro,
directeur de l'architecture de Minale Design Strategy

#### Le temps, la quatrième dimension de l'espace de vente

Être libre de pouvoir gérer son temps. C'est ce que tout consommateur et ce que tout homme souhaite aujourd'hui. Le consommateur est à la fois exigeant et paradoxal : il peut se rendre dans un point de vente par nécessité, pour accomplir la corvée de faire ses courses au plus vite, mais il peut également aller dans ce même point de vente pour se distraire, pour faire du « shopping ». C'est ce que nous explique Olivier Zavaro : *« Le consommateur fait la loi et use des lieux de vente selon un temps "à la*

▶▶▶

▷▷▷

*carte", pour flâner, repérer, réfléchir, acheter, revenir. Et la même personne aura des comportements et des attentes très variables selon les moments, semaine ou week-end, journée ou soir, ce qui ne simplifie pas la tâche ! Or, le temps a sans doute trop longtemps été la dimension négligée pour concevoir des espaces commerciaux efficaces. »* Les acteurs en charge de développer des concepts doivent pouvoir proposer différents parcours, plusieurs temps de parcours. *Exit* la logique de visite unique. *« C'est une erreur fondamentale d'oublier que le client doit revenir, continue Olivier Zavaro. Les enseignes ne doivent pas oublier le côté pratique du magasin, et ne pas tomber dans le travers du tout-esthétique. Elles doivent à la fois travailler sur l'aspect rationnel et émotionnel de l'espace de vente, garder en tête ces deux pôles pour satisfaire un consommateur de plus en plus infidèle face à l'hyperchoix qui s'offre à lui. Pour un même produit, ce dernier n'aura pas moins de sept lieux de vente pour se le procurer. »* Pratique et logique, le point de vente doit, dans un contexte concurrentiel, sans cesse étonner et, par conséquent, se renouveler. *« D'où une conception dynamique des magasins en strates temporelles : le permanent, l'évolutif et l'événementiel. Chaque élément du jeu constructif composant le concept a une durée de vie propre, permettant d'évoluer et de coller aux tendances, dans des budgets de réalisation cohérents. Dans un contexte d'accélération du changement où tout se périme de plus en plus vite, l'évolutivité du point de vente doit être prise en compte dès le début du concept. Intégrer la réflexion temporelle paraît indispensable à la meilleure réponse commerciale, pendant qu'il est encore temps ! »*

Le magasin « La Ferme » par Minale Design Strategy.

# Les différentes composantes d'un concept

## Le mariage du design d'environnement et du merchandising

Si l'impact visuel et l'esthétisme ne suffisent pas pour qu'un concept de point de vente soit efficace, alors le point de vente ne doit pas être un simple lieu de distribution de produits, et tomber dans le travers du « beau pour le beau ». L'importance du design de point de vente ne doit sûrement pas réduire la commercialité des magasins. Ces derniers ne doivent pas être « moins marchands ». Des concepts très réussis en design peuvent être défaillants en termes de performance marchande. L'une des raisons les plus courantes : l'absence en amont de solutions merchandising associées à celles du design. C'est pourquoi le design d'environnement commercial, pour être efficace, doit s'accompagner d'une réflexion merchandising quantitatif (rentabilité) ou qualitatif (*visual merchandising*). Les enseignes doivent trouver un juste équilibre entre une création architecturale esthétique et mettant en avant l'image du point de vente, et une stratégie merchandising.

## Les différents éléments d'un concept

Nombreuses sont les études qui mettent en évidence l'influence des éléments contextuels sur les comportements d'achat. La recette d'un concept efficace résulte d'une savante alchimie entre la présentation des produits et leur répartition dans l'espace, le plan de circulation, et des critères plus abstraits comme le choix et la forme du mobilier, l'éclairage, les couleurs, etc. Néanmoins, la cohérence entre ces différents éléments et leur bon équilibre contribuent à insuffler un style de point de vente, à faire ressortir sa personnalité.

La conception d'un point de vente est, à juste titre, souvent comparée à celle d'un journal. En effet, donner naissance à un concept de point de vente nécessite la prise en compte non seulement d'une cohérence dans le choix des différents éléments qui le compose, d'une fidélité à un message global (ce que l'on appelle dans le jargon de la presse la « ligne éditoriale »), mais aussi dans la hiérarchie et la disposition des différents éléments du concept (les différentes rubriques). Nous pouvons ainsi assimiler l'attitude du visiteur à celle du lecteur :

- le lecteur découvre tout d'abord le nom du journal au même titre que le client est attiré en premier lieu par l'enseigne ;

◗ le lecteur parcourt ensuite les titres et les différents visuels des pages du journal : le visiteur du point de vente découvre la vitrine, la publicité sur le point de vente et les objets mis en avant *via* des promotions, par exemple ;

◗ enfin, le lecteur se plonge dans l'ensemble de la page pour prendre connaissance du contenu des articles : le client s'aventure dans l'espace du magasin pour découvrir les produits dans les différents rayons.

Nous nous appuyons donc sur cette comparaison pour présenter dans l'ordre du cheminement du visiteur les différents éléments d'un concept.

## La vision première du point de vente : l'extérieur (enseigne, façade, vitrine et accueil)

La prise de contact avec le client commence bien avant qu'il ne pousse la porte de la boutique : elle a lieu d'abord à plusieurs mètres, puis devant le magasin. Le passant ou l'automobiliste doivent pouvoir aisément comprendre, à ce premier stade, la nature du point de vente, grâce aux enseignes et à l'éclairage extérieur. C'est ce que Gérard Caron, dans son ouvrage *Un carré noir dans le design*, appelle le niveau primaire de perception d'un magasin[1] : « *Sa fonction est d'informer le client potentiel sur la nature du point de vente ; à cette distance, la perception du lieu de vente remplit le rôle d'annonce.* » Le logotype d'enseigne doit être remarquable (de l'impact, de la spécificité), et rester en concordance avec le concept du point de vente. Il doit être vu de jour comme de nuit.

---

### Le schéma général AIDA en architecture commerciale

Le schéma AIDA (attirer l'Attention, susciter l'Intérêt, provoquer le Désir, déclencher l'Achat), général à la communication, s'applique particulièrement bien pour un magasin :

- attirer l'attention (de loin, par une enseigne drapeau ou bandeau) ;
- susciter l'intérêt (par la mise en scène de l'offre, le merchandising, la PLV) ;
- provoquer le désir de pousser la porte ;
- faire circuler le client à l'intérieur du magasin pour déclencher l'achat.

À NOTER

---

1. Gérard Caron, *Un carré noir dans le design,* Dunod, 1992.

À proximité de l'entrée de magasin, il faut séduire, vaincre la barrière psychologique qui retient de pousser la porte. C'est pourquoi l'enseigne extérieure, la façade, la vitrine, mais aussi les différents panneaux d'information sont des éléments-clés pour inviter à entrer. Ces éléments doivent être clairs et attractifs, tenir un discours incitatif et immédiatement compréhensible. Le souci de visibilité et de lisibilité doit être présent, ce qui est le cas en centre commercial lorsqu'il n'y a pas de vitrine : le point de vente est lui-même le packaging de l'offre et de ce qui se passe à l'intérieur.

Les professionnels de l'architecture commerciale sont plutôt minimalistes et privilégient le design. Les commerçants préfèrent, à l'inverse, une offre large en vitrine, au risque de ne plus rien faire ressortir. C'est ce compromis, cette discussion entre designer et marchand, qui aboutit à un projet réaliste. Certaines marques n'ont exposé parfois qu'un seul produit en vitrine, dans le but de susciter l'attention : les ventes n'ont pas suivi. À l'inverse, trop de produits, ou des produits mal présentés, communique négligence et incohérence.

D'une manière générale, mieux vaut présenter une quantité raisonnable de produits en opérant une sélection des produits phares (produits d'appels ou produits d'image) : l'œil est attiré par le contraste entre les parties vides et les parties pleines, comme le rond rouge du drapeau japonais. Il faut donc penser à aérer la présentation. Néanmoins, il n'existe pas un unique modèle efficace de vitrine, une unique recette infaillible, mais quelques règles à appliquer.

### Entretien avec Michèle Roubaud,
décoratrice, étalagiste et merchandiser

#### Quelques astuces de présentation : cohérence et pertinence pour une vitrine réussie

La plupart des professionnels, à l'instar de Michèle Roubaud, qui compare la vitrine à une carte de visite du commerçant, conseillent d'opérer une sélection stratégique des articles en privilégiant les produits accrocheurs et en évitant la surcharge. Une fois les produits sélectionnés, reste à réfléchir sur leur disposition. Premièrement, il est préférable de répartir les articles par fourchette de prix, et de scinder la vitrine en petits groupes

▷▷▷

d'objets, en adoptant une composition en forme géométrique. La structure en triangle est souvent retenue : « *Il s'agit de positionner les produits en suivant la forme pyramidale ou d'une pyramide imaginaire en plaçant un premier point stratégique en haut (le sommet), un deuxième en bas à droite et enfin le troisième en bas à gauche. Les produits sont alors positionnés en decrescendo, des plus gros aux plus petits, ces derniers (éléments plus petits) devant être placés en premier plan, le plus proche de la vitrine, côté rue, et ceux plus imposants en second plan.* » Il faut aussi penser à installer les produits au niveau de l'œil des passants et à prévoir, par conséquent, des présentoirs de vitrine adaptés à la hauteur de la vue, notamment pour les petits objets.

### Les thèmes d'animation

Pour mettre en place une devanture efficace, il faut également définir des thèmes pour animer le tout. On peut s'appuyer sur les thématiques récurrentes de l'année : rentrée scolaire, Halloween, Noël, Saint-Valentin, Pâques, les saisons, le Nouvel An chinois, la fête des Mères, la fête des Pères… On peut aussi rechercher un événement anniversaire particulier (les 40 ans de l'homme sur la Lune en 2009 ; les 130 ans de la mort de Victor Hugo en 2015) ou bâtir une vitrine sur un thème spécifique concernant l'offre (les rayures pour une enseigne textile qui utiliserait le zèbre comme totem de campagne merchandising ; les lettres pour un opticien).

Quant aux couleurs, il est conseillé de suivre les tendances. Michèle Roubaud suggère de s'en tenir à deux ou trois couleurs au maximum, pour éviter de donner, là encore, une impression de surcharge et de confusion.

L'éclairage ne doit pas être négligé. La « mise en lumière » d'une vitrine est devenue un vrai métier : le calcul de l'éclairement, la couleur de la lumière, la disposition des spots demandent une réelle expertise et participent largement au succès de la vitrine.

Tout est une question d'équilibre : l'ensemble des éléments décoratifs, les couleurs, la lumière ne doivent pas prendre le pas sur les produits qu'on met en avant au travers d'un décor. Et pour donner une image dynamique au point de vente et susciter la curiosité des clients, Michèle

▷▷▷

▶ ▶ ▶

Roubaud estime que la fréquence de renouvellement de la vitrine est de trois semaines. « *Mais cela dépend en grande partie de l'activité* », ajoute-t-elle. Pour résumer, retenons qu'une vitrine n'a pas forcément besoin d'être originale ou surprenante pour être efficace, il suffit tout simplement qu'elle soit pertinente et cohérente.

## La découverte du point de vente : l'intérieur

### L'ambiance d'un magasin

Ces tout petits riens cumulés – les couleurs dominantes, les odeurs, les sons, les matériaux, ce qu'on voit en premier – font que nous avons une idée immédiate de l'ambiance du magasin. Nous décidons assez vite si l'on entre ou non. Cette ambiance reflète les valeurs de l'enseigne, ce que le commerçant a voulu y mettre. Elle peut être fonctionnelle, feutrée, luxueuse, minimaliste, colorée, chaleureuse : autant d'adjectifs qui, comme pour un vin, définissent un magasin.

### Le point de vente est d'abord une « coque » : un sol, un plafond (ou ciel de magasin), des murs

Cette coque offre des espaces d'exposition et de communication que peuvent mettre en valeur l'éclairage et les couleurs. Par exemple, les murs peuvent présenter des produits, des supports de communication. Il peut y avoir des marquages au sol. Au plafond peuvent être accrochés des kakémonos informatifs.

À NOTER

**L'éclairage intérieur : un outil à ne pas négliger**

L'éclairage est devenu un élément incontournable dont l'ambiance intérieure du point de vente dépendra en grande partie.

Si la lumière doit susciter l'envie d'entrer, elle doit aussi donner envie de rester. L'éclairage permet de corriger certaines contraintes d'espace, comme les zones d'ombre. Ainsi, pour certaines petites boutiques longues et étroites, il invite les clients à se rendre vers le fond du point de vente. C'est un excellent moyen de créer un parcours, de fixer des points de repères et de mettre en avant certains produits. On l'appelle alors l'éclairage d'accentuation. Il permet de marquer des territoires, de sculpter l'espace : c'est une véritable matière !

## Signalétique, agencement de l'espace et de l'offre

L'agencement de l'espace et la circulation du visiteur sont des éléments majeurs de la réussite d'un concept de commerce. L'objectif de l'agencement intérieur d'un point de vente est de rendre le cheminement du visiteur évident et lui permettre de trouver facilement le ou les articles qu'il recherche. Néanmoins, son but est également de l'inciter à découvrir d'autres produits, à entrer en contact avec les autres offres de l'enseigne. L'agencement doit donc concilier rationalité et « promenade de découverte ». Certaines enseignes (du type Ikea ou Fly) imposent un circuit quasi unique, alors que d'autres préfèrent ménager plusieurs circuits, avec des « boucles courtes » pour donner le choix au client.

L'agencement évite les coins morts. Les clients ont en général tendance à se diriger vers la droite, début de « l'itinéraire » du client. L'étude de cet itinéraire, qui a déjà commencé à l'extérieur, permet de se mettre à la place d'un client tout au long de son parcours : que voit-il (un discours d'enseigne, des produits, un point d'animation, un point service…) ? Que ressent-il ? Que décide-t-il en fonction du lieu où il se trouve ? Le confort du client est évalué : lorsqu'il entre (par exemple la proximité des paniers), lorsqu'il marche (la largeur des allées doit dépasser un mètre), lorsqu'il va payer.

Différents éléments peuvent structurer le parcours du visiteur : l'emplacement du mobilier et des gondoles, les marquages au sol ou sur les parois, l'éclairage et la signalétique. Cette dernière permet la clarté du guidage. Le client doit retrouver facilement un ensemble de codes hiérarchisés : famille, sous-famille et produit, grâce à une signalétique adéquate. Le choix du mobilier accueillant les produits et orientant le flux des clients dépendra, quant à lui, de la nature du concept retenu. Le rôle du mobilier est multiple : optimiser le nombre de produits, donner envie de prendre en mains, attirer l'œil sur la nouveauté, signifier une tendance…

## Emplacement de la caisse

L'emplacement de la caisse ou des caisses constitue un point stratégique et sensible à la fois. Autrefois lieu d'accueil facilitant les échanges, c'est aujourd'hui un lieu fonctionnel où, du moins pour la grande distribution, on ne se parle plus. Cela peut apparaître comme une erreur parce qu'un caissier ou une caissière pourrait être, comme le personnel d'accueil du siège d'une société, porteur de l'image ou du discours de l'enseigne.

La caisse est proche, ou du moins visible, de l'entrée, pour permettre, d'une part, d'accueillir et de conseiller le visiteur et, d'autre part, de surveiller les clients sortants. Son emplacement doit également permettre une vue globale sur le point de vente. Cet endroit ne doit pas être trop exigu ou encombré. Les clients doivent s'y sentir à l'aise !

### Entretien avec Pierre-Jean Richard, directeur des concepts de la Fnac

#### « Place à la simplicité. » (attitude à rendre simple ce qui paraît compliqué)

Trop de signes tue le signe. On ne le répétera jamais assez. Et pourtant, dans leur vie quotidienne et dans un monde extrêmement visuel, les consommateurs sont saturés de signes qui les interpellent, et même parfois de manière « violente ». Et les enseignes de distribution ne font pas exception, loin de là. La multiplication des différents messages sur le lieu de vente – des messages des produits eux-mêmes en passant par la PLV et ILV – finit par égarer et perturber le consommateur. « *Nous subissons une overdose de signes, de véritables arbres de Noël toute l'année, des obsédés textuels…* », assène Pierre-Jean Richard face à une telle cacophonie de messages. Or, la fonction des signes dans un magasin, et plus particulièrement la fonction du design signalétique, est d'augmenter la lisibilité des lieux et d'aider le consommateur à trouver rapidement et simplement ce pour quoi il est entré. Un acte simple qui peut devenir une véritable gageure et se transformer en corvée pour les clients quand le nombre d'univers et de produits est complexe et important. Or, l'efficacité des messages dans un point de vente n'est sûrement pas affaire de quantité, mais de qualité. Dans un monde complexe, le consommateur doit trouver rapidement le mode d'emploi du point de vente. Le magasin doit apparaître lisible et immédiatement compréhensible. « *Il s'agit de rechercher partout la "simplicité", que ce soit dans la signalétique, les étiquettes,*

⟩ ⟩ ⟩

〉〉〉

*les visuels, les messages que peut émettre le point de vente, mais également dans l'organisation, les parcours et dans tous les éléments du concept. Plus c'est simple et plus ça marche,* insiste Pierre-Jean Richard qui aime comparer l'organisation d'un concept à celle d'une armoire. *Tout doit y être parfaitement rangé et organisé, avec un fil conducteur arborescent qui, dès l'entrée, guide et amène au produit ou au service recherché.* » Et pour être sûr que le point de vente s'inscrit dans la simplicité, ce dernier propose un petit test : celui du « top chrono ». Le principe consiste, à partir d'une liste établie, à trouver le plus rapidement possible les produits recherchés dans les rayons du point de vente. Si vous êtes dans le « juste temps », vous pouvez en conclure que l'organisation du concept et les signes émis pour aider le consommateur à trouver son chemin et à faire ses emplettes tiennent la route. « *Le meilleur magasin est celui où l'on trouve le plus rapidement le produit que l'on est venu chercher, car il permet d'utiliser le temps gagné pour la découverte, de garder une image positive de l'enseigne et d'inciter à y revenir…* » En revanche, si vous bégayez pour trouver les articles de la liste, il est conseillé de revoir votre copie et de remettre de l'ordre dans le point de vente, avant que le consommateur change définitivement de route.

### Animer son point de vente : faire appel à des professionnels

Une opération d'animation ne se borne plus à placer un étudiant dans un point de vente pour distribuer des coupons. Pour être crédible et obtenir l'adhésion du consommateur, il est important de faire appel à des animateurs parfaitement formés sur le produit. Il peut s'agir de vendeurs internes, d'animateurs fidélisés aux produits et à leur évolution, ou même de professionnels. Des agences spécialisées vous permettent aujourd'hui de créer l'événement en point de vente en mobilisant des collaborateurs qualifiés et formés à vos produits et à votre point de vente. De nombreux acteurs se partagent le marché de l'animation et de la promotion des ventes. Pour comparer les prestataires, tenez tout d'abord compte de leurs engagements sur la qualité de leurs offres. Plusieurs prestataires sont certifiés ISO 9001. Choisir un prestataire adhérent du Sorap (Syndicat des professionnels de l'action commerciale terrain) vous garantit, par ailleurs, que votre partenaire s'est engagé à respecter certaines règles concernant les conditions d'intervention de ses salariés dans les points de vente. La gestion des ressources est, entre autres, un critère primordial pour sélectionner votre partenaire. Certains acteurs du marché possèdent d'impressionnants fichiers qualifiés (de 3 000 à 10 000 collaborateurs), et détaillés selon le profil et l'expérience des intervenants. La plupart des agences ont mis en place des outils de formation tant pour parfaire les techniques de vente générales que pour assimiler l'argumentation propre à chaque produit. Avec le développement des nouvelles technologies, le suivi et le *reporting* des opérations se font de plus en plus précis. Des outils précieux, car le suivi des opérations permet souvent de remonter de très utiles informations sur l'opération d'animation elle-même, mais aussi sur le perçu du client (sur le produit présenté mais aussi, plus généralement, sur le magasin et son personnel). Quant au coût d'une opération d'animation, elle varie selon la durée de l'événement, la complexité de la mission (échantillonnage, démonstration technique, déploiement d'une PLV imposante…), et le profil de l'animateur. Il faut compter en moyenne de 170 à 300 euros par jour pour un animateur, et jusqu'à 500 euros pour un animateur micro ou un expert dans un domaine d'activité précis.

# Le brief et la méthodologie d'architecture commerciale

Nous suggérons dans cette partie une méthodologie pour développer un concept de magasin. Cette méthode de travail se divise en cinq phases, ou cinq séquences :

- phase 1 : audit, analyse, réflexion ;
- phase 2 : axes de création ;

- phase 3 : mise au point du concept retenu ;

- phase 4 : application du concept, exécution ;

- phase 5 : livre de normes.

## Phase 1. Audit, analyse, réflexion

Toutes les agences spécialisées en architecture commerciale sont formelles : leur travail commence, bien avant le moindre coup de crayon ou tracé de plan, par l'analyse du marché, ce que certains professionnels nomment un « *market scanning* ». Avant toute création d'un concept d'architecture de commerce, il convient en effet d'analyser formellement la situation actuelle du point de vente (s'il en existe déjà un) dans son univers concurrentiel et dans son marché. Ces phases d'analyse sont de plus en plus couramment prises en charge en interne, avec l'aide de consultants en design.

L'auditeur devra s'imprégner de la culture du commerçant et connaître sa problématique. En effet, le concept à rechercher doit refléter la philosophie, l'état d'esprit et également le positionnement de l'entreprise, du distributeur. Cette phase d'analyse et de réflexion consiste à donner du sens, à mettre en perspective l'enseigne dans son contexte concurrentiel et économique. Il peut s'agir de réunions de travail, de réflexions marketing, de consultations de documents existants, avec une étude de terrain objective faisant apparaître les faiblesses du concept existant (visite de plusieurs points de vente de l'enseigne et concurrence).

Il s'agit de se familiariser avec le marché et ses différents acteurs, de prendre conscience des tendances. L'architecture commerciale n'a pas simplement pour but de faire beau, mais de vendre bien évidemment et de fidéliser une clientèle. On recommandera ici d'étudier également des concepts hors de France, pertinents et innovants, pouvant aussi être intéressants dans cette phase de réflexion.

Une analyse de type SWOT (forces/faiblesses/opportunités/menaces), pour l'enseigne auditée mais aussi pour les autres, permettra de rechercher les leviers de performance du futur concept, tant au niveau de l'image que de la fonctionnalité ou de l'inventivité. Cette première phase d'étude est généralement synthétisée en un bilan spécifique concluant sur les différentes orientations envisageables en matière de concept architectural. Elle permettra l'élaboration d'un cahier des charges de conception architecturale propre à la marque.

Cette phase stratégique conclura sur la vision de l'enseigne, son positionnement, ses valeurs, sa mission, son territoire. Elle formulera le concept de point de vente d'une façon générale puis listera les points d'expression possibles de ce concept, sur le lieu de vente, mais aussi en communication.

## 2. Visualisation du concept

Les études et conclusions précédentes détermineront plusieurs registres de création, plusieurs idées créatives avec un architecte commercial. Il est d'usage de présenter des pistes conservatrices et des pistes plus novatrices, soit sous forme de « cahier d'idées », soit sous forme d'un ou deux projets aboutis.

Les solutions créatives sont présentées et détaillées selon plusieurs points :

- la **création architecturale** : elle regroupe les éléments principaux de l'architecture du point de vente (façades, vitrines, plan de circulation, mobilier, matériaux, couleurs, merchandising, etc.) ;
- la **signalétique** : il s'agit de tous les signaux supplémentaires guidant le client dans le point de vente (« boucherie », « chambres d'enfants », « caisse au premier étage », « sortie », etc.) ;
- les **autres éléments d'ambiance** : sacherie, ambiance sonore, ambiance olfactive… ;
- l'**amorce de la communication** : on peut ici imaginer, pour renforcer le concept, ce que sera la communication pour l'ouverture du magasin.

Chaque solution doit être clairement argumentée.

## 3. Mises au point du concept retenu

Une fois un concept et sa visualisation retenus, le prestataire précise et met au point le concept, présenté dans un cahier de concept :

- établissement du dossier technique ;
- plans et documents d'exécution pour la réalisation du concept ;
- descriptif des travaux ;

- estimation des coûts ;
- recherche d'entreprises ou de fournisseurs.

Il s'agit parfois, à cette étape, de réaliser un prototype à échelle réduite ou grandeur nature pour valider le concept. Le test grandeur nature, sur un site pilote, peut durer plusieurs mois pour les grandes enseignes, et permet également de disposer de résultats de ventes.

**Maître d'œuvre et maître d'ouvrage : qui fait quoi ?**

Le **maître d'œuvre** réalise et conçoit le projet architectural, coordonne la réalisation, contrôle le résultat, prépare l'exploitation.

Le **maître d'ouvrage** spécifie les besoins, choisit et lance les moyens, suit la réalisation, réceptionne, assure l'exploitation.

Source : Actufinances

Chaque point de vente est lié à la gestion du dossier administratif : permis de construire ou d'aménagement. Commence alors la consultation des entreprises pour dupliquer les sites.

## 4. Duplication du concept

Le site pilote peut être réaménagé en fonction de constats. En général, les améliorations portent sur les « points chauds » et les « points froids » du magasin, la structure merchandising (emplacement des rayons), caisses, etc. Une fois le site pilote réaménagé, il peut être dupliqué à plusieurs magasins grâce à un livre de normes.

## 5. Livre de normes

Ce document reprend les différents éléments architecturaux et graphiques du concept précédemment validé : la façade, le logo, les enseignes, la signalétique, les aménagements intérieurs, le plan de circulation, l'échelle des hauteurs, le mobilier, les caisses, les couleurs, les matériaux, les éclairages, etc. Il indique les fournisseurs possibles ou agréés.

## Le coût d'un concept au m$^2$ [1]

Quel est le coût d'un aménagement au m$^2$ ? Si cette question est fréquemment posée, il est bien difficile d'y répondre avec exactitude, tant les paramètres qui entrent en compte pour réaliser un concept sont nombreux et varient d'un point de vente à un autre. Pour commencer, il convient de préciser ce que l'on entend clairement par « coût d'un aménagement ». Tout dépend si l'on englobe dans ce coût, les frais annexes, les frais d'honoraires d'agences, les frais d'organismes de contrôle obligatoires, les assurances, ou la seule réalisation. Et si l'on ne prend en considération que le prix de la réalisation même, là encore les coûts varient considérablement d'un magasin à un autre. L'échelle de prix peut s'étendre de 1 à 30 ! Tout d'abord, les coûts varient, bien naturellement, avec la surface. Et, paradoxalement, le même concept sera « moins cher » au m$^2$ sur une grande surface, plutôt que sur une petite en raison d'éléments unitaires incompressibles (toujours 1 caisse, 1 porte, etc.). Ensuite, la catégorie de magasin fait également fluctuer le prix. En effet, les coûts de réalisation ne peuvent être identiques pour un point de vente discount, une boutique de luxe, ou un magasin nécessitant des éléments de sécurité (bijouterie par exemple). De manière indicative, les coûts de départ peuvent être estimés autour de 100 à 500 euros HT/m$^2$ pour un magasin bas prix, et à 3 000 euros HT/m$^2$ pour une boutique de luxe qui utilisera des matériaux raffinés. Mais nous assistons parfois à une véritable folie des grandeurs, avec des points de vente atteignant 10 000 euros HT/m$^2$. Autre élément à prendre en compte : l'état du local. Pour un même concept, le prix peut en effet changer en fonction du gros œuvre à effectuer ou pas. Le prix d'un point de vente situé en centre commercial sera sûrement moins cher que pour le même concept implanté en centre-ville. Vient ensuite le prix de l'aménagement : le permanent (électricité, cloisonnement…), la peinture, le revêtement des sols, la technique (climatisation…), le mobilier, la signalétique, l'éclairage, les éléments de sécurité. Certains aspects sont très dépendants du prix que l'on veut bien y mettre, en particulier la qualité de l'éclairage. Quant aux honoraires des agences, ils sont établis en fonction de leurs compétences, de la nature du projet et du nombre de prestations demandées. Lorsque la mission de l'agence est bien définie dans le fond et dans la forme, les honoraires sont en moyenne de 10 à 20 % du montant des travaux.

---

1. Cette rubrique a été réalisée avec l'aide de Jean-Claude Prinz, directeur de Prinzdesign, et d'Olivier Zavaro, directeur de l'architecture de Minale Design Strategy.

# Les tendances en architecture commerciale

## La richesse des concepts

Le domaine de l'architecture commerciale présente aujourd'hui une véritable diversité en termes de création et d'innovation. Le besoin des enseignes de se différencier et de marquer leur territoire (le point de vente est un média à part entière), allié à la créativité des designers et architectes contribuent à une multitude de magasins aux styles variés dont le but est bien entendu de vendre, mais aussi de donner du plaisir au consommateur en répondant à ses multiples désirs (me différencier ou au contraire marquer mon appartenance à un groupe, me divertir, me détendre, me simplifier la vie, etc.). Ainsi, il existe actuellement une véritable richesse et diversité de concepts et de tendances qui ponctuent et animent nos villes ou centres commerciaux.

## Les tendances architecturales

Jean-Claude Prinz[1], architecte designer, parle de « temps denses », au lieu de « tendances », pour parler d'une époque où les concepts se renouvellent et sont multiples, et en faisant référence à l'ouvrage éponyme de Lionel Blaisse et François Gaillard. Une dizaine de tendances conceptuelles architecturales expriment notre époque.

### Le minimalisme

Née au Japon dans les années 1980, cette tendance, magnifiée par les grands couturiers à l'instar d'Armani, se caractérise par le dépouillement de l'espace avec une grande sobriété dans l'utilisation des matériaux (souvent un seul matériau noble) et la présentation des produits, ainsi qu'une certaine pureté dans les lignes et les couleurs (les plafonds et les murs sont souvent blancs avec des éclairages très doux). Le minimalisme reste majoritairement choisi par des enseignes de haut de gamme pour répondre à une clientèle sophistiquée et exigeante. S'ils paraissent les plus simples, car excessivement épurés, ces concepts sont généralement les plus onéreux au m$^2$.

---

1. Jean-Claude Prinz (Prinzdesign) a largement participé à l'élaboration de ce paragraphe.

Exemples : Jil Sander à New York ou le siège d'Agnès b. à Paris.

L'enseigne Havrey, tendance minimaliste.

## Le nouveau baroque

En opposition au minimalisme, ce courant, lancé par des designers tels que Christian Lacroix ou Hilton Mac Connico, est marqué par la poésie et la spiritualité. Il joue avec les codes et les symboles, et mise sur l'émotion et la magie. L'exemple est donné avec l'espace Baccarat à Paris dans lequel figure le fameux lustre en cristal noir imaginé par Philippe Starck. Ce courant s'exprime avec de nombreuses couleurs et matériaux, et aime à détourner les objets et les formes.

Exemples : le Fouquet's à Paris signé par Jacques Garcia ou la boutique Camper à Barcelone.

L'enseigne Maty, tendance baroque.

## Les magasins rationnels

Conçus pour une clientèle qui a besoin de repères, ces concepts reposent sur un marketing très élaboré et s'inscrivent dans une démarche de présentation ergonomique et efficace. Généralement, le souci de valorisation des produits (le pliage des vêtements et l'étiquetage, par exemple, ne sont pas laissés au hasard) et le merchandising priment sur toute autre considération architecturale.

Exemples : les magasins Fnac ou Grand Optical en France, ou Dean & Deluca à New York.

## Les classiques intemporels

Ces magasins, qui s'adressent principalement à une clientèle aisée et raffinée, sont conçus pour s'inscrire dans la durée. Ces lieux privilégient des matériaux et éclairages de qualité, ainsi que l'équilibre des éléments composant l'espace de vente, le tout allié à un certain goût du chic et du luxe. Cette tendance a principalement des références issues de la tradition, souvent revisitée.

Exemples : les magasins Hermès, Vuitton ou Chanel.

## Le patrimoine ou les traditionnels

Il s'agit de respecter la tradition et de conserver les éléments qui font partie de notre patrimoine. Ces magasins mettent en avant un savoir-faire hérité du passé.

Exemples : Ladurée à Paris ou Comtesse du Barry.

## Le nomadisme

Cette tendance venue du Japon consiste à donner naissance à des magasins nomades (dans des lieux existants ou à créer), qui ont une durée de vie limitée, parfois extrêmement courte. Il s'agit, là encore, de susciter l'étonnement. Depuis quelques années, nous assistons ainsi à la recrudescence de magasins éphémères qui ouvrent leur porte pour une semaine afin de mettre en avant leurs produits ou un produit en particulier.

Exemple : The London Fashion Bus qui, dérivé du traditionnel bus britannique à deux niveaux, parcourt l'Angleterre pour présenter les vêtements imaginés par de jeunes créateurs.

## Les thématiques

Ces concepts, nés aux États-Unis, ne sont pas centrés sur une activité commerciale proprement dite, mais sur un thème précis : l'enfance, le voyage, l'alimentation, l'environnement… Il ne s'agit pas seulement de vendre des produits, mais également une ambiance et un style de vie.

Exemples : Andaska pour le voyage, Nature & Découvertes pour l'environnement ou Résonances pour le bien-être.

Julie K., tendance thématique.

## Les boutiques monoproduits

Il s'agit tout simplement de créer des magasins autour d'un seul et unique produit.

Exemples : les boutiques Orange pour la téléphonie, les enseignes de cachemire qui se développent au Japon…

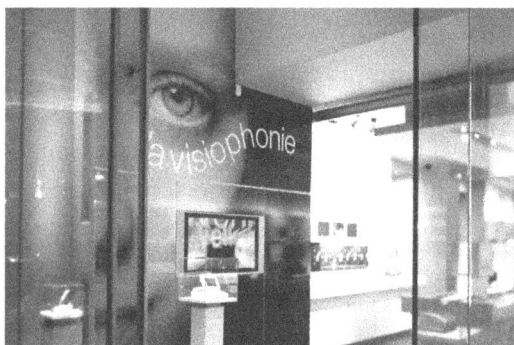

Les boutiques Orange, tendance monoproduit.

## Les lieux de vente « spectacle »

Généralement imaginés par des scénographes, ces magasins prennent la forme de décors de théâtre ou de cinéma. Ces concepts, dans lesquels le décor parle plus que le produit, privilégient une ambiance magique et souvent ludique, car l'objectif est de faire rêver le consommateur. Les décors peuvent alors varier selon le moment ou un événement précis. Créativité et réactivité sont au rendez-vous.

Exemples : Disney Store, Citadium à Paris, Nike Town aux États-Unis et à Londres.

## L'appartement

Comme à la maison ! À l'opposé des magasins spectaculaires qui en mettent plein la vue, ces formules invitent, au contraire, à se sentir chez soi. Dans certains magasins comme Barnes & Noble aux États-Unis, le visiteur peut lire confortablement installé dans un fauteuil. L'intention est de créer alors une relation privilégiée de complicité avec lui.

Exemples : Barnes & Noble, Résonances, Michel Biehn, Bonpoint.

## Le fun shopping

Ce sont des magasins de rencontres et de rendez-vous, conçus autour d'une offre éclectique. Ce sont de véritables lieux de vie.

Exemple : le Drugstore des Champs-Élysées.

## L'avant-gardisme

Il s'agit de faire parler du magasin qui présente souvent un concept proche de l'expérimentation. Cette tendance privilégie la rupture architecturale et expérimente de nouvelles solutions de présentation des produits. L'objectif : procurer aux visiteurs la sensation du jamais vu.

Exemple : la boutique Mandarina Duck à Paris.

### Les mégastores

Les magasins dits mégastores jouent le rôle de porte-drapeau (*flagship*) de l'enseigne en marquant la ville de son empreinte. Ces magasins de grande surface, appelés aussi navires amiraux, ont pour mission de valoriser la marque, de lui donner une réelle visibilité.

Exemples : Louis Vuitton sur les Champs-Élysées, magasin Prada à Tokyo, l'Apple Store de New York.

# Architecture commerciale et éco-design

## *Architecture commerciale et développement durable*

L'architecture commerciale n'échappe pas à la préoccupation, bien réelle, du développement durable. Les distributeurs prennent peu à peu conscience que leur activité, au même titre que celle d'autres entreprises, pose des problèmes d'environnement, du déplacement des vendeurs et des clients aux déchets émis, en passant par le transport des marchandises. Les axes de progrès concernent non seulement ces différents points, mais aussi la conception même des points de vente. Entre le déclaratif et la réalité, il y a un grand pas. Peu d'enseignes font de l'éco-conception et de l'éco-gestion d'un magasin un axe prioritaire. Mais dans quelques années, ce sera le cas : elles souhaiteront réduire l'empreinte écologique de leurs points de vente, l'impact direct ou indirect du magasin sur l'environnement.

Cependant, beaucoup de distributeurs intègrent aujourd'hui une démarche de haute qualité environnementale (HQE), bien qu'il n'existe actuellement aucune réglementation pour la HQE : il s'agit plutôt d'une démarche volontaire qui propose aux maîtres d'ouvrage et aux architectes une approche globale et transversale en amont, et pendant toutes les phases de la vie d'un bâtiment : programmation, conception, réalisation, utilisation, maintenance, éventuelle adaptation et déconstruction. Certains acteurs semblent donc abuser de ce terme pour vanter des actions plus ou moins concrètes. Néanmoins, de plus en plus de distributeurs et de consultants qui les accompagnent dans leur projet d'architecture commerciale prennent le sujet au sérieux en créant des lieux commerciaux à la fois plus humains et plus respectueux de l'environnement.

L'exemple est donné avec le supermarché Champion implanté à Saint-Maur-des-Fossés (94)[1], qui pour la rénovation de ses locaux a choisi des matériaux écologiques comme du pin Douglas issu d'une forêt gérée durablement, ou la terre cuite et le verre pour la façade. Mais Champion a veillé à rester écologiquement correct dans la vie et la maintenance quotidiennes de son magasin, avec, par exemple, une réelle économie d'énergie réalisée en créant plus d'ouvertures naturelles et en remplaçant toutes les lampes par des néons à basse consommation. Autre initiative : l'utilisation de panneaux solaires thermiques afin de produire l'eau chaude nécessaire au magasin. Sans compter sa centrale anti-odeur pour maîtriser les nuisances olfactives et le tri sélectif renforcé (multiplié par trois) de ses cartons et plastiques.

Autre exemple : celui du Retail Park Clos du Chêne, réalisé par l'Immobilière Frey, situé à Marne-la-Vallée. Parmi ses dispositifs environnementaux : récupération des eaux de pluie et de terrasse pour l'arrosage des espaces verts, recyclage des déchets transformés en gaz pour chauffer une partie des bâtiments, et paysagement abondant.[2]

Enfin, l'enseigne écologique par excellence est Nature & Découvertes, qui depuis sa création en 1990 applique une politique visant à réduire les effets de son activité sur l'environnement. Certes, le contenu de l'offre s'y prête. Mais conformément à cette politique de développement durable, François Lemarchand et les équipes de Nature & Découvertes ont imaginé des magasins éco-conçus, à l'image de celui de Valenciennes. Réalisé en 2006, il s'inscrit, là encore, dans une démarche de HQE. Parmi les initiatives prises pour que ce magasin soit écologiquement correct figure le choix de procédés de construction moins pénalisants pour l'environnement : enduit rouge en terre crue de Royan (revêtement ayant très peu d'impact sur l'environnement),

---

1. Source : document de la FCD résumant les ateliers « Commerces et urbanisme durable », organisés en mai 2005, en partenariat avec le magazine *Point de vente*, Perifem et le ministère de l'Écologie et du Développement durable.
2. Source : *Sites commerciaux*, n°174, décembre/janvier 2008, article de Philippe Hervieu « Le Chêne se met au vert ».

peinture minérale au silicate dépourvue de solvants chimiques, pigments colorés naturels qui recouvrent murs et plafonds, mobilier en chêne massif issu de forêts de Bourgogne gérées de façon pérenne, vernis à l'eau (sans solvants chimiques) pour le mobilier, etc.

L'enseigne s'est également appliquée à utiliser des matériaux de construction provenant de la région, limitant ainsi l'acheminement des matières et contribuant à la réduction des émissions de gaz à effet de serre : sol fait de dalles en pierre bleue du Hainaut (appelée aussi petit granit, cette pierre est extraite dans la région), cloisons de séparation et murs de décoration faits de briques de récupération de la région, etc. Enfin, l'enseigne s'est engagée à consommer uniquement de « l'électricité verte », issue de sources d'énergie renouvelables (hydrauliques, solaires, éoliennes…) et à diminuer sa consommation d'énergie en s'appuyant notamment sur des éclairages innovants et économes (sources lumineuses de type iodure métallique dernière génération, moins gourmandes en énergie et qui améliorent la luminosité). Outre ces différentes actions, pour donner naissance à des magasins éco-conçus (à chaque ouverture ou refonte), Nature & Découvertes bénéficie depuis fin 2006 de la norme ISO 14001 pour l'ensemble de ses magasins (c'est la première entreprise de commerce de détail, en France, à l'avoir obtenue). Cette référence internationale fixe les exigences à atteindre en matière de gestion de l'environnement dans le quotidien de l'entreprise. Les magasins Nature & Découvertes s'efforcent ainsi de respecter plusieurs mesures écologiques dans leur gestion quotidienne : optimisation de l'emballage et du conditionnement des produits, tri des déchets, filières de recyclage (réutilisation et récupération), transport « plus propre » avec l'utilisation de véhicules nécessitant des énergies moins polluantes, simplification de l'approvisionnement des magasins. Une politique qui passe par une sensibilisation du personnel, pour lui faire prendre conscience de l'importance de telles mesures et lui faire respecter les consignes environnementales de l'entreprise.

Nature & Découvertes : si Nature & Découvertes « vend » visiblement de l'écologie
(clubs nature, produits, etc.), ce qui est en soi encourageable, elle n'est pas que dans
le paraître et dans le déclaratif car chaque acte est engagé, et les actes suivent le discours.
C'est l'exemple d'une enseigne qui réconcilie économie et écologie.

# Chapitre 9

# Les opérateurs
# de design de communication

« *Il est grand temps de rallumer les étoiles.* »

Guillaume Apollinaire, page d'accueil du site adc-asso.com

## Design intégré ou externalisé ?

Dans les années 1980, l'essor de la « bureautique » a fait que chacun s'est cru un peu designer. Des logiciels, comme Illustrator et Photoshop, des imprimantes couleurs, des applications permettant de réaliser un journal d'entreprise, et même un objet en trois dimensions, ont ouvert le public au design, mais avec comme conséquence un coup certain porté à la qualité de création. Il existe même aujourd'hui des sites internet où l'on peut faire créer son logotype, comme il existe des machines à fabriquer les cartes de visite dans les supermarchés.

De petites entreprises ont intégré ce qu'elles appelaient « design », multipliant les documents de communication, sans plan ni objectifs. De plus grandes, en revanche, ont intégré avec succès la fonction design en recrutant des designers professionnels, en s'entourant de consultants et d'experts, hissant la fonction

« design » à un niveau aussi important que la finance ou la maintenance des parcs machines. C'est le cas d'Apple aux États-Unis ou de Décathlon en France : on mesure aujourd'hui le succès.

Oxylane Design : le nom du bureau de création intégré de Décathlon,
symbole d'une intégration réussie de la gestion des marques et du design.

Les principaux inconvénients plaidant contre l'intégration du design en entreprise sont l'absence de renouvellement d'idées et le coût. Mais le design est un investissement en hommes et en matériel, visible souvent à moyen terme. C'est lui qui permet d'innover, et nous constatons que les entreprises françaises ont pris un retard qu'elles ne rattraperont plus, sauf dans des secteurs de pointe comme l'aéronautique ou la téléphonie.

Il est souhaitable au moins d'intégrer la fonction, qui change de nom selon les types de designs : « direction de l'image » pour l'identité visuelle et le packaging, « design » pour le design de produits et le style, « design et architecture » pour l'architecture commerciale.

Mais à un moment donné, toutes les entreprises que nous connaissons ayant intégré le design hésitent à travailler avec l'extérieur pour justifier leur investissement ou conserver les postes, alors qu'un partenaire extérieur amène un souffle certain dans la production d'idées et de solutions. Dans ce cas, le design est « trop » intégré, il est souhaitable de n'intégrer que le cœur de métier.

Travailler avec un partenaire extérieur nécessite de maîtriser un budget dans le temps, si les projets sont récurrents. Il faut surtout voir si l'équipe extérieure comprend la culture de l'entreprise, ses modes de décision, qui lui sont parfois étranges tant on a l'habitude de travailler en interne. On travaille toujours plus avec des personnes qu'avec une agence, même si parfois on choisit une « grande agence » pour être sûr de ne pas se tromper, ou pour rassurer la hiérarchie par une image « forte », repérante (références, image internationale…).

Une bonne agence de design met à disposition une équipe dont les membres savent travailler ensemble et sont complémentaires (compréhension stratégique, coordination des projets, création, exécution), avec lesquels on partage donc les mêmes valeurs.

Il n'y a pas de règles établies, même si chaque type de prestataires, dans son argumentaire commercial, prêche pour sa structure. Les grands clients internationaux travaillent avec des free-lances ou avec de grandes structures, ce qui n'est pas le cas en communication publicitaire, pour laquelle le nombre d'intervenants pour un film est élevé et l'achat d'espace négocié globalement.

Le critère de choix d'un prestataire, c'est d'abord le profil du chef de projet, du consultant, du créatif, ou de l'équipe entière : son aptitude ressentie à « porter » un projet haut et fort, à faire avancer une marque. C'est aussi le « feeling » qu'on a avec lui, d'une part, et avec lui dans le contexte de son agence : en matière de design, il y a en effet beaucoup plus d'humain qu'en publicité ou en « promo », parce que dans le mot même de « design » il y a signe, donc sens, et donner du sens revient à humaniser un projet. Le consultant doit donc être à la fois sémiologue, sociologue, psychologue ou même politologue pour comprendre les mécanismes de décision internes, les enjeux pour l'interlocuteur, les enjeux pour l'entreprise.

# Les différents opérateurs

## Le consultant free-lance

Le consultant free-lance travaille seul, avec un réseau de créatifs free-lance ou d'agences. Son rôle est de bien comprendre un projet, de le piloter. Mais sa valeur ajoutée réside principalement dans l'amont de projets créatifs : définition des marques et des concepts, analyse de la concurrence, positionnement, branding… Il a une formation marketing et commerciale confirmée, parfois également technique. Il a derrière lui une expérience professionnelle réussie d'au moins dix ans. Il justifie ses honoraires par une valeur ajoutée prouvée : il connaît bien la distribution, les marques, les produits, les nouvelles technologies, dispose d'expertises diverses, généralistes ou ciblées (études, recherche de nom, positionnement et valeurs de marque, sémiologie, lancement de produits, packagings alimentaires, packagings MDD, téléphonie mobile, animation de groupes de créativité, conception-rédaction, orientation stratégique de projets…). On lui demande des résultats.

Le brief fourni par l'entreprise à des consultants free-lance n'est pas toujours formalisé : l'entreprise est parfois une PME, ou ne dispose pas d'un service marketing complet. Le consultant free-lance formalise alors les besoins sous forme d'une plate-forme de création et d'un plan d'action (ou « feuille de route ») qu'il met en œuvre. Il oriente préalablement la création plus qu'en agence de design. Il travaille avec des créatifs qu'il choisit et avec lesquels, en général, il a des habitudes de travail. Il travaille souvent avec le top management des entreprises, dont il comprend les enjeux, ayant été lui-même à des postes de direction. Il est parfois sous-traitant d'agences, notamment dans le cas où son expertise est pointue. Il peut être amené, puisqu'il n'a pas de structure à rentabiliser, à recommander une organisation interne pour le développement de projets de design.

Le consultant free-lance travaille en général chez lui et chez ses clients, et facture en honoraires journaliers, parfois globalisés sous forme de contrat annuel. Avantages : bonne réflexion, bon pilotage, honoraires rentables eu égard au conseil apporté, disponibilité, créatifs choisis par rapport à un projet donné (pas de style propre), rapport privilégié avec l'entreprise. Inconvénient : allers-retours en création parfois lents.

## Le créatif free-lance

Le créatif free-lance (graphiste, architecte, designer de produits) travaille avec des entreprises, avec un consultant free-lance, ou est sous-traitant d'agences de design. Le travail avec des entreprises nécessite de leur part un brief pointu, puisque ce n'est normalement pas dans les attributions d'un créatif de formaliser une plate-forme de travail. S'il est attaché à une entreprise donnée, il va imprimer parfois son propre style et deviendra vite indispensable. Avantages : budget, disponibilité, proximité, relationnel. Inconvénients : manque de recul stratégique, sauf de la part de créatifs confirmés ; s'assurer de la disponibilité permanente avant tout projet.

### Le studio de création

Il s'agit d'une entreprise réunissant plusieurs créatifs. Il peut assurer l'exécution créative (déclinaison par rapport à un produit référent) ou l'exécution. Le studio de création n'intègre pas de réflexion stratégique.

### L'agence de design

Il faut bien comprendre ici le terme « design » comme induisant un processus de création, de l'amont (analyse, positionnement, travail sur la marque…) à l'aval (déclinaison, mise en œuvre…). Nous développons ci-dessous ce qu'est une agence de design.

# L'agence de design

### La sélection d'une agence

L'agence peut être mise en compétition, lorsqu'il s'agit de projets engageants pour l'entreprise, ou lorsque celle-ci veut elle-même changer d'agence. La compétition ne s'impose pas forcément. Le résultat peut d'ailleurs être tronqué. Ce n'est pas parce qu'une agence gagne une compétition, en s'étant donné, pour la gagner, un engagement de moyens exceptionnels, qu'elle saura conseiller dans la durée.

Il faut donc se livrer à un examen organique de l'agence, et ne pas s'arrêter aux références qui datent souvent et dont les auteurs ont parfois quitté l'agence depuis longtemps. Une agence de design sait justement bien « designer » sa présentation. Il convient alors de se poser les questions suivantes lors de la présentation de l'agence.

### La présentation de l'agence

Il faut aller lui rendre visite pour constater sa réalité : accueil, personnel, ambiance de travail, équipement technique. Nous préconisons toujours une agence simple, accessible, où l'on ressent une facilité dans les relations, dans ce qu'on peut dire ou non. Un test : lors de la présentation des projets de l'agence, dites que vous n'aimez pas un projet, et voyez comment réagit votre interlocuteur.

Bien qu'une agence, au fil du temps, ait conservé une empreinte, d'autres ont complètement changé d'esprit ou de main. Ne négligez pas les agences nouvelles et récentes, dans l'air du temps. Après tout, vous recherchez des idées nouvelles !

Il existe plusieurs profils d'agences :

- les agences créatives et les agences stratégiques ;
- les agences détenues par des créatifs et des consultants et, d'autre part, celles détenues par des financiers (les deux pouvant par ailleurs être compatibles) ;
- les grandes et les petites agences ;
- les agences « parisiennes » et les agences de province.

Il existe deux types de compétition : la compétition sur « la méthodologie et le devis » et la compétition sur « la création ».

La méthodologie détaille toutes les étapes de travail et le devis chiffre ces étapes. Elle doit présenter un récapitulatif budgétaire, séquencé, avec budget et délais. Les délais sont précisés toujours « hors temps de décision » de l'entreprise. Le budget par séquence est lié à une prestation limitée dans le temps, parce que l'entreprise ne peut pas faire travailler et retravailler l'agence indéfiniment. Une approche d'amont doit conclure facilement sur une orientation créative.

Nombre d'agences ne se font pas rémunérer la séquence d'analyse débouchant sur une recommandation de positionnement d'image, de branding, de recherche de nom, de segmentation visuelle, d'analyse de la concurrence (enseignes, produits…). Le travail est alors plus léger qu'une agence demandant des honoraires pour cette approche. Ce travail, on l'a vu, fait partie intégrante des process design, et éclaire la création en amenant différents points de vue utiles. Beaucoup d'entreprises n'acceptent pas de rémunérer cette étape, disposant elles-mêmes de ressources internes ou de consultants spécialisés.

L'orientation créative est la conclusion de cette phase d'analyse et de recommandation. Certaines agences réalisent des maquettes (lesquelles prennent alors moins de temps que la réflexion elle-même), ce qui n'est pas très sérieux, même si le travail d'analyse permet de réduire le champ de création. En effet, la recherche de concept nécessite un vrai travail de « balayage créatif ».

Comment mettre en compétition une agence, puisque méthodologie/devis/analyse/création paraissent indissociables ? L'idéal est de mettre en compétition essentiellement sur la méthodologie et le devis, et de faire confiance à l'agence que vous avez retenue sur la base d'une équipe et de projets. Si vous avez retenu plusieurs agences, la sélection s'effectue alors sur la base d'une présentation amont et de création, avec un dédit de compétition, pratique courante dans la profession, qui marque un engagement réciproque réel. Le montant du dédit est de l'ordre de 50 % du montant d'honoraires des séquences d'analyse et de création, ou de 10 % de la totalité du projet.

Les attentes des clients en matière d'agences de design sont :
- la compréhension du brief lors d'un débriefing ;
- l'adéquation entre la stratégie décrite dans le brief et la création lors de la présentation de création ;
- la qualité de création ;
- le respect des délais, notamment dans la séquence d'accompagnement (exécution, prototype) ;
- les compétences techniques (impression, fabrication, matériaux…) ;
- le respect du budget ;
- l'expérience et la compétence du responsable de projet ;
- la cohésion et l'implication de l'équipe ;
- avoir affaire au même interlocuteur quotidien (coordinateur), jusqu'à l'acceptation de la création ;
- la disponibilité, la souplesse ;
- l'humilité.

## Les questions à poser à une agence de design

Quelle va être mon équipe ? Quel est le CV de chaque membre de l'équipe ? Sur quelles marques ou institutions chacun des membres a-t-il vraiment travaillé et combien de temps ? Quels sont ses succès ?

Demander à rencontrer chaque membre de l'équipe : direction générale, consultant, commercial/coordination, directeur de création, équipe de designers ou d'architectes, responsables techniques. Vous vous rendrez alors compte si vos futurs partenaires savent travailler ensemble. Outre le fait que vous vous ferez une opinion plus juste, vous valoriserez votre éventuelle future équipe qui prendra plus de plaisir à travailler avec vous.

S'assurer du réel responsable du projet et de son véritable engagement. En général, il s'agit d'un associé de l'agence.

S'assurer de la valeur ajoutée réelle de l'agence, par rapport à une structure de type consultant free-lance + créatif free-lance.

S'assurer du respect du budget.

S'assurer de la pérennité de l'agence (évolution depuis trois ans, rentabilité, etc.), de la façon dont sont effectuées les sauvegardes des images.

Déjouer les pièges d'image et les beaux parleurs. Une agence trop parfaite se « vend » trop et manque parfois de sincérité.

Parler des cessions de droits, sans détour.

## Où rechercher des agences ?

### Les organismes professionnels, les guides professionnels, les consultants

Il n'existe pas à proprement parler d'organismes professionnels conseillant des agences. Ce rôle revient, en France, à des consultants indépendants ou à des entreprises spécialisées. Ces sociétés, historiquement orientées vers la publicité, proposent maintenant à leurs clients de recruter pour eux des agences de design. En général, il s'agit de projets liés à des budgets importants. Les organismes professionnels peuvent toutefois vous communiquer la liste de leurs adhérents (*cf.* annexes).

### Le bouche-à-oreille

Le bouche-à-oreille est un bon outil de choix d'agences. N'hésitez pas à vous documenter auprès de collègues ou d'autres entreprises. Recoupez les informations. Demandez aux agences qui sont leurs véritables concurrents. Allez sur les sites internet de la profession (*cf.* annexes) lire les articles écrits par les agences ou leurs représentants. Vérifiez le degré d'implication et l'actualité de vos interlocuteurs dans l'univers du design : conférences, articles, livres, recherche, projets marquants…

### La presse papier et la presse en ligne

La presse spécialisée de la communication a abandonné ses rubriques design, sauf pour des projets exceptionnels. La presse généraliste parle plus de design en tant qu'industrie et de préservation d'environnement, sans donner d'information quant aux agences.

Un titre est spécifique : Design Fax, créé en 1995 par Jean-Charles Gaté, envoyé initialement par fax, est aussi vendu en ligne (www.design-fax.fr). Il rend compte de l'actualité du design, et son fondateur recoupe ses informations (ce qui devient rare dans une profession où les paillettes l'emportent souvent). Le site admirabledesign.com, créé en 1998 par Gérard Caron, fondateur de Carré Noir, est un site dédié à la profession : marques, sémiologie, design, identité de marques, personnalités. La communauté du design de communication y propose des articles, des points de vue, l'équipe de journalistes est compétente.

# Travailler avec une agence : conseils pratiques

### *Le brief*

Le brief d'agence de design doit être le plus simple possible. Pour le packaging, certains groupes « lessiviers » ont rationalisé les briefs à l'extrême : deux pages maximum. Il est toutefois lié à une présentation orale très complète, très documentée. En design de produits, en architecture, les briefs sont liés à des cahiers des charges techniques.

L'agence pose des questions (c'est d'ailleurs là, parfois, un point essentiel pour choisir une agence). On dit qu'il n'y a pas de mauvais client, qu'il n'y a que de mauvaises agences et c'est souvent vrai : le rôle d'une agence est d'expliquer un métier qui paraît simple ; pourquoi les compétitions doivent être rémunérées, pourquoi modifier un document ne se fait pas en trois minutes et… comment est structuré un brief.

Un brief est un document qui réunit et qui structure les informations minimums dont a besoin une agence pour bien travailler.

À
N
O
T
E
R

**Les rubriques d'un brief d'agence de design :**
- le contexte d'entreprise ;
- le contexte marketing (marché, concurrence…) ;
- l'objectif du client ;
- la marque ou l'enseigne : positionnement, valeurs, vision, territoire, et tous autres éléments susceptibles de la comprendre ; quel est son discours ? Comment prend-elle la parole ? ;
- le ou les circuits de distribution, les implantations ;
- la gamme de produits ou l'offre produits ;
- la présentation visuelle de la concurrence, en France et à l'international. Analyse, grandes tendances, codes. Succès et échecs ;
- la formulation des objectifs de l'agence (évolution d'image, rajeunissement d'enseigne, resegmentation visuelle, lifting, etc.) ;
- les mots-clés hiérarchisés à communiquer ou traduire visuellement (exemples : ludique, naturalité, efficacité, technicité…) ;
- les éléments à traiter en première présentation ;
- l'esprit de travail : une « révolution » ou une « évolution » ? ;
- le territoire de communication induit ;
- la date de disponibilité des éléments (par exemple des textes pour des packagings référents, un site pour un magasin) ;
- les supports de travail graphique (existants ou à définir) ;
- les contraintes logistiques ;
- les contraintes juridiques ;
- les contraintes techniques ;
- le planning ;
- le budget.

## La présentation du débriefing, de la méthodologie et du budget

Il s'agit ici de prouver au client que l'agence a au moins bien compris les enjeux du projet (contexte), les attentes (objectifs de l'agence). En situation de confiance, l'agence peut aller plus loin. Elle peut donner ses premières impressions, et même esquisser, pour échanger avec son client, des directions de travail.

© Groupe Eyrolles

Une agence de design est gérée comme toute entreprise, ce que les clients oublient parfois. La réflexion doit être rémunérée, même si l'agence est avant tout une agence de création. D'autres n'ont pas connaissance de ce qu'est la création, et pensent que « ça va vite », que c'est plus facile que d'autres métiers. Imagine-t-on un seul instant un cabinet d'expertise comptable travailler gratuitement sur un bilan de fin d'exercice pour son client ? Ou un vendeur de machines à laver n'être rémunéré que si le client trouve que la machine lave bien ?

En fait, une agence de design calcule un « point mort » comptable. Elle vend des heures de réflexion et de création, une structure, un local, des charges diverses correspondant au nombre de personnes salariées. La flexibilité inhérente à l'activité (briefs plus nombreux à certaines périodes, surcharge de travail ponctuelle, etc.) est résolue par du personnel temporaire ou des indépendants en free-lance.

Néanmoins, la masse salariale du personnel occasionnel ne peut dépasser en moyenne 10 à 20 % du total, afin de préserver un « esprit d'agence » et de garantir une disponibilité permanente.

Les directions d'achat de grands groupes interviennent de plus en plus dans le choix des agences. Certaines agences sont « référencées », et les services marketing ou communication ont pour instruction de choisir dans une liste d'agences donnée. Elles détectent parfois le taux horaire de l'agence et l'appliquent aux phases d'analyse et de création. Ce n'est pas raisonnable. Autant en « production » (exécution), les temps sont connus, autant en création, c'est la compétence du designer qui prime. Si l'on pousse ce principe à l'extrême, plus un designer est mauvais, plus il va travailler longtemps et plus l'agence sera rémunérée !

Budgétairement, il y a plusieurs façons de proposer un budget.

## Cas n° 1 : le client fournit une enveloppe budgétaire forfaitaire ou non

Ce peut être la meilleure solution : mieux vaut être clair dès le départ. Cette solution permet de ne faire perdre de temps ni au client ni à l'agence. Il est parfois utile, pour l'agence, de proposer un prébudget associé à un résumé de méthodologie pour déterminer cette enveloppe budgétaire. Cette enveloppe est forfaitaire ou pas. On a intérêt, lors de la rédaction du forfait, à en expliciter les limites : nombre de phases de retravail, nombre de maquettes ou de prototypes, date limite du projet, nombre d'heures passées, etc. On indique également ce qui n'est pas compris : gravure de CD, frais de déplacement, droits, etc.

## Cas n° 2 : l'agence propose une rémunération par séquence, le client s'engage séquence par séquence

Lorsque le développement créatif et l'accompagnement du projet sont flous, c'est la meilleure solution. Chaque séquence est alors chiffrée, en laissant des « réserves » de travail. Par exemple, s'il s'agit d'un projet de création packaging lié à la reformulation d'une gamme, on ne sait pas à l'avance combien il y aura de références. De la même façon, en architecture, on ne connaît pas forcément le montant d'achat des matériaux pour un magasin prototype, puisque le concept n'est pas encore créé !

## Cas n° 3 : le travail au temps passé

Il s'agit là plus du mode de rémunération des consultants indépendants notamment en stratégie : temps passé à la réflexion, à choisir des fournisseurs, à suivre leur travail. Le consultant travaille avec une enveloppe fixée par son client ou le rencontre régulièrement pour engager les dépenses.

## Cas n° 4 : le contrat annuel

L'agence ou le prestataire peut aussi proposer un contrat annuel, assorti du tarif du cas précédent, s'il s'agit d'une collaboration récurrente. Le tarif peut être étudié en fonction d'une quantité de projets attendus. C'est souvent dans l'intérêt du client qui, après une mise à l'essai, peut aussi demander une garantie quant aux moyens utilisés et quant à l'équipe (contrat *intuitu personæ*). Quel que soit le cas précédent, l'agence dispose d'un tarif de frais techniques et de frais divers.

## *Le choix d'une solution créative : spontané ou raisonné ?*

Comment choisir, finalement, entre plusieurs projets ? Les tests consommateurs prennent ici toute leur place, s'ils sont bien conduits. Il y a aussi, lorsqu'on connaît bien son sujet, non pas l'intuition mais une sorte de « vérité » qui se dégage dès la première présentation de la création. C'est cette piste qui fait décider le client tout de suite. Pour peu qu'elle soit la première recommandation de l'agence, alors il y a une sorte d'osmose entre l'agence et le client, et la confiance s'établit.

## Les points délicats de collaboration

### Le respect des coûts et des délais

L'écart entre le budget annoncé et le coût final est parfois grand, ce qui n'est pas acceptable. Cela tient au fait que l'agence n'ose pas, le plus souvent parce qu'elle est en compétition, indiquer le montant réel. Les droits ne sont parfois pas indiqués. La présentation des devis est souvent trop « commerciale ». Le métier est en effet tiré vers le bas au niveau du prix, ce qui est dû au fait que la profession n'a en réalité jamais su se réunir autour de valeurs communes et de méthodes, notamment « ne pas travailler gratuitement » : l'ordre des designers n'existe pas, contrairement à celui des architectes ou des médecins !

### L'obligation de résultat

Aucun partenaire de design n'est tenu à une obligation de résultat. En revanche, il est tenu à une obligation de moyens : équipe, matériel… Ce que l'agence facture, c'est une prestation. « Résultat » ne signifie d'ailleurs pas grand-chose : l'esthétique et même l'adéquation stratégique ne sont pas des critères de choix objectifs. C'est à la pertinence d'une recommandation que l'on juge un bon consultant ou un bon designer.

### Les droits liés à la création

Historiquement, les droits récompensent le succès d'un auteur : plus le client utilise l'œuvre ou plus cette œuvre est reproduite, plus il est rémunéré. L'habitude a été prise, en France, de disposer d'un « prix de marché » pour vendre de la création, ou de facturer un « temps passé » en création. Mais, en fait, ce qui traduirait mieux et rémunérerait au plus juste une création serait la facturation de droits, ce qui impliquerait que l'agence soit associée au succès. Dans ce cas, le client paierait à l'agence une « avance » sur droits. Mais les clients ont refusé, au cours des trente dernières années, ce type de rémunération, et les agences ont préféré être « payées tout de suite ».

Aux « honoraires de création » – correspondant à une prestation débouchant sur du matériel : une maquette – s'ajoutent donc des droits qui sont souvent perçus comme chers parce qu'immatériels (on ne sait jamais trop à quoi ils correspondent). En réalité, la maquette, en elle-même, est le support physique de l'œuvre. Mais elle ne vaut rien par rapport à son utilisation, et c'est cette utilisation (fréquence, supports, géographie, répétition) qui devrait être rémunérée. Ces droits peuvent figurer dans le tarif de l'agence, mais sont en général spécifiques au projet.

### Les droits en matière de design

On distingue deux grands types de droits : les droits d'utilisation (il s'agit d'utiliser la création en l'état, le client n'a alors pas le droit de modifier la création de l'agence) et les droits de transformation (le client peut faire modifier la création par un tiers).

Le terme « droits de cession » ne signifie donc rien, et il faut préciser de quel type de droit il s'agit. La cession de droits est géographique. Elle peut ne concerner que la France ou plusieurs pays, ou d'autres continents : plus le territoire géographique est large, plus les droits sont élevés.

La cession est limitée dans le temps – 1 an, 10 ans, 30 ans, 99 ans – et limitée à certains supports : une création de logotype est évidemment liée à des applications en édition papier ou électronique, mais qu'advient-il si ce logotype est utilisé en affichage ? S'il devient l'élément central d'une campagne TV ou cinéma ?

## La valeur ajoutée d'une agence

Certes, au final, le projet se trouve entièrement résumé dans un logotype, un packaging, une maquette de magasin. Le client peut alors oublier le temps passé par l'agence à étudier la concurrence, à rechercher une piste de création, à retravailler le projet initial à sa demande… pour trouver finalement cher le développement design. C'est que l'agence n'a alors pas assez fait de pédagogie. Nombre de clients ignorent le temps passé à retravailler une maquette, à modifier un texte…

## La structure d'une agence de design

On distingue sept fonctions en agence de design :

- la **direction générale** : le président ou le directeur général sont le plus souvent associés. Ils ont parfois créé eux-mêmes l'agence. La plupart du temps, les associés sont complémentaires (designer/architecte et commercial/consultant) ;

- la **fonction commerciale** est généralement chargée de prospecter, de suivre les clients commercialement (devis, etc.). Un commercial n'est pas un consultant et ne dispose pas des mêmes compétences ;

- la **fonction consulting stratégique** est chargée des analyses et recommandations amont et du pilotage stratégique. Elle est souvent assurée par le commercial (dans les petites agences) ;

- la **fonction de création** est chargée de traduire visuellement les concepts générés par la fonction stratégique, de les dépasser. Elle prend en charge l'achat d'art[1] et le retravail créatif ;

- la **fonction d'exécution** est parfois dissociée de la fonction créative. Elle prend le relais une fois la création réalisée pour aller jusqu'à l'aboutissement du projet : impression de document, premier magasin, prototype ;

- la **fonction de coordination** coordonne le projet avec le client et les autres fonctions. Elle est souvent assurée par le commercial (dans les petites agences) ;

- la **fonction administrative et financière** prend en charge la facturation, les relances, les calculs de rentabilité des dossiers, la finance, la comptabilité, etc.

---

1.  *Cf.* glossaire pour la définition.

# Les nouvelles missions du design

### L'aide au management

Un projet de design est un formidable outil de management, pour peu que la direction générale s'en empare. Une entreprise peut utiliser ce prétexte pour faire évoluer son projet. Méthodologiquement, on peut aussi exposer, à un moment donné, le personnel au travail de création en cours pour l'impliquer dans la démarche, pour le faire réagir et adhérer. Les avis d'un directeur des achats ou d'un directeur d'usine sont parfois, malgré les idées reçues, très justes et permettent de voir un projet sous un angle peut-être inexploré.

### L'accompagnement de projet

Il s'agit, en effet, pour un consultant en design de s'assurer que l'ensemble des fonctions de l'entreprise a compris la démarche de design, en présentant, par exemple lors d'un séminaire, l'ensemble du processus.

### Formation

Il s'agit de former, par exemple, les filiales à la compréhension d'une nouvelle image, d'un nouveau magasin, à son fonctionnement dans plusieurs pays. Il peut également s'agir d'intervenir ponctuellement dans une réunion de force de vente, afin d'expliquer le processus de design.

### Design coaching

Si le nom est galvaudé, nous appelons ici « design coaching » le processus de formation permettant aux dirigeants d'une même entreprise de mieux utiliser le design (marque, packaging, architecture commerciale…) comme outil de management. En effet, une marque est fédératrice, y compris en interne, et son discours doit donc être particulièrement bien transmis.

# Bibliographie, magazines et sites internet utiles

## Bibliographie

Roland Barthes, *Mythologies*, Le Seuil, 1970.

Stephen Bayley, *The Conran Directory of Design*, Book Sales, 1988.

Edward Bernays, *Propaganda : comment manipuler l'opinion en démocratie*, Éditions Zones, 2007.

Jens Bernsen, *Why Design ?,* The Design Council, 1990.

Brigitte Borja de Mozota, *Design management*, Éditions d'Organisation, 2002.

Jacques Botrel, *L'Emballage : environnement socio-économique et juridique*, Lavoisier, 1991.

Gérard Caron, *Un carré noir dans le design*, Dunod, 1992.

Georges Chétochine, *Le Blues du consommateur : connaître et décoder les comportements de l'« Homo-cliens »*, Éditions d'Organisation, 2005.

Jean Chevalier et Alain Gheerbrant, *Dictionnaire des symboles*, Robert Laffont, 1997.

Vincent Ferry, *How to Create Soulpackaging*, PC Éditions, 2007.

Vilém Flusser, *Petite Philosophie du design*, Circé, 2002.

Raymond Guidot, *Histoire du design de 1940 à nos jours*, Hazan, 2004.

Carl J. Jung, *L'Homme et ses symboles,* Robert Laffont, 2002.

Jean-Noël Kapferer, *Les Marques, capital de l'entreprise*, Éditions d'Organisation, 1991.

Jacques Lendrevie, Denis Lindon et Julien Lévy, *Mercator*, Dalloz, 2000.

Georges Lewi et Caroline Rogliano, *Mémento pratique du branding*, Village Mondial, 2006.

Raymond Loewy, *Un pionnier du design américain*, Centre Pompidou, 1990.

Edgard Morin, *Vers l'abîme ?*, L'Herne, 2007.

Gaëlle Pantin-Sohier, *L'Influence du packaging du produit sur la personnalité de la marque*, Actes du XXI$^e$ congrès AFM, Nancy, mai 2005.

Victor Papanek, *Design pour un monde réel*, Mercure de France, 1974.

Fabrice Peltier et Henri Saporta, *Éco-design, Chemins vertueux*, Éditions Pyramid, 2007.

Michel Ragon, *L'Homme et les Villes*, Berger-Levrault, 1985.

Divard Ronan et Urien Bertrand, « Le consommateur vit dans un monde en couleurs », article publié dans la revue *Recherche et applications en marketing* (RAM), volume 16, 2001.

Rémy Sansaloni, *Le Non-consommateur : comment le consommateur reprend le pouvoir*, Dunod, 2006.

Éric Singler, *Le Packaging des produits de grande consommation*, Dunod, 2006.

Anne Tardy, *10 minutes pour la planète*, Flammarion, 2008.

Jean Watin-Augouard, *Marques de toujours*, Larousse, 2003.


*Dictionnaire international des arts appliqués et du design*, Éditions du Regard, 1996.

*La Boutique et la Ville, commerces, espaces et clientèles (XVI$^e$-XX$^e$ siècles)*, université François-Rabelais, 2003.

## Magazines

*Commerce magazine*

*Concepts et tendances*

*Design fax*

*LSA*

*Points de vente*

*Marketing magazine*

*Sites commerciaux*
*Grafika* (Québec)
*Stratégies*
*Communication CB News*
*Formes de luxe*
*Etiq & Pack*
*Emballage magazine*

# Sites internet

**admirabledesign.com**, le site le plus visité (plus de 2 500 clics par jour), consacré à toutes les formes du design et animé par des passionnés de France et du monde entier. Créé par Gérard Caron, fondateur de Carré Noir.

**design-fax.fr**, un site de référence avec des articles de fond intéressants. Créé par Jean-Charles Gaté, journaliste économique, le site est un service économique hebdomadaire du design, orienté vers les stratégies design des marques.

**urvoyconseil.com**, le site de l'auteur.

**grakifa.com**, le site québécois de référence. Les articles sont de qualité et clairs.

# Annexes

## 1. Les métiers et écoles de design

*Ils le disent...*

*On n'enseigne pas le design à des étudiants, on leur apprend seulement que le seul design digne de ce nom c'est un graphisme, une forme ou une scénographie réussie, au service d'une idée pertinente.*

Patrick Hermand,
président du groupe ECV (École de communication visuelle)

*Écoles de design*

**ECV (École de communication visuelle, 5 écoles en France)**

1, rue du Dahomey 75011 Paris
01 55 25 80 10
ecv.fr
>> Sophie Alex

**École Estienne**

18, boulevard Auguste-Blanqui 75013 Paris
01 55 43 47 47
ecole-estienne.org
>> Christiane Loisel

**ESAG-Pennighen**

31, rue du Dragon 75006 Paris
01 42 22 55 07
penninghen.fr
>> Monsieur Roulot

**École supérieure des arts appliqués Duperré (« Duperré »)**

11, rue Dupetit-Thouars 75003 Paris
01 42 78 59 09
duperre.org
>> Georges Renaut

## ENSAAMA (« Olivier de Serres »)

63/65, rue Olivier-de-Serres 75015 Paris
01 53 68 16 90
ensaama.net

## Maryse Eloy

1, rue Bouvier 75011 Paris
01 58 39 36 64
ecole-maryse-eloi.com
>> Angeline Droin

## Strate College Design

175/205, rue Jean-Jacques-Rousseau 92130
Issy-les-Moulineaux
01 46 42 88 77
stratecollege.fr
>> Jean-René Talopp

## Intuit-Lab

5, rue de la Croix-Faubin 75011 Paris
01 55 25 31 30
ecole-intuit-lab.com
>> Patrick Felices

## Creapole

128, rue de Rivoli 75001 Paris
01 44 88 20 20
creapole.fr
>> Jean-Michel Leralue, Sylvie Robert

## ENSAD (École nationale des arts décoratifs)

31, rue d'Ulm 75005 Paris
01 42 34 97 18
ensad.fr
Patrick Raynaud

## ENSCI (École nationale supérieure de création industrielle, « Saint-Sabin »)

48, rue Saint-Sabin 75011 Paris
01 49 23 12 12
ensci.com
>> Alain Cadix

## École Boulle (métiers d'art, du design et des techniques industrielles)

9, rue Pierre-Bourdan 75012 Paris
01 44 67 69 67
ecole-boulle.org
>> Bruno Schachtel

## ISD (Institut supérieur du design de Valenciennes)

132, avenue Faubourg-de-Cambrai 59300
Valenciennes
03 27 28 42 11
isd-valenciennes.com
>> Philippe Delvigne

## L'École de design Nantes Atlantique

Atlanpole La Chantrerie, rue Christian-
Pauc – BP 30607
44306 Nantes Cedex 3
lecolededesign.com
>> Christian Guelleri

*Écoles de commerce et formations commerciales intégrant des enseignements de design de communication*

## Université IAE Poitiers

Premier master Packaging européen
186, rue de Bordeaux 16000 Angoulême

05 45 21 00 11
>> François Bobrie, Françoise Mignot

## ESSEC
Avenue Bernard-Hirsch – BP 50105 95021
Cergy-Pontoise Cedex
01 34 43 30 00
www.essec.fr
>> Laurent Bibard

## HEC
14, avenue de la Porte Champerret 75838
Paris Cedex 17
01 44 09 34 00
www.hec.fr
>> Bernard Ramanantsoa

## IFAG (9 écoles en France)
25, rue Claude-Tillier 75012 Paris
01 46 59 20 76
www.ifag.com
>> Pierre Béranger

## EDHEC Lille
58, rue du Port 59800 Lille
03 20 15 45 00
www.edhec.com
>> Étienne Grimonprez

## EPSCI
BP 50105 – 95021 Cergy-Pontoise Cedex
01 34 43 31 56
essec.fr, cliquez EPSCI
>> Martine Bronner

## AUDENCIA
8, route de la Jonelière
BP 31222 – 44312 Nantes Cedex 3
02 40 37 34 34
audencia.com
>> Jean-Pierre Helfer

## ESCP
79, avenue de la République 75011 Paris
01 49 23 20 00
www.escp.ccip.fr
>> Pascal Morand

## *Formation continue*
Plusieurs cabinets ou organismes dispensent des formations sur mesure en matière de design de communication, en entreprise ou en milieu scolaire, parmi lesquels :

## Urvoy Conseil
37, rue des Jeux-de-Billes, 78550 Houdan
7, rue de Malte, 75011 Paris
06 85 66 07 81
>> Jean-Jacques Urvoy

# 2. Les associations et organismes utiles

### APCI
L'Agence pour la promotion de la création industrielle développe en collaboration avec ses membres et ses partenaires, des outils et actions collectifs qui valorisent une approche économique, sociale et culturelle du design en France et du design français à l'étranger.

### Institut français du design
L'Institut français du design favorise les projets qui s'inscrivent durablement dans une démarche de « mieux vivre ». L'Institut français du design, en tant que centre d'expertise, œuvre à promouvoir l'éthique professionnelle dans une économie de marché. L'Institut français du design suit de près les écoles qui forment des designers et accompagne les jeunes talents, afin de favoriser leur insertion dans les entreprises. Assisté d'un jury pluridisciplinaire de 50 experts issus des univers de l'entreprise, de la création et des sciences humaines, il décerne ainsi le label Janus aux produits qui répondent à ces exigences.

### INDP (Institut national du design packaging)
Association regroupant des professionnels au service de la création packaging : designers, fabricants d'emballages, marques et distributeurs. Son objectif est d'encourager l'esprit d'initiative, la culture de l'innovation dans l'emballage, de devenir une plate-forme de mutualisation des compétences, des moyens et un carrefour de rencontres, d'échanges, d'émulation pour développer la créativité de ses membres.
Parc d'activités de Montplaisir 16100 Cognac
05 45 36 30 25
indp.net

### ADC (Association Design Communication)
Association professionnelle regroupant environ 30 agences de design partageant la même vision du design : celle de premier média de la marque.
110, rue de Longchamp 75116 Paris
01 47 04 17 02
adc-asso.com

### Créa-France

Association créée notamment par Guy Aznar, regroupant plusieurs compéten-ces liées à la créativité. Lieu de rencontre entre tous ceux qui s'intéressent au développement de la créativité et de l'innovation, Créa-France se propose de faire progresser les savoirs, les pratiques, les recherches liés à la créativité. Elle établit des liens dans le monde entier avec tous ceux qui poursuivent des objectifs similaires et échange avec eux des informations.

36, boulevard de Sébastopol 75004 Paris

Crea-france.com

# 3. Les événements du design

### Reddot Design Award

Récompense chaque année, dans la série Design Communication, plusieurs réalisations européennes.

Gelsenkirchener Strasse 181– 45309 Essen – Allemagne

+ 49 (0) 201 30 10 4-25

### Observeur du design

Organisé par l'APCI, il propose de penser différemment le design, pour découvrir sa vraie nature. Il donne lieu à une exposition, qui à travers sa scé-nographie à la fois pédagogique et surprenante, donne les clés pour découvrir la diversité du travail des designers et permet au grand public de mieux « lire » les espaces, objets et images de notre vie quotidienne… et donc mieux les choisir.

24, rue du Charolais 75012 Paris

01 43 45 04 50

apci.asso.fr

### Janus de l'Industrie

Le Janus de l'Industrie, label décerné depuis 1953 par l'Institut français du design, récompense les produits pensés dès leur conception pour apporter une valeur d'usage, donc un bénéfice réel pour l'utilisateur.

BP32 – 75362 Paris Cedex 08
01 45 63 90 90
Institutfrancaisdudesign.com

### Grand prix Stratégies du design

Le grand prix Stratégies du design récompense les meilleures créations de l'année en identité visuelle, packaging, design industriel, réalisations internationales, environnement et architecture commerciale, innovation et développement, édition, design global de marque et webdesign.
2, rue Maurice-Hartmann 92133 Issy-les-Moulineaux Cedex
01 46 29 46 97

### Tous en boîte

Concours organisé par BCME La Boîte Boisson.
79, rue Martre 92110 Clichy
01 47 30 52 85
tousenboite.org
>> Jean Sicard, délégué général

### Pack & Gift

Salon du packaging événementiel et promotionnel.

### IDICE

33, cours de Verdun 01100 Oyonnax
04 74 73 42 33
packandgift.com
>> Edwige Lesoin

### Vitrines et tendances

Les nouveaux concepts de points de vente : tendances, aménagement, équipement, nouvelles technologies et marketing clients.
cdo-events.com

### Les Enseignes d'Or

« Les Enseignes d'Or » est l'événement annuel qui récompense à Paris en octobre le « *retail design* », autrement dit l'architecture commerciale. Créé par Alain Boutigny et Gérard Caron.

La Correspondance de l'Enseigne/Les Enseignes d'Or
70, boulevard Magenta 75010 Paris
01 40 34 15 15

## Equipmag
Le salon de l'équipement et des technologies des points de vente.
equipmag.com

## Popai Communication Point de vente
Le salon européen du marketing retail et Popai European Awards.
salonpopai.com

# Foire aux questions

# Les 100 mots du design de communication

**Achat d'art** : En général, illustrations ou prises de vue achetées par l'agence à un prestataire extérieur pour le compte de son client et dont elle négocie les droits.

**Agence de design** : Du latin « *agere* », agir. Société prestataire de services servant d'intermédiaire entre une entreprise cliente et ses cibles, en vue de concevoir et de faire vivre ses marques, ses produits, ses espaces de vente, dans une stratégie définie. L'agence, contrairement au studio de design, intègre la notion de conseil et accompagne ses clients dans le temps. En France, on estime qu'elles sont près de 1 000 à compter au moins deux personnes.

**Alerte** : Aspérité d'un facing de packaging ayant pour fonction, à un moment donné, d'encourager l'achat en mettant en avant une innovation ou une caractéristique produit, constituée d'une typographie, d'une couleur ou d'un cartouche spécifique : « Hydratation maximale », « Sans sucre ajouté », « 100 % végétal », « Label Rouge ».

**Ambiance** : Du latin « *ambire* », entourer. Atmosphère qui se dégage du design d'une marque, d'un produit, d'un point de vente, liée à sa conception. Elle est donnée non seulement par des couleurs et des formes, mais aussi par des éléments périphériques : graphismes d'accompagnement, photos, lumière, musique, etc.

**Analyse de la valeur** : Processus d'origine industrielle, aujourd'hui intégré dans une démarche design liée à la compétitivité, permettant de réduire les coûts associés à un produit, un packaging, un magasin, lors de sa fabrication ou de sa duplication.

**Architecture commerciale** : Conception et organisation d'un espace de vente dont les objectifs sont, d'une part, de communiquer les valeurs d'une enseigne au travers d'éléments pérennes et, d'autre part, d'optimiser l'espace dans le but d'encourager l'achat, éventuellement le conseil (circulation, signalétique et facilité de repérage des produits, ambiance…).

**Architecture de marques** : Chaque entreprise dispose de plusieurs marques. L'architecture de marques les organise, les hiérarchise pour chacun des supports d'expression, avec la meilleure cohérence possible. Par exemple, les marques La Grande Récré/Lire & Grandir et toutes les marques du groupe Ludendo, ou encore Monoprix/Daily Monop'/Monoprix Gourmet et toutes les marques de l'enseigne Monoprix sont organisées selon une architecture de marques qui correspond à une stratégie. C'est le rôle du consultant en marque et en design que d'organiser et d'optimiser les marques.

**Audit visuel** : Il consiste, avant la phase proprement dite de création, en l'analyse d'un contexte existant au travers d'un bilan d'image interne et concurrentiel (visites en linéaires, ventes, codes, sémiologie, etc.) pour déterminer les pistes possibles de création.

**Bauhaus** : Institut fondé vers 1920 à Weimar (Allemagne) par Walter Gropius, ayant donné naissance à un mouvement artistique à la base de la réflexion sur le design et l'architecture du XX$^e$ siècle. Il sera fermé par les nazis.

**Benchmark** : Étude ponctuelle ou récurrente (veille) permettant d'évaluer une marque, un produit, une enseigne, sur des critères définis par avance et utiles au projet de design. Cette étude permet de circonscrire les codes utilisés et les principes de création soit pour s'y tenir ou pour créer une rupture, soit pour utiliser, dans un univers donné, les codes ou principes d'un autre univers (exemple : le vin à boire dans une boîte métal).

**Bénéfice** (bénéfice consommateur) : Du latin « *bene* », bien et « *facere* », faire : bienfait. Avantage, objectif ou subjectif, signifié dans la conception même d'un produit, sur un packaging ou en magasin, pour encourager l'achat. Un acte de design sans recherche de bénéfice objectif perd son sens.

**Branding** : Ensemble des méthodes permettant la gestion et le développement d'une marque. Au sens large, le branding intéresse l'ensemble des métiers liés à la marque (positionnement, signature, recherche de nom, architecture de marques…). Le branding-packaging consiste à traduire le projet sous forme de système de marques, d'appellations et d'allégations, en complémentarité du visuel.

**Brief** : Abréviation de « briefing ». Réunion au cours de laquelle l'équipe de design reçoit les informations nécessaires au développement du projet. Par extension, document formalisé intégrant un cahier des charges marketing et, en design de produits ou en architecture commerciale, un cahier des charges technique.

**Cahier des charges** : Document qui consigne les spécifications d'ordre marketing, technique et juridique définissant un objet de design (logotype, produit, packaging, architecture) et fournit un cadre de travail. Le cahier des charges peut être contractuel.

**Charte graphique** : Document permettant de comprendre et d'appliquer un logotype (ou une structure packaging ou éditoriale) par des prestataires autres que ceux qui l'ont conçu. Une charte graphique est réalisée une fois le logotype créé, sur la base d'un synopsis discuté et validé par le client, listant les utilisations et applications.

**Cible** : Public concerné par le projet de design. Acheteurs ou consommateurs, actuels ou potentiels, que l'on cherche à conquérir ou à fidéliser.

**Code** : Élément graphique, symbolique (forme, couleur, signe), architectural ou sonore permettant au public l'inscription éventuelle d'une marque ou d'un produit dans un univers de référence. Le code de la viande de bœuf est le rouge, et celui des produits bio le vert.

**Communication visuelle** : Ensemble des techniques complémentaires à la communication écrite : identité de marque, design de produits, packaging, architecture commerciale, etc. Avec la stratégie et la réflexion, elle est l'une des composantes du design de communication.

**Concept** : Façon d'appréhender d'une manière abstraite et générale, en s'étant appuyé sur une analyse, et façon d'unifier un projet de design. En général, le concept se communique par un point de vue, un descriptif de l'intention, sous forme de textes explicatifs, de visuels (les « planches concept »). Le concept diffère de l'idée en ce sens que l'idée traduit le concept par des mots et des représentations graphiques ou spaciales. Le concept est le « dessein », l'idée est le « dessin ».

**Conception** : Action d'imaginer un concept, de concevoir.

**Conditionnement** : Dimension du packaging liée à la façon dont le produit est présenté au consommateur : un beau conditionnement de parfum.

**Consultant** : En général de formation marketing et créatif, le consultant en design formule les orientations stratégiques d'un projet (concept, plate-forme, pistes créatives, assemblage de compétences…) en le pilotant. Il est extérieur ou interne à une agence.

**Contrainte** : Règle indérogeable, communiquée par le client au travers d'un cahier des charges. Elle peut être d'ordre marketing, juridique, technique, merchandising…

**Copy-strategy** : Terme issu de la communication publicitaire. En design de communication, on parle plus de plate-forme de création. C'est un document succinct, écrit par le consultant ou le planneur stratégique à l'intention des designers, présentant le contexte et les objectifs du projet. Il décrit la marque, la concurrence. Il peut induire des pistes de création.

**Couleur** : Sensation qui traduit l'impression de l'œil lors de la réception d'un rayonnement compris entre 400 et 800 nanomètres (lumière visible), rendant ainsi compte de l'aspect d'une surface. Le principal système chromatique est le système RVB (rouge, vert, bleu). Les couleurs sont définies et référencées par des nuanciers (exemple : Pantone). En design de communication, la couleur est à la fois signe (par exemple : le bleu – couleur la plus profonde – est une couleur de réflexion), élément de repérage (code) et élément de différenciation.

**Création de valeur** : Résultat né d'une politique d'entreprise utilisant le design pour développer des produits innovants à forte valeur ajoutée. Créer de la valeur (valeur esthétique, valeur service) permet de se différencier de la concurrence et de préserver les marges de l'entreprise.

**Créativité** : Ce qui fait qu'un individu et, par extension, une marque ou une entreprise, imagine des solutions nouvelles. La créativité induit un pouvoir de création et d'invention.

**Déclinaison** : Adaptation d'une idée matérialisée sur un support de travail à un autre support. Une déclinaison demande une interprétation créative et une adaptation à un autre format ou variété (packaging), lieu (architecture commerciale). Exemples : déclinaison du logotype déjà matérialisé sur une carte de visite à la signature d'une annonce presse, déclinaison de l'étiquette du packaging 1 l à la bouteille 33 cl.

**Design** : Le design est l'agencement organisé de signes destinés à produire un « objet de design ». C'est aussi un processus engageant une intention d'entreprise ou d'institution, procédant par phases : traduction de cette intention en termes stratégiques et conceptuels ; plate-forme de création ; résumé du concept, des principes, des contraintes et des orientations ; création ; déclinaison de cette création à différents supports ou lieux. Il existe en fait « des » designs (*cf.* Victor Papanek), relevant de démarches, de cultures, de métiers différents (exemples : design sonore, design culturel, design de marque…).

**Design d'environnement** : Forme de design qui permet de créer des espaces de vie sur un lieu donné. L'architecture commerciale est au design d'environnement ce que le design de communication est au design.

**Design de communication** : Forme de design qui répond aux exigences des marques et des enseignes. Le design dit « de communication » englobe traditionnellement : la stratégie ; l'identité de marque et les métiers de la marque ; le packaging ; le design de produits ; l'architecture commerciale et le design d'environnement. Depuis quelques années, on y ajoute le webdesign. On pourrait y ajouter le design d'édition et le design publicitaire (*cf.* Raymond Loewy).

**Design global** : Le design de communication est global lorsque, à partir d'une marque ou d'une enseigne, son processus tient compte simultanément de toutes ses dimensions et composantes : marque et identité de marque, architecture, produits et packagings, édition, voire communication média (design publicitaire). La mise en œuvre d'une politique de design global permet une métacohérence dans l'entreprise ou l'institution, le consultant ou l'agence en étant le garant.

**Design graphique** : Forme de design lié au graphisme. Le design graphique met en œuvre des projets graphiques comme la création d'identités de marques, le packaging, la mise en pages. Il fait appel à des ressources comme l'illustration, la photographie. Il nécessite la connaissance de la typographie, du dessin, de logiciels informatiques comme QuarkXPress, Adobe (InDesign, Photoshop, Illustrator, Acrobat)…

**Design intégré** : Une entreprise peut intégrer un département design. Le design intégré a pour avantage la connaissance de l'entreprise (culture, valeurs, process), la cohérence, le suivi dans le temps. Il est presque obligatoire pour les projets très techniques (transports). Le risque est le manque de régénération des idées, le manque de recul, ou une équipe trop restreinte pouvant entraîner des erreurs que personne ne voit ni n'assume. Exemple d'une réussite d'intégration : Décathlon.

**Design management** : Fonction de l'entreprise, en général dépendante de la direction générale, qui consiste à organiser transversalement le design dans l'entreprise, choisir les partenaires de design, optimiser les ressources internes en matière de design, accompagner les projets dans un souci d'efficacité, de rentabilité et de cohérence.

**Design de produits** : Forme de design s'intéressant au produit quel que soit sa taille ou son degré technologique. On parlait à la fin du XX$^e$ siècle de design industriel, mais le design de communication, et par simplification le design, a remplacé ce terme : l'objet (un train, un siège, un stylo) est désormais au service des marques.

**Design publicitaire** : Terme inventé par Raymond Loewy. Le design publicitaire est lié à des supports d'édition moins pérennes que les supports classiques de design : brochures, catalogues, etc. L'utilisation de bannières internet, le packaging événementiel ou les magasins événementiels ressuscitent le design publicitaire en ce sens que les créations, toujours au service d'une marque ou d'une enseigne, deviennent éphémères et limitées dans le temps, contrairement aux supports classiques (papier à lettres pour une identité visuelle, par exemple). Les agences de design et les agences de communication, alliées désormais au numérique (Publicis, donc Carré Noir, a pris des accords avec Google, donc DoubleClick en 2008, par exemple), travaillent ensemble.

**Design sensoriel** : Forme de design sollicitant particulièrement un ou plusieurs sens : vue, odorat, goût, ouïe, toucher. Le design sensoriel se manifeste dans tous les domaines du design. Par exemple, la conception d'une boulangerie avec la vision du boulanger en train de pétrir, les odeurs ; l'utilisation de matériaux particuliers en packaging sollicitant le toucher (image de marque tactile) ; le bruit sécuritaire de la fermeture d'une portière de voiture en matière de design automobile.

**Designer** : *Le Petit Robert* définit le designer comme « *spécialiste du design* ». Cette définition, plus large que la définition réduite aux « métiers » (graphiste, architecte, designer de produits…), est désormais plus adaptée à la réalité du design d'aujourd'hui et inclut notamment les consultants et les métiers connexes.

**Discours narratif** : Un objet, une image permettent de raconter une histoire. Sur cette histoire repose généralement le concept du projet. Elle peut être réduite à l'utilisation de symboles simples (les chevrons de Citroën sont historiquement l'association de deux engrenages coniques) ou complexes (le logotype d'Axa représente la crucifixion, les voleurs de chaque côté du Christ, le carré bleu représentant la Terre et le trait rouge ascendant la résurrection). L'histoire (sur un packaging, en animation de magasin) peut reposer sur des éléments figuratifs (certains packagings de jambon restituent une ambiance conviviale, associée à la naturalité). On parle de « démarrage narratif » lorsqu'on est capable de commencer à raconter une histoire.

**Distribution** : Action de mettre à disposition du public des produits ou des services. Par extension, ensemble de professionnels : grandes enseignes (« grande » distribution ou petits commerçants). La grande distribution influe sur la réflexion design en ce sens qu'elle exige réussite de référencement, logistique (maximisation de la rentabilité de l'offre en linéaire, adéquation avec la politique de l'enseigne).

**Droits de propriété** : Les droits de cession sont des droits en général exclusifs, limités dans un espace géographique donné, dans le temps, à des supports définis. Ils peuvent être des droits d'utilisation (sans possibilité de modifier l'image créée) ou des droits de cession intégraux (avec possibilité de transformer l'image créée). Exemple : un logotype est vendu tous droits cédés pour cinquante ans, et peut être utilisé en Europe, en édition papier. Les droits de propriété intellectuelle comprennent notamment le brevet éventuel, la marque de fabrique, de commerce et de service, les dessins et modèles, le nom commercial, l'enseigne, les appellations d'origine, les indications de provenance et la concurrence déloyale.

**Éco-conception** : Détermination et analyse des critères environnementaux liés à la préservation des ressources de la planète et à la préservation de la santé lors de chacune des phases de l'élaboration d'un projet de design : industrialisation, production, distribution, utilisation et fin de vie.

**Éco-design** : Intégration, dans la conception d'un produit ou d'un point de vente, des critères liés à l'éco-conception.

**Emballage** : Dimension du packaging liée à la logistique. L'emballage permet notamment de protéger le produit (« un produit bien emballé »). On distingue trois types d'emballages : primaire (en contact avec le produit), secondaire (permettant de communiquer l'image souhaitée) et tertiaire (regroupement de plusieurs unités optimisant la logistique). Un emballage actif est un système intégré au packaging modifiant les conditions du produit emballé pour augmenter sa durée de vie ou préserver ses propriétés organoleptiques. L'éco-emballage consiste à minimiser au maximum le contenant d'un produit, et à n'utiliser que des matériaux recyclables.

**Ergonomie** : À l'origine, l'ergonomie n'intervient que dans la relation entre un individu et une machine pour améliorer le confort et l'efficacité dans le travail. En design de communication, elle est l'étude des conditions d'utilisation et de la relation entre un individu et un objet de design (exemples : une cafetière, un ordinateur portable, un restaurant). Cette étude fait intervenir des facteurs psychologiques, sociaux, économiques, etc.

**Esthétique** : D'une façon générale, l'esthétique est la science du beau. L'esthétique industrielle, née avec Raymond Loewy au milieu du XXᵉ siècle, consiste à donner à un produit industriel une forme et une couleur plus séduisantes, pour rendre un objet harmonieux, procurer du plaisir et engendrer des actes d'achat. L'esthétique ne s'oppose pas aux contraintes, mais les intègre. En ce sens, elle relève du design. Une esthétique sans contrainte relève plus de l'art.

**Exécution** : Du latin « *executio* », achèvement. Phase finale d'un projet de design graphique (logotype, charte, brochure, packaging…) consistant à ultrafinaliser un logotype ou une mise en pages dans les règles de l'art, et à créer les fichiers destinés à l'impression des documents. L'exécution relève d'un métier à part entière, où il s'agit de prendre le relais de la création et de bien connaître les contraintes techniques. Un designer graphique peut également prendre en charge l'exécution. Cette production d'éléments s'opère avec des logiciels particuliers, comme QuarkXPress ou InDesign. Elle est envoyée soit par e-mail soit sous forme de CD assorti d'une sortie couleur.

**Facing** : Partie du packaging destinée à être mise « de face » en linéaire, comportant marques, signes et visuels permettant le repérage et la compréhension du produit par le consommateur.

**Forme** : Ensemble des contours d'un objet permettant de l'identifier. En design de communication, la forme est un signe appartenant à l'image de la marque (exemples : les trois anneaux « trois Ors » de Cartier ou la bouteille « Goutte d'Eau » d'Evian).

**Free-lance** : Designer ou consultant. Compétence et ressource externes pour une entreprise, une institution ou une agence pour renforcer l'équipe d'un projet.

**Glocal** : Contraction de « stratégie globale » et « action locale » (« *Think globally, act locally* »). Pour les groupes internationaux, la mondialisation oblige à suivre une ligne stratégique mondiale et à rentabiliser les investissements en design et en communication. Cependant, la culture et l'histoire de chaque pays ou de chaque région doivent être prises en compte pour éviter de déstabiliser les consommateurs et les respecter.

**Holistique** : Se dit d'un tout indivisible qui ne peut s'expliquer par ses composantes, prises séparément. Le design de communication est holistique, ou global (*cf.* « design global »).

**Idée** : Représentation et définition d'un objet de design de communication à partir de la formulation d'un concept.

**Identité visuelle** : Ensemble d'éléments constitutifs de la personnalité d'une marque ou d'un produit. Ensemble des éléments visuels (logotype, couleur, symbole, ambiance, structure, police de caractères…) permettant d'identifier et de reconnaître une marque, un produit ou une entreprise.

**Image de marque** : Projection positive, dans l'esprit du public, de la personnalité d'une marque ou d'un produit : une bonne marque, un bon produit.

**Innovation** : Élément nouveau permettant d'apporter un service meilleur au consommateur. Exemples : la fenêtre de visibilité d'un pot de peinture, l'espace « animations » dans un centre commercial, la faible épaisseur d'un ordinateur portable. Elle résulte d'une invention ou améliore un produit existant, permettant parfois une nouvelle démarche, un nouveau service, une nouvelle utilisation. Le design, en tant que processus, est un outil privilégié d'innovation, en ce sens qu'il assemble plusieurs métiers, relève de la créativité, en participant à l'économie.

**Lifting** : Opération de rénovation, toilettage d'un objet de design de communication (logotype, packaging, magasin) en vue de l'actualiser.

**Linéaire** : Longueur ou rayonnage accordé à la vente d'un produit dans un point de vente.

**Loewy (Raymond)** : Raymond Loewy (Paris, 1893 – Monaco, 1986) est considéré comme le pionnier du design de communication. Sa vie est une légende. Il a résumé ses principes et son expérience dans le livre *La Laideur se vend mal*. Personnalité du XX$^e$ siècle, il a marqué les milieux artistiques (ami de Malraux et de Cocteau), industriels ou politiques (patron de la NASA, Eisenhower, Kennedy), en Europe et aux États-Unis où s'est créée une fondation à son nom. Chevalier de la Légion d'honneur à titre militaire (1914-1918), il est ingénieur et s'embarque sur le *France* en 1919 pour New York. Il travaille en free-lance pour *Vogue*, dessine des costumes de théâtre et est directeur artistique de Westinghouse Company, avant de créer son agence de design, constatant que les objets industriels se vendraient mieux s'ils étaient mieux connus, agréables à regarder et à utiliser. Ses créations s'enchaînent alors (logotype et bouteille de Coca-Cola, logotype de Shell, la Studebaker, Lucky Strike, Gestetner). Il est naturalisé Américain en 1938, puis fonde la première agence de design en France : la CEI (Compagnie d'esthétique industrielle), qui créera les logotypes de Lu, Newman, l'intérieur du Concorde pour Air France, etc.

**Logotype** : Du grec « *logos* », discours et « *tupos* », caractère d'écriture. Résumé graphique du discours d'une marque institutionnelle ou produit qui la définit et lui donne son identité. Il se compose souvent du graphisme du nom et d'un symbole associé, et est l'élément central de l'identité visuelle.

**Marketing** : Ensemble des actions qui, dans une économie de marché, concourent à vendre un produit ou un service. Le marketing-mix distingue la marque, le prix, le produit, la distribution et la communication. Il met en œuvre une stratégie d'entreprise ou une stratégie marketing, définit les produits, les services, les lieux de vente, fixe les prix, planifie, gère la communication (publicité, design de communication, promotion, animation des points de vente, marketing direct…) et la distribution. Il utilise différentes ressources (études psychologiques, technologiques, commerciales, scientifiques, sémiologiques…).

**Marque** : Signe de confiance et de qualité, généralement l'association d'un nom de marque et d'un logotype, permettant de reconnaître un produit, un producteur ou un intermédiaire de distribution.

**Marque de distributeur** : Marque appartenant à une enseigne destinée à commercialiser ses propres produits. La marque de distributeur (MDD) peut être le nom de l'enseigne elle-même, logotypé différemment (Carrefour, Monoprix Gourmet) ou de la même façon, ou un autre nom soit transversal (Reflets de France), soit par univers (Pâturages pour Intermarché, Miss Helen pour Monoprix), soit encore signifiant une sélection ou une recommandation de la part de l'enseigne (Marque Repère de E. Leclerc).

**Marque ombrelle** : Marque regroupant, « ombrellisant » différents produits et services. Elle peut être la marque de l'entreprise.

**Marque produit** : Marque désignant un produit ou un ensemble de produits.

**Matériau** : Matière servant à la fabrication d'un objet. Le matériau est à la fois composante d'une structure et acteur de la perception du produit (image tactile d'un produit).

**Merchandising** : Ensemble de techniques destinées à optimiser une offre en magasin (espace, durée, moment de mise en avant, supports de vente) pour mieux mettre en valeur et vendre les produits. Le design de communication intervient dans la conception des supports de merchandising et dans leur habillage graphique, pérenne (signalétique) ou événementiel.

**Méthodologie** : Du grec « *met-hodos* », recherche de chemin. Façon de procéder pour conduire un projet. La méthodologie, en design de communication, comprend généralement cinq phases ou séquences : stratégie (analyse, audit visuel, études, recommandation, plate-forme de création, amorce de concept et de pistes créatives), balayage créatif, création, mises au point et finalisation, exécution ou prototype.

**Nomadisme** : Forme de mobilité faite de déplacements continuels. Dans la seconde moitié du XX$^e$ siècle s'amorça un mode de vie nomade pour les habitants des pays industrialisés, lié à la nécessité de travailler parfois loin de son lieu de résidence, au désir de visiter des pays lointains, à la déstructuration des repas, à la décomposition de la famille. Le design est fortement sollicité pour la création de produits nomades (développement des transports, packagings nomades, pantalons multipoches, etc.). Le premier produit nomade alimentaire fut le berlingot Nestlé en 1965, le Bi-Bop fut à Paris le premier téléphone mobile.

**Objet de design** : Matérialisation du projet de design, en fin de processus. Sont définis ici comme « objets de design » : un logotype, un packaging (volume et habillage graphique), un produit, un magasin.

**Over-design** : Se dit d'un objet de design de communication dont l'esthétique étouffe l'utilité et la fonctionnalité, ou qui est inutile. Les années 1970 furent celles du gadget, de l'over-design.

**Packaging** : Processus permettant d'emballer un produit, de l'identifier (producteur, contenu), d'informer sur son usage et de donner envie de l'acheter.

**Packaging événementiel** : Packaging permettant de théâtraliser une marque une ou plusieurs fois dans l'année, en renforçant certaines de ses valeurs.

**Papanek (Victor)** : Victor Papanek (1927-1999) a revendiqué très tôt un design responsable, bien avant les mouvements écologistes de la fin du XX$^e$ siècle et le Grenelle de l'Environnement de 2007. Très tôt, il a critiqué certains produits industriels peu fiables pour la santé et des objets inutiles. Son livre *Design pour un monde réel*[1] est un ouvrage de référence bien au-delà du design, si l'on considère le design au sens très large d'« organiser des éléments en leur donnant du sens ».

**Planning stratégique** : Fonction d'une agence de design ou de communication permettant d'analyser notamment les marques et les produits, la concurrence, les codes du secteur, afin de formuler ou de contribuer à formuler une recommandation stratégique cohérente, d'amorcer des concepts de design pour rendre cohérent un projet de design.

© Groupe Eyrolles

---

1. Victor Papanek, *Design pour un monde réel, op. cit.*

**Plate-forme de création** : Équivalent, en design de communication, d'une copy-strategy (voir ce mot).

**PLV** : Publicité ou promotion sur le lieu de vente.

**Police de caractères** : Assortiment de signes typographiques d'une même famille de formes. Exemple : la police « Times » est utilisée partout dans le monde.

**Positionnement** : Action de positionner une marque ou un produit en fonction de critères particuliers (les « critères de positionnement »). Exemple : sur les critères voiture familiale/compacité, la voiture 308 de Peugeot était la mieux positionnée des voitures européennes (Volant d'Or 2008).

**Programme** : Suite d'actions à accomplir pour arriver à un résultat. Un programme de développement d'un réseau de magasins consiste à dupliquer et à adapter le magasin pilote. Un programme d'identité visuelle consiste à mettre progressivement à l'image : la papeterie, les véhicules d'entreprise, le site internet, les uniformes, etc.

**Prototype** : Premier exemplaire d'un modèle (un siège, un magasin, un packaging). On distingue le prototype fonctionnel (celui pouvant être utilisé) d'une maquette non fonctionnelle, destinée à apprécier l'encombrement, la forme, la couleur.

**Responsabilité** : Ce qui fait que le designer ou consultant en design se sent responsable devant une entreprise ou une collectivité, face à l'importance des enjeux. La responsabilité, au-delà de l'esthétique et de la fonction, est aujourd'hui liée à la préservation de l'environnement et de la santé.

**Rupture** : Différence tranchée entre le nouvel objet de design et l'ancien (packaging, logotype, magasin), ou par rapport à la concurrence. La rupture (ou disruption) utilise des codes nouveaux, en créant ainsi elle-même. Elle doit être gérée dans le temps et être justifiée. Une rupture est toujours décriée (à l'époque : la Tour Eiffel ou le Centre Pompidou). Exemples : Badoit rouge, Starbucks Coffee, iPhone, le logotype des Jeux olympiques de Londres 2012.

**Segmentation visuelle** : En packaging ou en merchandising, manière de classifier des produits (par univers, par ligne…) pour faciliter le repérage des consommateurs dans une gamme. À chaque sous-segmentation sont alors associés des codes précis (couleur, forme, structure, marques, signes, etc.). Certaines segmentations suivent les codes de marché. Exemple : le café décaféiné est bleu, l'arabica est noir.

**Sémiologie** : Science qui étudie les systèmes de signes. Le design de communication a recours à la sémiologie pour les comprendre et mieux les redéployer.

**Sémiotique** : Théorie des signes et du sens. En design, la fonction sémiotique est la capacité à utiliser des signes et des symboles.

**Sens** : Du latin « *sensus* », sentir et de l'ancien français « *sen* », chemin. À la fois faculté d'éprouver des sensations et ensemble d'idées que représente un signe ou un ensemble de signes pour emmener l'esprit dans une direction donnée. Un design sans sens ne fait pas ressentir d'émotions, traduit mal l'esprit d'une marque ou d'une entreprise.

**Signe** : On entend par « signe » un élément simple (une forme, une couleur, un langage, un code…) traduisant naturellement ou conventionnellement une réalité complexe. Il sert de repérage pour une marque, un produit, une enseigne et appartient à son identité. Certains signes sont inutiles. Exemples : le lion de Peugeot signifie la force, la puissance. Les montagnes d'Evian signifient la pureté et la naturalité.

**Site pilote** : Prototype de magasin en architecture commerciale. Le site pilote rend compte du fonctionnement général d'un magasin : image générale (façade de magasin, signalétiques extérieure et intérieure), circulation, implantation de l'offre… Le site pilote est ensuite dupliqué, adapté à l'ensemble du réseau de l'enseigne.

**Stratégie de design** : La stratégie de design consiste en une analyse plus ou moins complexe de la situation existante par rapport au projet de design (audit de la concurrence, audit de la marque et des produits, angles de vue possibles, positionnement, etc.). Cette analyse induit un ou plusieurs concepts de design communiqués dans la plate-forme de création.

**Style** : Manière de faire personnelle. La différence entre le design et le style repose sur ce que le design est un processus intégrant les caractéristiques d'une marque ou d'une entreprise, alors que le style est en général celui d'une personne (un designer, un couturier, etc.). Certaines marques peuvent demander à un styliste de créer ponctuellement un objet. Exemple : la bouteille d'Evian par Christian Lacroix.

**SWOT** : Abréviation pour *Strengths* (forces), *Weaknesses* (faiblesses), *Opportunities* (opportunités), *Threats* (menaces). Utilisé en design de communication pour cadrer un projet, ce modèle d'analyse matricielle est répandu. Il diagnostique à la fois les ressources ou failles potentielles internes (forces et faiblesses), et les opportunités et menaces externes.

**Système d'identité visuelle** : Organisation gérant l'ensemble des marques et des signes. Le centre en est le logotype, les autres éléments étant une structure d'accompagnement (une police de caractères, une mise en pages, des couleurs recommandées, etc.). Ce système est expliqué dans la charte graphique. Il peut être lié à une architecture de marques ou un système de marques, c'est-à-dire un ensemble de marques déterminées et hiérarchisées dans la séquence de branding, permettant d'identifier un objet de design.

**Systémique** : Qui se rapporte à un système dans son ensemble. Le design de communication est systémique en ce sens que la marque, les produits, les espaces de vente, les packagings d'une entreprise sont interdépendants en étant cohérents. Cette cohérence est assurée par une gestion globale ou holistique du design.

**Tendance** : Orientation que prennent, à un moment donné, les projets de design et de style, sous l'influence de leaders d'opinion, d'événements. Exemple : l'apparition de la couleur orange dans l'univers des cosmétiques masculins vers 2005.

**Typographie** : Type de caractères (exemple : le journal *Le Monde* utilise une typographie gothique pour son titre).

**Valeur d'entreprise** : Les valeurs d'une entreprise sont des sentiments collectifs qui s'imposent à l'ensemble du personnel, et qu'exprime la marque institutionnelle (exemples : la performance, l'innovation). Elles guident l'organisation et président aux actes de création, en particulier celui de la création de son identité visuelle. Les valeurs peuvent aussi être traduites par un « esprit de design », associé à un patrimoine de signes, de formes, de couleurs, de telle sorte que chaque objet de design de produits par l'entreprise en porte ses valeurs pour former un style propre à la marque (exemples : le style des voitures Renault, le design d'Apple, etc.). L'ensemble des valeurs, associé aux rituels d'entreprise, à sa légende, aux secrets, aux signes, forme la culture d'entreprise.

**Valeur d'usage** : La valeur est ce en quoi un produit est digne d'être apprécié. En premier lieu son usage fonctionnel (réfrigérer pour un réfrigérateur, écrire pour un stylo, abriter pour un parapluie). Nombre de marques, de produits ou de lieux de vente ont une valeur statutaire, symbolique ou culturelle supérieure à leur valeur d'usage (exemples : un porte-clés clignotant, un 4 x 4 dans Paris) : c'est la limite du design (*cf.* over-design).

**Valeur perçue** : La valeur perçue est l'évaluation spontanée de la différence entre l'ensemble des bénéfices d'un produit et le prix payé par le consommateur par rapport aux offres concurrentes.

Glossaire établi avec la complicité d'Urvoy Conseil.

# Index des noms propres, entreprises, institutions et marques

www.ingramcontent.com/pod-product-compliance
Lightning Source LLC
Chambersburg PA
CBHW080931220326
41598CB00034B/5756